3rd Edition · Revised and Enlarged

Introduction to
The Polish Language

THE KOSCIUSZKO FOUNDATION
New York
1978

3rd Edition • Revised and Enlarged

Introduction to The Polish Language

Sigmund S. Birkenmayer, Ph.D.

PROFESSOR OF SLAVIC LANGUAGES

THE PENNSYLVANIA STATE UNIVERSITY

Zbigniew Folejewski, Ph.D.

PROFESSOR OF SLAVONIC STUDIES

UNIVERSITY OF BRITISH COLUMBIA

Introduction to the Polish Language is the third revised and enlarged edition by The Kosciuszko Foundation. The Kosciuszko Foundation is an American center for Polish culture whose purposes are directed towards the promotion of knowledge of the Polish heritage among Americans of Polish descent.

 Published in the United States by The Kosciuszko Foundation, Inc., New York. Manufactured in the United States of America by The Haddon Craftsmen, Scranton, Pa.

Production by Publishing Synthesis, Ltd., New York, N.Y.

Library of Congress Catalogue Card Number: 76-26367

ISBN Number: 0-917004-11-6

CONTENTS

FOREWORD / x

ACKNOWLEDGEMENTS / xi

ABBREVIATIONS USED IN THIS WORK / xii

THE POLISH ALPHABET / xiii

ARTICULATION CHART / xiv

GLOSSARY OF LINGUISTIC TERMS / xv

INTRODUCTION / xvii

Polish letters and sounds, xvii Palatalization, xix Voiced vs. unvoiced consonants, xx Assimilation, xx Stress, xxi Familiarization practice with Polish letters and sounds, xxi Spelling peculiarities, xxii Diphthongs, xxiii Pronunciation practice, xxiii Examples, xxvi Greetings, xxvii

FIRST LESSON / 1

Nouns and gender, 2 Agreement in gender between nouns and adjectives, 3

SECOND LESSON / 5

Verbs, 7 Cases of nouns and adjectives, 8 Familiar vs. formal, 9 Correlation vs. contrast, 9

THIRD LESSON / 11

The adverb and its uses, 13 The interrogative adjective: *jaki, jakie, jaka*, 13 The word order in Polish, 14 The diminutive form of first names, 14

FOURTH LESSON / 15

The interrogative adjective *czyj, czyje, czyja,* 17 The instrumental case, 17 The absence of the present perfect tense in Polish, 17 Various ways to denote location in Polish, 18

FIFTH LESSON / 22

The present tense of verbs whose infinitive ends in *-ować,* 24 The accusative case, 24 The use of the instrumental case after the verb *interesować się*, 26 The position of the adjective with respect to the noun it modifies, 27

SIXTH LESSON / 29

The locative (or prepositional) case, 31 Stem vowel changes, 35

SEVENTH LESSON / 36

The locative singular of adjectives, 38 Stem reduction occurring in the declension of some nouns, 39 Stem expansion or replacement of a stem by a different one, 39 Stem changes in the past tense of some verbs, 39 The auxiliary verbs *mieć* and *móc*, 40 A review of the present tense of verbs (all three conjugations), 41 Summary of the use of prepositions with the locative (or prepositional) case, 41

EIGHTH LESSON / 43

Aspect, 45 The use of the genitive case in negative sentences, 48 The use of the genitive case after certain prepositions, 48 The personal pronoun: its declension in the singular, 48

NINTH LESSON / 50

The dative case, 52 The future tense of the linking verb *być*, 54 The interrogative pronoun *kto* and its declension, 54 The collective numeral *oboje* and its declension, 54 The possessive adjective *swój, swoje, swoja,* 55

TENTH LESSON / 56

The genitive case and its uses, 59 Peculiarities of the imperfective aspect of some verbs: indeterminate vs. determinate, 61

ELEVENTH LESSON / 63

The past tense of *chodzić* (indeterminate) and *iść* (determinate), 65 The future tense of perfective verbs, 66 Motion vs. location, 66

TWELFTH LESSON / 69

The formation of the nominative plural, 71 Peculiarities of the formation of the nominative plural of some nouns, 73 Irregular plurals of some nouns, 73 Nouns used in the plural only, 74 The formation of the nominative plural of adjectives, 74

THIRTEENTH LESSON / 76

The accusative plural of nouns, 78 The prepositional plural of nouns, 78 The use of cases after the cardinal numbers 2, 3, 4, 79 The formation of the accusative and prepositional plural of adjectives, 79 The use of cardinal and ordinal numerals in telling time, 80

FOURTEENTH LESSON / 82

The dative plural of nouns, adjectives, and personal pronouns, 84 The polite form of address in the plural, 85 The declension of surnames (family names) in Polish, 86 The instrumental plural of nouns, adjectives, and personal pronouns, 87

FIFTEENTH LESSON / 88

The genitive plural of nouns, adjectives, and personal pronouns, 90 The verb "to marry" in Polish, 91 Special uses of the genitive plural in Polish, 92 Expressions denoting necessity, 92

SIXTEENTH LESSON / 93

The conditional mood and its uses, 95 The form of the genitive plural of nouns after certain consonants, 96

SEVENTEENTH LESSON / 98

Short dialogues, 98

EIGHTEENTH LESSON / 104

Use of cases with days, months, years, 106 Use of numerals with *rok* (year), (PL. *lata*), 107 Use of tenses in conditional sentences referring to the future, 108

NINETEENTH LESSON / 109

Transposition of endings in the past tense (in colloquial speech), 111 The future tense of imperfective verbs, 112 The imperative mood, 113

TWENTIETH LESSON / 117

Conversation: POLAND, 117

TWENTY-FIRST LESSON / 121

Conversation: AT THE AIRPORT, 121

TWENTY-SECOND LESSON / 123

Conversation: AT A HOTEL, 123

TWENTY-THIRD LESSON / 126

Conversation: A VISIT WITH FAMILY AND FRIENDS, 126

TWENTY-FOURTH LESSON / 130

Conversation: AT A RESTAURANT, 130

TWENTY-FIFTH LESSON / 133

Conversation: AT THE THEATER, 133

TWENTY-SIXTH LESSON / 136

Conversation: AT THE WARSAW CITY MUSEUM, 136 Comparison of adjectives, 140 Impersonal forms of the past tense, 141 The past participle, 142 The present participle, 142 Cardinal vs. ordinal numbers; their use with reference to years and centuries, 143

TWENTY-SEVENTH LESSON / 146

Conversation: AT THE LIBRARY, 146

TWENTY-EIGHTH LESSON / 149

Conversation: VISITING THE UNIVERSITY, 149 The relative pronoun *który, które, która,* 152

TWENTY-NINTH LESSON / 154

Conversation: AFTER A LECTURE ABOUT POLAND'S NATURAL RESOURCES, 154 Constructions used with expressions of quantity in Polish, 156 Forms of the present and past tense of the verb used with expressions of quantity, 158

THIRTIETH LESSON / 162

Conversation: AT THE POST OFFICE, 162

THIRTY-FIRST LESSON / 167

Conversation: IN A GROCERY STORE, 167

THIRTY-SECOND LESSON / 169

Conversation: IN A DEPARTMENT STORE, 169

THIRTY-THIRD LESSON / 173

Conversation: AT THE DOCTOR'S OFFICE, 173

THIRTY-FOURTH LESSON / 175

Conversation: ON AN OUTING, 175

THIRTY-FIFTH LESSON / 178

Conversation: SIGHTSEEING IN CRACOW, 178

THIRTY-SIXTH LESSON / 182

Conversation: SIGHTSEEING IN THE VICINITY OF CRACOW, 182

THIRTY-SEVENTH LESSON / 185

Conversation: SIGHTSEEING IN POZNAN, 185 Word order in descriptive and narrative sentences, 187

THIRTY-EIGHTH LESSON / 189

Conversation: SIGHTSEEING IN WROCLAW, 189 The plural of nouns whose singular form ends in *-um*, 191 The plural of nouns whose singular form ends in *-ę*, 192

THIRTY-NINTH LESSON / 193

Conversation: BY THE POLISH SEASIDE, 193

FORTIETH LESSON / 197

Conversation: FAREWELL, 197

REFERENCE GRAMMAR / 198

POLISH-ENGLISH VOCABULARY / 225

FOREWORD

The revisions to the third edition are largely the result of S. Birkenmayer's having spent the summer of 1974 in Poland, on a sabbatical leave from his university, doing research on the changes which had occurred in spoken and written Polish during the 1946–1974 period.

The new linguistic and cultural material which he collected in Poland that summer has been incorporated into this greatly enlarged and updated edition, which consists almost entirely of conversational lessons based on everyday life situations in Poland. The user is introduced to contemporary spoken Polish starting with Lesson 1, and all the conversations have been recorded on tape by native speakers of Polish and are available from the Listening-Learning Services of Pennsylvania State University.

This new edition, consisting of a total of 40 lessons, should be suitable for use in college-level courses of Polish at U.S. and Canadian institutions of higher learning, both under a term system and under a semester or quarter system. Lessons 1–30 could be covered in one academic year, providing enough material for both beginning and intermediate Polish. Each lesson is accompanied by a vocabulary and also by grammar explanations. It is suggested that the instructor prepare oral drills and written exercises on the basis of the conversational material of each lesson, thus reinforcing the student's knowledge of Polish grammar and sentence structure. No vocabularies have been provided for Lessons 31–40, the English translation of the dialogues (in the right-hand column) being quite adequate. If the student so wishes, he or she can purchase a copy of *The Kościuszko Foundation Polish-English Dictionary, (Vol. II)* in which the meanings of individual words can be found. As in the second edition, the book includes a Polish-English vocabulary containing all the high-frequency words (and also some less frequently used words) found in Lessons 1–30, and a reference grammar. Lessons 31–40 could perhaps be covered in a second-year Polish course in advanced grammar and conversation. Suggestions by the users of the new edition as to the best way in which textbooks of Polish can be utilized for effective language instruction are most welcome.

It is our hope that this third edition of *Introduction to the Polish Language* will prove useful not only to those learning Polish but also to anyone who plans to visit Poland now or in the near future.

September, 1977

ACKNOWLEDGEMENTS

It is our pleasant duty to express our gratitude to the following persons:

Dr. Danuta Butler, chairman of the Department of Polish Philology of the University of Warsaw, without whose generous help and friendly advice this revised, updated, and enlarged new edition of *Introduction to the Polish Language* would not have been possible.

Dr. Eugene F. Kusielewicz, president of The Kościuszko Foundation, for his generous help in bringing out the third edition of the book.

Mary D. Van Starrex, assistant to the president of The Kościuszko Foundation, for editing the manuscript of the third edition and for the entire preparation of the materials before actual publication.

Dr. Stanislaw Slupek (a Kościuszko Foundation exchange scholar from Poland) of Cracow, Poland, and Dr. Malgorzata Sadowska of Warsaw, Poland, for recording most of the conversational material in this third edition of *Introduction to the Polish Language*.

S.S.B and Z.F.

ABBREVIATIONS USED IN THIS WORK

ACC. or A. Accusative (case)
ADJ. Adjective
ADV. Adverb
cf. Compare; see
COLLOQ. Colloquial; used in informal speech only
COMPAR. or COMP. Comparative (degree)
CONJ. Conjunction
DAT. or D. Dative (case)
e.g. For example; for instance
ENG. or ENGL. English
et al. And other(s)
etc. And so on; and so forth
FEM. Feminine
ff. Following; and subsequent ones
FUT. Future (tense)
GEN. or G. Genitive (case)
HABIT. Habitual (action); habitually
i.e. That is
i in. *i inni* (Polish for "and others")
INDIR. OBJ. Indirect object (of a verb)
INSTR. or I. Instrumental (case)
INTRANS. Intransitive (verb)
IPF. Imperfective (aspect)
itd. *i tak dalej* (Polish for "and so forth")
itp. *i tym podobne* (Polish for "and such like")
LOC. or L. Locative (case)
MASC. Masculine
NEUT. Neuter
NOM. or N. Nominative (case)
P. Page
PERS. Person
PF. Perfective (aspect)
PL. Plural
P.P.P. Past passive participle
PREP. or P. Prepositional (case); see also LOC. or L.
PRON. Pronounced
Q. Question
REL. PRON. Relative pronoun
SG. or SING. Singular
VEH. Vehicular; (by) vehicle
V.N. Verbal noun

THE POLISH ALPHABET

		Polish Name	Pronunciation (Approx.)
A	a	*a*	ah
	ą	*ą*	ong
B	b	*be*	beh
C	c	*ce*	tseh
	ć	*će*	cheh
D	d	*de*	deh
E	e	*e*	eh
	ę	*ę*	eng
F	f	*ef*	eff
G	g	*ge*	gheh
H	h	*ha*	hah
I	i	*i*	ee
J	j	*jot*	yawt
K	k	*ka*	kah
L	l	*el*	elh
Ł	ł	*eł*	ell
M	m	*em*	em
N	n	*en*	enn
	ń	*eń*	enn^{i}
O	o	*o*	aw
	ó	*o (kreskowane)*	aw (kress-kaw-**vah**-neh)
P	p	*pe*	peh
R	r	*er*	air
S	s	*es*	ess
	ś	*eś*	esh
T	t	*te*	teh
U	u	*u*	oo
W	w	*wu*	voo
X	x	*iks*	eeks
	y	*ipsylon*	epp-**sih**-lawn
Z	z	*zet*	zett
Ż	ż	*żet*	zhett
Ź	ź	*źet*	zh-ee-ett

ARTICULATION CHART

CONSONANTS

	Stops NON-PALATAL	Stops PALATAL	Fricatives NON-PALATAL	Fricatives PALATAL	Affricates	Nasal	Trilled	Lateral
Labial								
VOICED	b	b′				m m′		
VOICELESS	p	p′						
Labio-Dental								
VOICED			w	w′				ł
VOICELESS			f	f′				
Dental								
VOICED	d		z		dz	n	r	
VOICELESS	t		s		c			
Alveolar								
VOICED			ż		dż			l
VOICELESS			sz		cz			
Palatal								
VOICED			ź	(j)	dź	ń		
VOICELESS			ś		ć			
Velar								
VOICED	g	g′	(h)	(h′)				
VOICELESS	k	k′	ch	ch′				

VOWELS

Position or Rise of the Tongue	Position in Mouth Cavity: FRONT	CENTER	BACK
HIGH	i	y	u
MID	e ę		o ą
LOW		a	

GLOSSARY OF LINGUISTIC TERMS

accent The same as **stress**

affricate Sound produced by simultaneous occlusion and glide of tongue, resulting in fricative effect

alveolar Articulated by tongue pressed against teeth ridge

antepenult The third syllable from the end of a word

aspirated Accompanied by a puff of breath

assimilation The process by which a sound becomes more similar to an adjacent sound

consonant Sound produced by air passing through obstruction in mouth cavity

dental Articulated by tongue pressed against upper teeth

diphthong Sound consisting of vowel plus semi-vowel[1]

fricative Sound produced by friction in mouth cavity

labial Sound articulated by both lips

labio-dental Sound articulated by upper teeth and lower lip

lateral Produced by flow of air at the side of the tongue

nasal Produced with the lowering of soft palate, causing simultaneous opening of the nasal cavity

palatal Produced by the pressure of the curved tongue against the hard palate

palate Upper part or roof of mouth cavity

palatalization Change in a consonant produced by the glide of the curved tongue toward the hard palate

palatalized Produced by the glide of the curved tongue toward the hard palate

penult The second syllable from the end of a word

stop Sound produced by a complete obstruction and momentary release of the flow of air in mouth cavity

stress The degree of loudness given to a syllable in pronunciation

syllable Segment of speech with one vocalic peak (i.e., with at least one vowel)

trilled Sound produced by interchange of friction and free passage of air between tongue and teeth ridge

unaspirated Not accompanied by a puff of breath

unvoiced The same as **voiceless**

[1] The usual semi-vowels in Polish are **j** and **ł**; sometimes **u** becomes a semi-vowel in words of foreign origin.

velar Sound articulated at back of tongue
voiced Pronounced with an accompanying vibration of the vocal chords
voiceless Not accompanied by a vibration of the vocal chords
vowel Sound produced by free passage of air through mouth cavity with an accompanying vibration of the vocal chords

INTRODUCTION

Polish Letters and Sounds

The Polish alphabet has 33 letters (actually it has 32, since the letter **x** is used only in a few words of foreign origin and even then it is often replaced by its Polish equivalent **ks**). These letters, as well as their combinations, are used to represent the sounds of the Polish language.

1 / VOWELS There are eight vowels in Polish: **a, e, ę, i, y, o, ą, u.**[1] They are pronounced approximately as follows:

			EXAMPLES
a	somewhat as in Eng.	f**a**ther	**a** and/but
e	"	l**e**t	*l***e***tni* summer ADJ.
ę	"	l**e**ngth	*l***ę***k* fear
i	"	mach**i**ne	**i** and
y	"	Mar**y**	*star***y** old
o	"	**o**r	**o***k***o** eye
ą	as in Fr.	**on** in *mais***on**	*s***ą** they are
u[1]	as in Eng.	r**u**le	**u***l* beehive

Polish vowels are short, and their sound value remains the same regardless of their position in a word except for ą and ę, which are only exceptionally pronounced as such.

2 / CONSONANTS Polish consonants can be divided into VOICED (accompanied by a vibration of the vocal chords) and VOICELESS (uttered without any accompanying vibration of the vocal chords).

The VOICED consonants are: **b**, **d**, **dz**, **dź**, **dż**, **g**, **j**, **l**, **ł**, **m**, **n**, **ń**, **r**, **w**, **z**, **ź**, **ż**. They are pronounced approximately as follows:

			PRZYKLADY	EXAMPLES
b	as in Eng.	**b**ull	**b***ól* pain	**b***a***b***a* peasant
d	"	**d**ome (but dental)	**d***om* house	**d***o***d***a* will add
dz	"	ai**ds** or a**dze**	**dz***won* bell	*wie***dz***a* knowledge
dź	"	**g***in***g***er* (but palatal)	**dź***wig* lift	*wie***dź***ma* witch

[1] Also spelled **ó**. EXAMPLE: *kr***ó***l* (king).

dż	as in Eng. bri**dg**e (but non-palatal)	**dż***em* jam	*bry***dż***ysta* bridge player
g	" **g**et	**g***ama* gamut	*no***g***a* leg
j	" **y**es	**j***est* is	*mo***j***e* my
l	" **l**et	**l***etni* summer	*a***l***e* but
ł	" **w**ater or bi**ll**[2]	**ł***adny* pretty	*by***ł** he was
m	" **m**ore	**m***oże* is able to	**m***a***m***a* mama
n	" **n**ose (but dental)	**n***os* nose	*o***n** he
ń	" o**n**ion (but palatal)	*ko***ń** horse	*ba***ń***ka* bubble
r	as in Eng. th**r**ee but distinctly tongue-trilled	**r***ok* year	*ka***r***a* punishment
w	as in Eng. **v**oice	**w***oda* water	*ka***w***a* coffee
z	" **z**one, A**z**ores	**z***ona* zone	*ba***z***a* base
ź	" a**z**ure, mu**zh**ik or lin**g**erie (but palatal)	*rze***ź***nik* butcher	*we***ź***mie* will take
ż	" gara**g**e (U.S.)	**ż***ona* wife	*ró***ż***a* rose

The VOICELESS consonants are: **c**, **ć**, **cz**, **f**, **h**, **k**, **p**, **s**, **ś**, **sz**, **t**. They are pronounced approximately as follows:

		EXAMPLES	
c	as in Eng. **ts**e-**ts**e fly, ca**ts**	**c***o* what	*ni***c** nothing
ć	" **ch**eese, lee**ch** (but palatal)	**ć***ma* moth	*ni***ć** thread
cz	" wa**tch**, **Tch**aikovsky (but non-palatal)	**cz***as* time	*u***cz** teach
f	" **f**abric	**f***abryka* factory	*sza***f***a* wardrobe
h	" **h**otel, co**h**erent[3]	**h***otel* hotel	*o***h***yda* horror
k	s**k**eleton (unaspirated)	**k***ot* cat	*ro***k** year
p	" s**p**ell (unaspirated)	**p***ole* field	**p***ara* steam
s	" **s**end, e**ss**ence, ma**ss**	**s***en* sleep	*no***s** nose
ś	" **sh**e, wa**sh** (but palatal)	**ś***pi* sleeps	*no***ś** carry

[2] Some speakers in Poland pronounce the **ł** as the English **ll** in bi**ll**, but the prevalent pronunciation of the **ł** is closer to that of the English **w** in **w**ater.

[3] Also spelled **ch**. EXAMPLE: **ch***yba* probably; *ko***ch***a* (he/she) loves. The **h** (**ch**) is the voiceless equivalent of the English **h**. It is a friction sound resembling the German **ch** in *Da***ch** or Scottish **ch** in *lo***ch**.

sz	"	ma**ch**ine (but non-palatal)	**sz***afa*	wardrobe	*ka***sz***a*	porridge
t	"	**st**ep (unaspirated)	**t***ak*.	yes	*o***t***o*	here's

As shown in the chart on p. xiv Polish consonants are classified with reference to the point of articulation, i.e. the place where they originate in the vocal apparatus, with a further indication whether any of the following parts of the vocal apparatus participate in their production: the lips, the teeth, the tongue, the hard palate (the roof of the mouth), the soft palate, etc.

Palatalization

One of the striking features in Polish, as in Russian, is the phenomenon of palatalization. Most consonants have palatalized or palatal variants. Palatalization is the change in the consonant produced by the glide of the curved tongue toward the hard palate or the roof of the mouth. Palatality is the articulation (the actual process of sound-making) produced by the pressure of the curved tongue against the hard palate. Thus we have the correlation NON-PALATALIZED (or "hard" or "plain") consonants VS. PALATALIZED (or "soft") consonants (**p:p′**, **b:b′**, **w:w′**, etc.), or the correlation NON-PALATAL VS. PALATAL (**s:ś, z:ź, n:ń,** etc.) consonants. This will be seen in the following table.

NON-PALATALIZED				PALATALIZED				
b	as in Pol.	**b***ada*	he/she examines	**b′**	spelled **bi**	as in Pol.	**bi***ada*	he/she laments
f	"	*tra***f***y*	coincidences	**f′**	" **fi**	"	*tra***fi**	will hit/or find
g	"	**g***e*	"g" note	**g′**	" **gi**	"	**gi***ez*	gadfly
h	"	**h***ymn*	hymn	**h′**	" **hi**	"	**hi***giena*	hygiene
ch	"	**ch***yba*	probably	**ch′**	**chi**	"	**Chi***ny*	China
k	"	*mat***k***a*	mother	**k′**	" **ki**	"	*mat***ki**	mother's, mothers
ł	"	*ma***ł***y*	small	**l′**	" **li**	"	*ma***li**	small boys/men
m	"	**m***ara*	ghost	**m′**	" **mi**	"	**mi***ara*	measure
p	"	**p***asek*	belt	**p′**	" **pi**	"	**pi***asek*	sand
w	"	*kro***w***y*	cows	**w′**	" **wi**	"	*kro***wi**	cow's

NON-PALATAL			PALATAL				
c	as in Pol.	**c***ała* whole	**ć**	spelled	**ci**	as in Pol.	**ci***ała* bodies
dz	"	*wła***dz***a* authority	**dź**	"	**dzi**	"	*Wła***dzi***a* Laurie
n	"	*dzwo***n***, dzwo***n***y* bell, bells	**ń**	"	**ni**	"	*dzwo***ń***, dzwo***ni** ring, he/she rings
s	"	*no***s***, no***s***y* nose, noses	**ś**	"	**si**	"	*no***ś***, no***si** carry carries
z	"	*wo***z***y* carts	**ź**	"	**zi**	"	*wo***zi** transports

Voiced vs. Unvoiced Consonants

All VOICED consonants, independent of spelling, are UNVOICED (i.e., pronounced without any vibration of the vocal chords) in final position. Thus, at the end of a word **b**, **d**, **dz**, **dź**, **dż**, **g**, **w**, **z**, **ź**, **ż** change to **p**, **t**, **c**, **ć**, **cz**, **k**, **f**, **s**, **ś**, **sz**. For example, the following words are spelled differently but pronounced alike in Polish:

*gró***b** grave	*gru***p** of groups
*ró***d** clan	*Ru***t** Ruth
*mie***dź** copper	*mie***ć** to have
*sze***w** seam	*sze***f** boss
*wie***ź** cart (away)	*wie***ś** village

Assimilation

Another important feature is the anticipatory assimilation of consonants. In consonant groups, the preceding consonant is pronounced in the same way (as to voicing but sometimes also as to articulation) as the one following it. Thus we have:

*ba***b***ka* PRON. *ba***p***ka* coffee cake	*pro***ś***ba* PRON. *pro***ź***ba* request
*za***w***sze* PRON. *za***f***sze* always	*ta***k***że* PRON. *ta***g***że* also

However, sonants (**l, ł, m, n, r**) are always neutral from this point of view, i.e., they remain unchanged. As for **rz** and **w**, they are always assimilated not only to the following but also to the preceding consonant, as long as that consonant is voiceless. For example:

trzy	PRON. *tszy*	three
krzak	PRON. *kszak*	bush
przy	PRON. *pszy*	at, on
szwy	PRON. *szfy*	seams
wszystko	PRON. *fszystko*	everything
owszem	PRON. *ofszem*	(yes) certainly

Stress (Accent)

Polish has a fixed stress which normally is on the penult (the second syllable from the end of a word), e.g., **ok**'*no* (window), **sie**'*dzieć* (to sit), *posie***dze**'*nie* (session), *zadowo***le**'*nie* (satisfaction), *równouprawn***nie**'*nie* (equality of rights).

Note, however, that there are exceptions to this rule, in words of foreign origin (e.g., **fi**'*zyka, mate***ma**'*tyka, uni***wer**'*sytet*) and also in some forms of native Polish verbs (e.g., **by**'*liśmy,* **mie**'*liśmy, czy***ta**'*liście, rozma***wia**'*liście, by***li**'*byśmy, mie***li**'*byśmy, czyta***li**'*byście, rozmawia***li**'*byście*). In such words, and forms, the stress is usually on the antepenult (the third syllable from the end of a word).

Familiarization Practice with Polish Letters and Sounds

Listed below are some Polish words you should have no trouble in recognizing.

student	*asystent*	*materiał*	*inżynier*
radio	*idea*	*muzeum*	*telefon*
sport	*metoda*	*laboratorium*	*telegram*
telewizja	*egzamin*	*konserwatorium*	*telegraf*
aktor	*profesor*	*muzyka*	*dokument*
dyrektor	*inspektor*	*literatura*	*kultura*
prezydent	*incydent*	*krytyka*	*polityka*
ocean	*kapitan*	*maszyna*	*mechanik*
lampa	*mapa*	*bar*	*restauracja*
film	*teatr*	*koncert*	*balet*
element	*kontynent*	*centrum*	*automat*
doktor	*traktor*	*sektor*	*lektor*
czek	*dżem*	*dżokej*	*hokej*

And here are the Polish versions of some American states. The distinctive Polish words for North(ern), South(ern), and West(ern) should cause no difficulty once you know the name for South Carolina will be listed before that of North Carolina.

Arkansas
Dakota Południowa
Dakota Północna
Floryda
Georgia
Kalifornia
Kanzas
Karolina Południowa
Karolina Północna
Kolorado
Luizjana
Newada
Nowy Jork
Nowy Meksyk
Okręg Kolumbii
Pensylwania
Teksas
Waszyngton
Wirginia
Wirginia Zachodnia

The names of some U.S. cities have their distinct Polish equivalents: *Waszyngton, Nowy Jork, Filadelfia, Pitsburg, Nowy Orlean* (Or-LEH-ahn).

Listed below are some well-known geographical names in Poland (cities, rivers, mountains, etc.), together with their English equivalents.

Warszawa Warsaw
Poznań Poznan, Posen
Częstochowa Czestochowa
Odra Oder (River)
Tatry Tatra (Mountains)
Kraków Cracow
Gdańsk Gdansk, Danzig
Wisła Vistula (River)
Sudety Sudeten (Mountains)
Morze Bałtyckie Baltic Sea

Find these on the map of Poland included in this book, and underline them. These geographical names will be referred to further on in the text.

Spelling Peculiarities

The following pairs of letters (or combinations of letters) have identical sound value:

	EXAMPLES	
ch and **h**	**ch***ata* hut	**h***ak* hook
rz and **ż**	*mo***rz***e* sea	*mo***ż***e* perhaps
drz and **dż**[4]	**drz***wi* door	**dż***em* jam
u and **ó**	*p***u***łki* regiments	*p***ó***łki* shelves

The above pairs, however, cannot be substituted for each other (e.g., **ch** for **h**) in Polish spelling. Thus, it would be wrong to write **h***ata,* **ch***ak* or **dż***wi*, etc.

[4] **Drz** has the **dż** sound only before consonants; before vowels, **drz** is pronounced as two separate consonants, i.e., **d-ż**, as in **drz***eć*, pronounced **d-ż***eć*.

Diphthongs

There are the following diphthongs in Polish:

		EXAMPLES
aj	as Eng. **ai** in **ai**sle	*m***aj** May
au	" **ow** in c**ow** (approx.)	**au***tor* author
ej	" **ei** in fr**ei**ght	*mni***ej** less
eu	as Sp. **eu** in *r***eu***nir*	**Eu***ropa* Europe
ia/ja	as Eng. **ya** in **ya**cht	*Az***ja** Asia
ij	" **ey** in k**ey**	*k***ij** stick
ją	as Fr. **ion** in *nat***ion**	*ma***ją** they have
je	as Eng. **ye** in **ye**s	**je***st* is
ji	" **yie** in **yie**ld	*Az***ji** of Asia
jo	" **yo** in **yo**re	**jo***n* ion
jo/ju	" **yu** in **Yu**le	**Ju***lia* Julie
oj	" **oi** in **oi**l	**oj!** ouch!
ój/uj	" **ooy** in t**oo y**oung	*m***ój** my, mine
yj	" **e y** in h**e y**elled	*cz***yj** whose

Pronunciation Practice

c

cało unharmed ADV.
celę cell ACC. SG.
córka daughter
świecy of a candle
prac of works

ć

ciało body
cielę calf
ciurka (it) tickles
świeci (it) shines
prać to launder

dz

władza authority
władzę authority ACC. SG.
miedzy of a balk

dź

Władzia Laurie
Władzię Laurie ACC. SG.
miedzi of copper

k

kamera camera
kiedy when
kot cat
kura hen
kino cinema
kąpiel bath
kępa islet

ł		l	
miła	nice FEM. ADJ. NOM. SG.	*mila*	mile
miłe	nice (girls)	*mile*	nicely
miły	nice MASC. ADJ. NOM. SG.	*mili*	nice (boys)
dały	they (women) gave	*dali*	they (men) gave

n		ń	
stan	state	*stań*	stop
brona	harrow	*Bronia*	little Bronislawa
bronę	harrow ACC. SG.	*bronię*	I defend
brony	harrows NOM. PL.	*broni*	defends

p		t	
pan	sir, gentleman	*tak*	yes
pewnie	certainly	*teraz*	now
polski	Polish	*torebka*	handbag
półka	shelf	*tubka*	small tube
pyszny	excellent	*tydzień*	week
pąsowy	poppy red	*tą*	this FEM. INSTR. SG.
pędzić	to dash	*tępić*	to exterminate

s		ś	
kasa	cashier's office	*Kasia*	Katy
kasę	cashier's office ACC. SG.	*Kasię*	Katy ACC. SG.
kasą	cashier's office INSTR. SG.	*Kasią*	Katy INSTR. SG.
kasy	of cashier's office	*Kasi*	Katy's

y		i	
myła	she washed	*miła*	nice (girl)
była	she was	*biła*	she beat
pył	dust	*pił*	he drank
mamy	we have	*mami*	(it) lures
kupy	heaps	*kupi*	will buy
sowy	owls	*sowi*	an owl's

Mała Kasia mówiła, "Moja mama miłym pachnącym mydłem mnie myła; moja mama jest bardzo miła!" (Little Katy said, "My mommy washed me with a nice-smelling soap; my mommy is very nice!")

z		**ź**	
koza	goat	*Kozia*	Goat (Street)
kozą	(with a) goat	*Kozią*	along Goat Street
zęby	teeth	*zięby*	chaffinches
wozy	carts	*wozi*	transports

Contrast:

sz		**ż**	
więsza	hangs	*wieża*	tower
nosze	stretcher	*noże*	knives
szuka	seeks	*żuka*	of a beetle

szcz		**ść**	
wieszcz	bard	*wieść*	news
puszczy	of backwoods	*puści*	will let go

ż		**ź**	
róża	rose	*Rózia*	Rosie
burza	storm	*buzia*	little mouth
burzy	of a storm	*buzi*	of a little mouth
w Rzymie	in Rome	*w zimie*	in winter

sz		**ś**	
kasza	gruel	*Kasia*	Katy
kaszę	gruel FEM. ACC. SG.	*Kasię*	Katy FEM ACC. SG.
kaszy	of gruel	*Kasi*	Katy's; to Katy
szyła	she was sewing	*siła*	strength

c		**s**	
praca	work	*prasa*	press
pracować	to work	*prasować*	to iron
pracuję	I work	*prasuję*	I iron
pracują	they work	*prasują*	they iron
cera	mend, darn	*sera*	of cheese
pracy	of work	*prasy*	of press

k		ch	
kart	of cards	*chart*	greyhound
bak	gasoline tank	*Bach*	Bach (the composer)
lek	medicine	*Lech*	a Polish name
buk	beech tree	*buch*	bang
kora	tree bark	*chora*	ill FEM. ADJ.
kur	of hens	*chór*	chorus, choir
paka	crate	*pacha*	armpit
klapa	failure	*chlapa*	downpour
krypa	flat barge	*chrypa*	hoarseness

Przykłady

1. *Chodźmy do chorego.*
2. *Kot chodzi po dachu.*
3. *Zaraz schodzę!*
4. *Z jakich stron Pan pochodzi?*
5. *Przyjechałem (Przyjechałam) z Częstochowy.*
6. *Przyjechałem (Przyjechałam) z Katowic.*
7. *Każdy ma kłopoty, nawet psy i koty.*
8. *Mysz się w mleku utopiła, tyle szkody narobiła.*
9. *Dobry zwyczaj nie pożyczaj.*
10. *Po nocnej rosie płyń, wdzięczny głosie,*
    Niech się twe echo rozszerzy.
11. *Piękna nasza Polska cała,*
    Piękna, wielka i wspaniała.
12. *Od Warszawy do Krakowa*
    wszędzie droga jednakowa.
13. *Tam, gdzie Wisła od Krakowa*
    W polskie morze płynie,
    Polska wiara, polska mowa
    Nigdy nie zaginie.

Examples

1. Let's go to the sick man.
2. A cat walks on the roof.
3. I'm coming down right away!
4. What parts (of the country) do you come from?
5. I arrived from Czestochowa.
6. I arrived from Katowice (another city of Poland).
7. Everybody has troubles, even dogs and cats.
8. A mouse drowned in milk, so much damage did she do.
9. A good habit is not to lend money.
10. Soar over night dew, o pleasant voice,
    Let your echo spread far and wide.
11. All (of) our Poland is beautiful,
    Beautiful, great, and magnificent.
12. All the roads are the same from
    Warsaw to Cracow.
13. There, where the Vistula from (as far as) Cracow
    Flows into the Polish sea,
    The Polish faith, the Polish tongue
    Will never perish.

Przywitanie i Pożegnanie	Greetings and Leave-Taking
1. *Dzień dobry!*	1. Good morning! (Good afternoon!)
2. *Dobry wieczór!*	2. Good evening!
3. *Co słychać?*	3. What's new? (literally, What's being heard?)
4. *Dziękuję, wszystko dobrze.*	4. Thanks, everything's well.
5. *Jak zdrowie?*	5. How's your health?
6. *Bardzo dobrze, dziękuję.*	6. Very well, thanks.
7. *Do widzenia.*	7. Good bye.
8. *Do jutra.*	8. Till tomorrow.
9. *Do zobaczenia.*	9. Be seeing you.
10. *Dobranoc!*	10. Good night!

3rd Edition · *Revised and Enlarged*

Introduction to

The Polish Language

LEKCJA PIERWSZA

FIRST LESSON

Rozmowa

1. *Dzień dobry!*
2. *Dzień dobry!*
3. *Nazywam się Jan Karski.*
4. *A ja nazywam się Stefan Nowak.*
5. *Czy Pan jest żonaty?*
6. *Tak, jestem żonaty.*
   (Nie, nie jestem żonaty.)
7. *Jak się nazywa Pana żona?*
   (Jak się nazywa Pana narzeczona?)
8. *Moja żona nazywa się Zofia Nowak.*
   (Moja narzeczona nazywa się Maria Kowal.)
9. *Pana żona jest bardzo ładna.*
   (Pana narzeczona jest bardzo ładna.)
10. *Dziękuję za komplement.*
11. *Do widzenia!*
12. *Do widzenia!*

Conversation

1. Good day! (Good morning, good afternoon.)
2. Good day.
3. My name is John Karski.
4. And my name is Steven Novak.
5. Are you married?
6. Yes, I am married.
   (No, I am not married.)
7. What's your wife's name?
   (What is your fiancée's name?)
8. My wife's name is Sophie Nowak.
   (My fiancée's name is Marie Smith.)
9. Your wife is very pretty.
   (Your fiancée is very pretty.)
10. Thanks for the compliment.
11. Goodbye.
12. Goodbye.

Słowniczek / Vocabulary

a — and, but (indicates contrast)
bardzo — very
czy — (indicates a direct question)
do — to, until, 'til
dobry, dobre, dobra ADJ. — good
dziękuję — thanks, (I) thank you
dzień — day
fotografia — picture, photograph
ja — I

jak	how
Jan	John
jej FEM. ADJ.	her, hers
jest	is; (you) are
jestem	I'm
komplement	compliment
ładny, ładne, ładna	pretty
Maria	Marie
mój, moje, moja	my, mine
narzeczona	fiancée
nazywa się	is called (his/her/your name is)
nazywam się	I'm called, my name is
nie	no; not
oto	here's, here is (when showing or pointing out)
Pan	Mr., Sir, you (polite form)
Pani	Mrs., Miss, Madam, you (polite form)
Pana	your, yours (belonging to a man)
Stefan	Stephen
tak	yes
widzenie NEUT. NOUN	seeing
za	for
Zofia	Sophie
żona	wife
żonaty	married (i.e., the one who has a wife)

Gramatyka Grammar

1 / NOUNS AND GENDER From our study of English grammar, we know that nouns (names of things, persons, animals, places) can be of three genders: masculine, feminine, and neuter. However, there are no special endings attached to nouns in English to indicate gender; we simply assume that male beings (persons and animals) belong to the "he" or masculine gender, female beings (persons and animals) belong to the "she" or feminine gender, and inanimate things belong to the "it" or neuter gender. There may be a few exceptions to this general rule (such as the use of "she" when referring to a ship or a car, or "it" when referring to a newborn infant or animal without mentioning its sex), but otherwise the system is pretty well established and subject only to minor changes.

This basic division of nouns into three genders exists also in Polish but, unlike English, the gender of a noun is determined by a special ENDING of each noun. To see what is meant by this statement, let us divide the nouns in the Vocabulary part of our first lesson into three groups according to their endings:

GROUP 1	GROUP 2	GROUP 3
*komplemen***t**	*widzeni***e**	*fotografi***a**
*Ja***n**		*Zofi***a**
*Pa***n**		*żon***a**
*Stefa***n**		*narzeczon***a**
*dzie***ń**		*lekcj***a**

We will note that all nouns in GROUP 1 end in a consonant (**t**, **n**, **ń**); the only noun in GROUP 2 ends in a vowel (**e**); and the nouns in GROUP 3 also end in a vowel (**a**). We will note further that at least three nouns in GROUP 1 (*Jan, Pan, Stefan*) are obviously masculine, since they refer to male beings; and, conversely, at least three nouns in GROUP 3 (*żona, Zofia, narzeczona*) can be said to refer to female beings. The only noun in GROUP 2 must therefore refer to a neuter object or thing (*widzenie*). But what about the remaining nouns in GROUPS 1 and 3? They do not denote beings but things. Since there is nothing particularly "masculine" or "feminine" about them, the only feature that determines their gender is their *ending*. Thus, we may say that nouns like *komplement, dzień*, etc., belong to the MASCULINE GENDER because they end in a CONSONANT (**t**, **ń**, etc.); likewise, nouns like *fotografia* belong to the FEMINNINE GENDER because they end in the VOWEL **a**; and we know already that nouns like *widzenie* belong to the NEUTER GENDER because they end in the VOWEL **e**. We can now add more examples to those taken from Lesson 1, so that our table of genders will be more complete. It will look thus:

MASCULINE ENDING: CONSONANT	NEUTER ENDING: **-o**, **-e**	FEMININE ENDING: **-a**, **-i**
*do***m** house	*okn***o** window	*klas***a** classroom
*la***s** forest	*pol***e** field	*książk***a** book
*dzie***ń** day	*zadani***e** assignment	*lini***a** line
*bra***t** brother	*ćwiczeni***e** exercise	*pan***i** lady

With some exceptions (which will be discussed later), Polish nouns can be divided into masculine, neuter, and feminine according to the endings given in the table mentioned above.

2 / AGREEMENT IN GENDER BETWEEN NOUNS AND ADJECTIVES

In Polish, adjectives (and all other modifiers) must agree in GENDER with the noun to which they refer. What that means is that a MASCULINE form of an adjective must be used with a MASCULINE noun, a FEMININE form of an adjective must be used with a FEMININE noun, and a NEUTER form of an adjective must be used with a NEUTER noun. For the sake of convenience (and certain other reasons that will be stated later), the usual order in which the three forms of an adjective are given in the vocabulary will be MASC., NEUT., FEM., rather than MASC., FEM., NEUT. Example: *dobry, dobre, dobra.* Following are typical examples of an agreement between nouns and adjectives in Polish:

MASC.	NEUT.	FEM.
*dług***i** *stó***ł** a long table	*dług***ie** *pol***e** a long field	*dług***a** *lini***a** a long line
*mó***j** *drog***i** *ojcie***c** my dear father	*moj***e** *drog***ie** *dzieck***o** my dear child	*moj***a** *drog***a** *matk***a** my dear mother
*te***n** *now***y** *do***m** this new house	*t***o** *now***e** *ubrani***e** this new suit	*t***a** *now***a** *sukni***a** this new dress

If we want to replace a noun by a pronoun (the equivalent of the English he, she, it), we must select a pronoun that corresponds to the gender of that noun in Polish, e.g.:

MASC.	NEUT.	FEM.
*Gdzie jest do***m***?* Where is the house?	*Gdzie jest okn***o***?* Where is the window?	*Gdzie jest lini***a***?* Where is the line?
On *jest tam.* It is over there.	*On***o** *jest tam.* It is over there.	*On***a** *jest tutaj.* It is over here.

Male and female beings are referred to, as in English, as he and she, respectively. But so are also things (objects), because in Polish they are masculine, feminine, or neuter, as determined by their ending. Thus, house, window, and line, which are all replaced by "it" in English, represent three different genders in Polish: MASC. (*dom*), NEUT. (*okno*), and FEM. (*linia*) and are replaced by *on, ono, ona* (he, it, she).

Wyrażenia — Expressions

Memorize these for later use:

1. *Dzień dobry!* — Good morning, good day, good afternoon.
2. *Dobry wieczór!* — Good evening.
3. *Witam!* — Greetings, hello.
4. *Witamy!* — Welcome.
5. *Dobranoc!* — Good night.
6. *Do widzenia!* — Goodbye.

LEKCJA DRUGA

SECOND LESSON

Rozmowa

1. *Studiuję język polski. A Pan(i)?*
2. *Ja studiuję język angielski.*
3. *Czy język angielski jest trudny?*
4. *Gramatyka angielska nie jest trudna, ale wymowa i pisownia angielska jest trudna.*
5. *A czy język polski jest trudny?*
6. *Wymowa i pisownia polska jest łatwa, ale gramatyka polska jest trudna.*
7. *Lekcja pierwsza nie jest zbyt trudna.*
8. *Może dlatego, że już Pan(i) czyta po polsku.*
9. *Nie tylko czytam, ale i piszę po polsku.*
10. *To dobrze. Proszę czytać i pisać po polsku.*
11. *Ale proszę posłuchać, jak ja czytam, i poprawić to, co piszę.*
12. *Zawsze słucham, jak Pan(i) czyta, i poprawiam to, co Pan(i) pisze.*
13. *Dziękuję bardzo!*
14. *Proszę bardzo!*

Conversation

1. I'm studying Polish. And you?
2. I am studying English.
3. Is English difficult?
4. English grammar isn't difficult, but English pronunciation and spelling is difficult.
5. And is Polish difficult?
6. Polish pronunciation and spelling is easy, but Polish grammar is difficult.
7. First lesson isn't too difficult.
8. Perhaps (it's) because you already read Polish.
9. I not only read but (I) also write Polish.
10. That's good. Please read and write in Polish.
11. But please listen to how I read and correct what I write.
12. I always listen as you read, and I correct what you write.
13. Thank you very much.
14. You're very welcome.

Słowniczek / Vocabulary

Słowniczek	Vocabulary
ale	but
angielski, angielskie, angielska	English ADJ.
co	what
czytać	to read
czytam	I read, I'm reading
dlatego, że	(it's) because

gramatyka PRON. gra**ma**tyka	grammar
i	and
jak	as, how
język	tongue, language
język angielski	English (language)
język polski	Polish (language)
już	already
lekcja	lesson
łatwy, łatwe, łatwa	easy
może	perhaps; maybe
Pan	you (Sir)
Pani	you (Madam)
Pan(i) czyta	you (Sir/Madam) read, are reading
Pan(i) pisze	you (Sir/Madam) write, are writing
pierwszy, pierwsze, pierwsza	first ADJ.
pisać	to write
pisownia	spelling; orthography
piszę	I write; I'm writing
polski, polskie, polska	Polish ADJ.
po polsku	(in) Polish
poprawiać	to correct, to be correcting
poprawiam	I correct, I'm correcting
poprawić	to correct (entirely)
posłuchać	to listen (for a while)
powodzenia	success, luck
proszę	please; you're welcome
słucham	I listen, I'm listening
studiuję	I study, I'm studying
to	this, that; that's
trudny, trudne, trudna	difficult
tylko	only ADV.
wymowa	pronunciation
zawsze	always

Wymowa Pronunciation

The native speaker of English must be careful to pronounce each syllable of a Polish word distinctly, never slurring unstressed syllables. In a sentence such as *Czy Pan czyta po polsku?*, the learner must make sure that he is pronouncing each vowel fully, without slurring. Thus, the final **u** in *polsk***u** should be pronounced (approximately) like the long **oo** in c**oo** and not like the short **oo** in c**oo**k. Given below are some Polish words for pronunciation practice:

prawda truth	*prawdy* truths
okno window	*okna* windows
pole field	*pola* fields
żona wife	*żony* wives
fotografia photograph	*fotografie* photographs

Gramatyka Grammar

1 / VERBS From our study of English grammar, we know that verbs are words denoting action, state of being, or becoming. The basic form of the verb is sometimes called the INFINITIVE, and is usually preceded in English by the word **to**, as in "**to** write", "**to** read," although in some instances it occurs without **to**, as in "must," "should," "ought (to)."

The INFINITIVE in Polish is marked by the ending **-ć** or **-c**, as in *pisa***ć** (to write), *czyta***ć** (to read), *musie***ć** (must), *mó***c** (to be able).

We know further that in English the difference between the third person singular (he/she/it) and the remaining persons (I/you/we/they) is commonly indicated in the present tense by the **-s** ending, as in "(he) write**s**" "(she) read**s**." Occasionally the **-s** ending is not used, as in "(he) must," "(she) should."

In Polish, the THIRD PERSON SINGULAR OF THE PRESENT TENSE is indicated by one of the following endings: **-a**, **-e**, **-i**, **-y**. Thus we have:

*czyt***a** (he/she/it) reads	*widz***i** (he/she/it) sees
*pisz***e** (he/she/it) writes	*ucz***y** (he/she/it) teaches

However, in Polish (unlike English) the remaining persons in the present tense are indicated by other endings added to what we call the stem or core part of the verb. This stem sometimes ends in a vowel and sometimes in a consonant. For example, the stems of the above four verbs are *czyt-*, *pisz-*, *widz-*, and *ucz-*. The vowel ending of the stem *czyt***a**- indicates that the verb belongs to one group, while the consonant endings of the stems *pi***sz**-, etc., indicate that these verbs belong to another group. The difference between the two groups of verbs will become evident after we have learned more about the Polish verb system. For the moment, it is important to obtain the form of the FIRST PERSON SINGULAR OF THE PRESENT TENSE. Let us list them with their English equivalents:

*czyta***m** I read, I'm reading	*pisz***ę** I write, I'm writing
*słucha***m** I listen, I'm listening	*prosz***ę** I ask (for), I'm asking (for)
*poprawia***m** I correct, I'm correcting	*studiuj***ę** I study, I'm studying
	*dziękuj***ę** I thank, I'm thanking

We will note immediately that the FIRST PERSON SINGULAR OF THE PRESENT TENSE of all these verbs is indicated by either the ending **-m** (a consonant) or by the ending **-ę** (a vowel).

Let us now list the THIRD PERSON SINGULAR (used after the polite form *Pan* or *Pani*) OF THE PRESENT TENSE. In the Conversation part of Lesson 2, we find the following examples of it: *Pan czyt***a** (you [Sir] read), *Pan pisz***e** (You [Sir] write). We can now list, opposite each other, the FIRST AND THE THIRD PERSON SINGULAR OF THE PRESENT TENSE of most of the verbs found in this lesson:

1ST PERS. SING.	3RD PERS. SING.	1ST PERS. SING.	3RD PERS. SING.
*poprawia***m**	*poprawi***a**	*dziękuj***ę**	*dziękuj***e**
*czyta***m**	*czyt***a**	*pisz***ę**	*pisz***e**
*słucha***m**	*słuch***a**	*prosz***ę**	*pros***i**
		*studiuj***ę**	*studiuj***e**

All these verbs have the **-m** or **-ę** ending in the FIRST PERSON SINGULAR and the **-a** or **-e** ending in the THIRD PERSON SINGULAR OF THE PRESENT TENSE. The **-a** or **-e** ending of the THIRD PERSON SINGULAR marks them as belonging to the **-a** CONJUGATION and the **-e** CONJUGATION, respectively. The remaining conjugation (known as the **-i** CONJUGATION) will be discussed later.

The linking verb *być* (to be) is represented in the Conversation part of this lesson by its THIRD PERSON SINGULAR FORM OF THE PRESENT TENSE: *jest*. When used with the Polish word *to*, as in *to jest*, this form takes on the meaning of "this is, it is." In everyday Polish, *to* is often used instead of *to jest* (see Conversation). Its use could be compared to "that's" in English. Example: *To dobrze!* (That's good/well!)

2 / CASES OF NOUNS AND ADJECTIVES In Polish, as in most other Slavic languages, **nouns** and **adjectives** are declined, i.e., they take on different endings according to what they are supposed to express. The forms identified by these different endings are called **cases**, and the process of adding the different endings to indicate different meanings is called **declension**. This word also denotes the group to which given adjectives or nouns belong.

The form in which nouns and adjectives are listed in the vocabulary is called the **Nominative** (or subject) case. Its ending (as you learned from **Grammar** in Lesson 1) indicates the gender of the noun listed.

The next case is called the **Genitive,** and is characterized by its ending. It indicates that a noun or adjective is related to some other noun, adjective, etc. We may say that **polskiego** is the Genitive case of the adjective **polski,** just as **powodzenia** is the Genitive case of the noun **powodzenie**. The difference in endings will be discussed later.

(Note: The complete system of cases in Polish, including the remaining cases, will be presented further on in this book).

3 / FAMILIAR VS. FORMAL The familiar or intimate way to address people in Polish is **ty** (the equivalent of **tu** in Latin, French, and Spanish, **du** in German, and **thou** in older English). The personal pronoun **ty** is always followed by the **second person singular** of the verb. Example: **ty . . . mówisz** po polsku.

The use of the familiar **ty** is limited to one's close friends, members of one's immediate family, and anyone with whom we are on a first-name basis. Example: **Co (ty) robisz, Staszek?** "What are you doing, Stan?." It should also be noted that the **ty** may be omitted (as in the above examples), since in Polish **the personal ending of the verb** already indicates which person is meant.

Persons who are **not** our close friends or members of our immediate family should **never** be addressed familiarly as **ty** (lest they take offense); instead, the formal **Pan** ("Sir") or **Pani** ("Madam") must be used.

The difference between the familiar and formal way of addressing a person is of **great importance** in Polish. Never address a stranger as **ty**; always use **Pan** or **Pani,** depending on whether the person addressed is a man or a woman. Do **not** address your Polish teacher as **ty** (use **Pan** or **Pani** instead, as the case may be); with your classmates you can choose to be familiar or formal, depending on how well you know them.

The above rules apply also to the use of familiar vs. formal possessive adjectives:

Familiar	**Formal**
twój, twoja, twoje	Pana (when belonging to a man)
	Pani (when belonging to a woman)

And finally, the same is true of other cases of personal pronouns, like the one indicating the indirect object (i.e., the recipient of an action). Compare:

Familiar	**Formal**
życzę **ci** powodzenia	życzę **Panu (Pani)** powodzenia

"I wish **you** success"

The formal *Pan* or *Pani*, when used in the Nominative (or subject) case, requires the THIRD PERSON SINGULAR of the verb. Examples (found in Conversation, Lessons 1 and 2) are:

Czy Pan jest żonaty?	Are you married (Sir)?
Pan czyta po polsku.	You (Sir) read Polish.

4 / CORRELATION VS. CONTRAST Correlation vs. contrast is expressed in Polish through the use of the conjunctions *i* and *a*, respectively.

Correlation of objects or abstract ideas, of sequences of actions, of locations, is expressed in Polish through the use of the conjunction *i* (and), as shown by the following examples:

książka **i** *książka* a book **and** a book
książka **i** *słownik* a book **and** a dictionary
człowiek **i** *świat* the man **and** the world
mówić **i** *czytać* to speak **and** to read
tu jest książka **i** *słownik* here is (are) a book **and** a dictionary

Contrast between two objects, actions, locations, is expressed in Polish through the use of the conjunction *a* (and/but, on the other hand). Examples:

to książka, **a** *to słownik* this is a book, **and/but** that's a dictionary
ty mówisz, **a** *ja czytam* you are speaking, **and/but** I am reading
tu jest książka, **a** *tam jest słownik* here is a book, **and/but** there is a dictionary

Examples of the use of *i* and *a* can also be found in Conversation, Lesson 2.

LEKCJA TRZECIA

THIRD LESSON

Rozmowa

1. *Jaka jest dziś pogoda?*
2. *Dziś jest ładna (piękna, brzydka, okropna) pogoda.*
3. *Jest gorąco (ciepło, chłodno, zimno).*
4. *Chmurzy się.*
5. *Jest ciemno.*
6. *Deszcz pada. Grad pada. Śnieg pada.*
7. *Jest mokro.*
8. *Ale ulewa!*
9. *Błyska się.*
10. *Grzmi.*
11. *Idzie burza.*
12. *Ale burza!*
13. *Co za pogoda!*
14. *Wiatr wieje.*
15. *Wieje silny wiatr.*
16. *Ale wiatr! (Ale wichura!)*
17. *Przestaje padać.*
18. *Robi się ładnie.*
19. *Słońce świeci.*
20. *Jest jasno.*
21. *Jest pięknie.*

Conversation

1. What is the weather like today?
2. Today the weather is nice (beautiful, bad, awful).
3. It's hot (warm, cool, cold).
4. It's clouding up.
5. It's dark.
6. It's raining. Hail is falling. It's snowing.
7. It's wet.
8. What a downpour!
9. (Lightning) is flashing.
10. It's thundering.
11. A storm is coming.
12. What a storm!
13. What weather!
14. The wind is blowing.
15. It's very windy.
16. What a wind! (What a windstorm!)
17. The rain is stopping.
18. It's clearing up (getting nice).
19. The sun is shining. (There's sun.)
20. It's bright.
21. It's beautiful.

Słowniczek / Vocabulary

ale WYKRZYKNIK	what a INTERJECTION
błyska się	(lightning) is flashing
brzydki, brzydkie, brzydka	ugly, awful
burza	storm
chłodno	coolly; it's cool
chmurzy się	it's clouding up; it's getting cloudy

ciemno	darkly; it's dark
ciepło	warmly; it's warm
co za WYKRZYKNIK	what a INTERJECTION
deszcz	rain
deszcz pada	rain is falling; it's raining
dziś	today
gorąco	hotly; it's hot
grad	hail
grad pada	hail is falling; it's hailing
grzmi	it's thundering
idzie	(it) goes, comes
jaki, jakie, jaka	what . . . like; what kind of
jasno	brightly; it's bright
jest	(it) is; it's (it is)
ładnie	nicely; it's nice
ładny, ładne, ładna	nice, pretty
mokro	it's wet
okropny, okropne, okropna	terrible, awful
pada	(it) falls, is falling
padać	to fall (continuously)
pięknie	beautifully; it's beautiful
piękny, piękne, piękna	beautiful
pogoda	weather
przestaje	it's stopping
przestaje padać	(the rain, snow, hail) is stopping
robi się	it's becoming, getting
silny, silne, silna	strong
śnieg	snow
śnieg pada	snow is falling; it's snowing
świeci	shines, is shining
ulewa	downpour
wiatr	wind
wichura	windstorm
wieje	blows, is blowing

Wymowa — Pronunciation

PALATAL **ś (si)**	NON-PALATAL **sz**
si*ła*	**sz***yła*
si*ew* PRON. **si***ef*	**sz***ef*
*głu***si**	*głu***sz***y*

PALATAL **ź** (**zi**)		NON-PALATAL **ż** (**rz**)	
w **zi***mie*	in winter	*w* **Rz***ymie*	in Rome
zi*arna*	grains	**ż***arna*	handmill
*Ró***zi***a*	Rosie	*ró***ż***a*	rose

Gramatyka Grammar

1 / THE ADVERB AND ITS USES The adverb in Polish (when indicating manner or condition) is characterized by the ending **-o** or **-e**. Given below are some typical Polish adverbs (similar to or identical with the ones found in the Conversation section) with their meanings in English.

*ciepł***o**	warmly	*gorąc***o**	hotly	*słuszni***e**	rightly
*zimn***o**	cold	*dobrz***e**	well	*poprawni***e**	correctly
*chłodn***o**	coolly	*źl***e**	badly	*leniwi***e**	lazily

Unlike English, many adverbs in Polish can be used as adverbial phrases to the extent of replacing short sentences (while in English only adjectives can be used thus). This will be shown in the following examples:

*Ciepł***o***!* (It's) warm! *Zimn***o***!* (It's) cold! *Dobrz***e***!* Good! *Źl***e** Bad!

These one-word adverbial phrases (actually, sentences) are used only in spoken Polish and, as in English, have a strong emotional content. In our conversation about the weather, to indicate our lack of emotional involvement in the topic, we use the linking verb *jest* (is) with adverbs referring to the weather. The pronoun "it" does not have to appear in this context, since *jest* is equal to "(He/she/it) is." Thus we have *jest* followed by *pochmurn***o**, *jasn***o**, *zimn***o**, *chłodn***o**, *ciepł***o**, *gorąc***o**, *ciemn***o**, *mokr***o**, *słoneczni***e** (cloudy, bright, cold, cool, warm, hot, dark, wet, sunny); we have ADVERBS in Polish vs. ADJECTIVES in English. It is well to keep in mind this important difference between the two languages.

2 / THE INTERROGATIVE ADJECTIVE: jaki, jakie, jaka The interrogative adjective *jaki, jakie, jaka* (what kind of, what sort of) is used in asking questions about quality, condition, etc. Note that this adjective, as all adjectives in Polish, agrees in case, gender, and number with the noun to which it refers. In idiomatic expressions dealing with weather phenomena, climate, etc., *jaki, jakie, jaka* is the equivalent of the English construction "what . . . like." Examples follow:

Jaki *jest klimat Anglii?*	**What** is the climate of England **like**?
Jakie *jest dzisiaj niebo?*	**What** is the sky **like** today?
Jaka *jest dziś pogoda?*	**What** is the weather **like** today?

3 / THE WORD ORDER IN POLISH There are no set rules for word order in Polish. However, as you learn more about the language, you will note that there are certain preferred patterns of word order. Often, as in English, the word order will be determined by the emphasis the speaker wishes to place on a particular word in a sentence. Here are some examples:

Pogoda jest ładna dziś. The weather is nice today.

Deszcz pada. Rain is falling.

Dziś jest ładna pogoda. Today it is nice weather.

Wieje silny wiatr. A strong wind is blowing.

If you study the sentences in this lesson, you will probably come to the conclusion that they fall into two basic patterns of word order: s-v and v-s. In the straight pattern (s-v), the subject (the author, doer) precedes the verb, e.g.: *Deszcz pada. Wiatr wieje. Słońce świeci.* In the inverted pattern (v-s), the verb (the action word) precedes the subject, e.g.: *Idzie burza. Pada deszcz. Dziś jest ładna pogoda.* Both the s-v and v-s patterns are common in Polish, and are often (but not always) used interchangeably by native speakers of the language. It is suggested that you memorize the Polish sentences in the Conversation part of each lesson together with their word order, especially when the latter differs from English.

4 / THE DIMINUTIVE FORM OF FIRST NAMES The diminutive form of a person's first name is used in Polish, as in English, to express endearment or convey the idea of close friendship. Listed below are a few diminutives of common Polish first names, together with their English equivalents.

MALE		FEMALE	
FIRST NAME	DIMINUTIVE	FIRST NAME	DIMINUTIVE
Stanisław	*Staszek* Stan	*Barbara*	*Basia* Barb (Babs)
Władysław	*Władek* Wally	*Teresa*	*Terenia* Terry
Tadeusz	*Tadek* Tad	*Janina*	*Janka* Jan, Jeannie
Ryszard	*Rysiek* Richie	*Krystyna*	*Krysia* Chris
Wincenty	*Wicek* Vince	*Anna*	*Ania* Annie
Józef	*Józek* Joe	*Eleonora*	*Leosia* Ellie
Jan	*Janek* Jack	*Ludwika*	*Ludka* Lou
Tomasz	*Tomek* Tom	*Aleksandra*	*Ola* Sandra

LEKCJA CZWARTA

Rozmowa

1. *Czyj to album? Czy Pana (Pani)?*
2. *Tak to mój album. Dużo fotografuję.*
3. *Czy można obejrzeć Pana (Pani) album?*
4. *Oczywiście!*
5. *O, jakie świetne zdjęcie! Czyja to rodzina? Czy Pana (Pani)?*
6. *Tak, to moja rodzina. Po prawej ojciec, a po lewej matka.*
7. *A kto stoi obok ojca?*
8. *To mój brat Władek.*
9. *Gdzie on teraz jest?*
10. *Teraz jest na Atlantyku. Pracuje na statku jako marynarz.*
11. *Czy jest żonaty?*
12. *Tak. Po lewej, obok matki, stoi jego żona.*
13. *A to chyba Pana (Pani) siostra. Czy ona jest mężatką?*
14. *Tak, jest już od roku mężatką. Ma jedno dziecko.*
15. *Syna czy córkę?*
16. *Córkę. Jej córka ma na imię Halina.*
17. *Czy mąż Pana (Pani) siostry też jest marynarzem, jak Pana (Pani) brat Władek?*
18. *Nie, jest inżynierem.*
19. *Jak on się nazywa?*
20. *Nazywa się Jan Nowak.*
21. *A więc na imię ma Jan. A jak ma na imię Pana (Pani) siostra?*

FOURTH LESSON

Conversation

1. Whose album is this? Is it yours?
2. Yes, that's my album. I photograph a lot.
3. May I see your album?
4. Of course!
5. Oh, what an excellent picture! Whose family is it? Is it yours?
6. Yes, that's my family. On the right is my father, and on the left is my mother.
7. And who is standing next to your father?
8. That's my brother Wally.
9. Where is he now?
10. Now he's in the Atlantic. He works on a ship as a sailor.
11. Is he married?
12. Yes (he is). On the left, next to (my) mother, is standing his wife.
13. And that's probably your sister. Is she married?
14. Yes, she's been married for a year already. She has one child.
15. A son or a daughter?
16. A daughter. Her daughter's first name is Helen.
17. Is your sister's husband also a sailor, as (is) your brother Wally?
18. No, he's an engineer.
19. What is his name?
20. His name is John Novak.
21. And so his first name is John. And what's your sister's first name?

22. *Moja siostra ma na imię Zofia.*	22. My sister's first name is Sophie.
23. *Tak, to bardzo ładne imię.*	23. Yes, that's a very pretty first name.
24. *Dziękuję!*	24. Thanks!
25. *I jak Pan(i) dobrze fotografuje!*	25. And how well you take pictures!
26. *Dziękuję za komplement!*	26. Thanks for the compliment.

Słowniczek / Vocabulary

brat	brother
chyba	probably
córka ACC. SG. **córkę**	daughter
czyj, czyje, czyja	whose
daleko	far (away)
dużo	much, a lot
dziecko	child
fotografuję	I photograph, take pictures
(Pan, Pani) fotografuje	you photograph, take pictures
gdzie	where
Halina	Helen
imię NEUT.	first name
jak	how
jeden, jedno, jedna	one
kto	who
lewy, lewe, lewa	left ADJ.
ma	(he/she) has
marynarz	sailor
matka GEN. SG. **matki**	mother
mąż	husband
mężatka	married woman
można	one may; may I
na	at, in, on
na Atlantyku	in the Atlantic
na imię ma	(his/her) first name is
obejrzeć	to see, to look (through)
obok	beside, next to
oczywiście	of course
od roku	since a year (ago)
ojciec GEN. SG. **ojca**	father
po lewej	on the left
po prawej	on the right

pracuje	(he/she) works
rodzina	family
siostra GEN SG. **siostry**	sister
statek LOC. SG. **na statku**	ship
stoi	(he/she/it) stands, is standing
syn	son
świetny, świetne, świetna	excellent ADJ.
teraz	now
też	also, too
Władek	Wally
zdjęcie	photograph, picture

Gramatyka Grammar

1 / THE INTERROGATIVE ADJECTIVE: czyj, czyje, czyja (whose) This adjective is used in asking about possession. It agrees in gender (as all adjectives do in Polish) with the noun to which it refers, e.g.:

*Czy***j** *to album***m**? *Czyj***e** *to piór***o**? *Czyj***a** *to książk***a**?

2 / THE INSTRUMENTAL CASE The instrumental case of nouns in the singular has the following ending (added to the stem of the noun): **-em** (MASC. and NEUT.), **-ą** (FEM.), Examples follow:

MASC.	NEUT.	FEM.
*album***em**	*okn***em**	*lamp***ą**
*marynarz***em**	*zadani***em**	*żon***ą**
*inżynier***em**	*pol***em**	*mężatk***ą**

As its very name demonstrates, the instrumental case denotes an instrument or an agent. In this lesson, however, it is used to indicate impermanent or temporary status or condition, with special reference to profession or civil status. Here are some typical examples, taken from the Conversation part of this lesson:

*On jest marynarz***em** He is a sailor. (He may some day change his profession.)
*Ona jest mężatk***ą** She is a married woman. (Her status may change some day, as, for example, when she becomes a widow.)

3 / THE ABSENCE OF THE PRESENT PERFECT TENSE IN POLISH In Polish there is no counterpart of the present perfect tense, so frequently used in English to denote an action or condition which originated in the past but is still continuing in the present. For such situations, normally the present tense is used in Polish, with a suitable adverb to indicate that the situation referred to has existed for a period of time. Example:

Ona jest od roku mężatką. She has been married for a year's time. (Literally: She is since a year ago a married woman.)

4 / VARIOUS WAYS TO DENOTE LOCATION IN POLISH In English, the usual way to indicate location is to put a preposition (at, in, on, along) before the noun to which it refers. It is the same in Polish; in addition, however, it is necessary to attach a case-ending to the noun in accordance with the preposition used. A few examples are listed below.

na on, at	**po** on, along	**w** in, at
na *dachu* **on** the roof	**po** *lewej (prawej) stronie* **on** the left (right) side (literally: **along** the left/right side.)	**w** *domu* **at** home
na *morzu* **at** sea		**w** *szkole* **at** school
na *tablicy* **on** the blackboard		**w** *Warszawie* **in** Warsaw

The correct use of prepositions (with correct case endings) is just as important in Polish as it is in other languages. A beginning student of Polish is urged to list and memorize examples of their use in sentences found in the Conversation part of each lesson. You can make a list of some prepositions denoting location, with their English equivalents, and keep it for future use. It will be best to list both the preposition and the noun as they appear in a given example. It will look like this:

na *Bałtyku (Atlantyku)* **in** the Baltic (Atlantic)
na *dworze* **out of** doors
na *morzu* **at** sea

po *lewej (prawej) stronie* **on** the left (right) side
w *Rzymie* **in** Rome
w *zimie* **in** winter

As you can see, the use of prepositions in Polish (as in many other languages) is idiomatic and presents some difficulty to the beginning student of the language. The best way to employ prepositions correctly is to memorize their use in combinations: preposition plus noun, or preposition plus adjective plus noun, as in the above examples.

Listed below are some other examples of the idiomatic use of prepositions (with their English equivalents).

na *jeziorze* **on** a/the lake
na *krześle* **on** a/the chair
na *niebie* **in** the sky
na *oknie* **on** the window (sill)
na *podłodze* **on** the floor
na *polu* **in** a/the field
na *stole* **on** a/the table
na *ulicy* **in** the street
na *wsi* PRON. **na***fsi* **in** the country
w *domu* **at** home; **in** a/the house
w *garażu* **in** a/the garage
w *kinie* **in** a movie theater
w *klasie* **in** a/the classroom
w *rogu* **in** a/the corner
w *sklepie* **in** a store
w *teatrze* **in** a theater
za *domem* **behind** the house
za *miastem* **out of** the city, **out of** town
za *morzem* **across** the sea
za *oceanem* **across** the ocean, overseas
za *rzeką* **across** the river

Wyrażenia używane w czasie lekcji

1. *Lekcja się zaczyna.*
2. *Zaczynamy lekcję.*
3. *Kto jest obecny?*
4. *Kto jest nieobecny?*
5. *Pan(i) się spóźnił(a).*
6. *Proszę otworzyć książkę/książki.*
7. *Proszę otworzyć okno/drzwi.*
8. *Stronica* ———.
9. *Proszę czytać.*
10. *Proszę czytać głośno (na głos).*
11. *Proszę przetłumaczyć.*
12. *Proszę powtórzyć.*
13. *Proszę do tablicy!*
14. *Proszę pisać na tablicy.*
15. *Proszę zetrzeć z tablicy.*
16. *Proszę pisać poprawnie.*
17. *Dobrze!*
18. *Źle!*
19. *Proszę poprawić błąd/błędy.*
20. *Czy Pan(i) widzi błąd/błędy?*
21. *To nic.*
22. *W porządku!*
23. *Proszę siadać.*

Classroom Expressions

1. The lesson is beginning.
2. We're beginning the lesson.
3. Who is present?
4. Who is absent?
5. You came late.
6. Please open (your) book/books.
7. Please open the window/door.
8. Page ———.
9. Please read.
10. Please read aloud.
11. Please translate.
12. Please repeat.
13. Please (go) to the blackboard.
14. Please write on the blackboard.
15. Please erase (from) the blackboard.
16. Please write correctly.
17. (That's) right!
18. (That's) wrong!
19. Please correct the mistake/mistakes.
20. Do you see the mistake/mistakes?
21. That doesn't matter. (That's nothing.)
22. All right! (Okay!)
23. Please sit down.

24. *Proszę odpowiadać po polsku.*
24. Please answer in Polish.

25. *Proszę odpowiedzieć na pytanie.*
25. Please answer the question.

26. *Czy Pan(i) rozumie?*
26. Do you understand?

27. *Tak, rozumiem.*
27. Yes, I do (understand).

28. *Nie, nie rozumiem.*
28. No, I do not (understand).

29. *Proszę powtarzać za mną.*
29. Please keep repeating after me.

30. *Proszę powtórzyć za mną.*
30. Please repeat (once) after me.

31. *Jeszcze raz!*
31. Once more!

32. *Bardzo dobrze! Dziękuję!*
32. Very well! Thank you!

33. *Proszę mówić wolno i wyraźnie.*
33. Please speak slowly and clearly (distinctly).

34. *Kto ma jakieś pytanie/pytania?*
34. Does anyone have any question/questions?

35. *Ja mam pytanie.*
35. I have a question.

36. *To jest dobry przykład.*
36. This is a good example.

37. *Proszę słuchać!*
37. Please listen!

38. *Jak (się mówi) po polsku ———?*
38. How do you say ——— in Polish?

39. *Jak (się mówi) po angielsku ———?*
39. How do you say ——— in English?

40. *Jak się to nazywa?*
40. What is this called?

41. *Co to znaczy?*
41. What does this mean?

42. *Gdzie jest Pana(Pani) praca domowa?*
42. Where is your homework?

43. *Czy Pan(i) zapomniał(a)?*
43. Did you forget?

44. *Tak, zapomniałem/zapomniałam.*
44. Yes, I (man/woman) forgot.

45. *Proszę (mi) powiedzieć ———.*
45. Please tell (me) ———.

46. *Proszę (mi) pokazać ———.*
46. Please show (me) ———.

47. *W piątek/sobotę mamy egzamin.*
47. On Friday/Saturday we have an exam.

48. *Na poniedziałek/czwartek/środę proszę przeczytać/napisać ———.*
48. For Monday/Thursday/Wednesday please read (through)/write (up) ———.

49. *Proszę zacząć pisać/czytać/mówić/odpowiadać.*
49. Please begin to write/read/speak/answer.

50. *Proszę czytać/mówić/pisać dalej.*
50. Please continue to read/speak/write.

51. *Proszę kończyć.*
51. Please finish.

52. *Kończymy.*
52. We're finishing.

53. *Czas kończyć.*
53. (It's) time to finish.

54. *Która godzina?*
54. What time (is it)?

55. *Jedenasta/druga/trzecia/czwarta.* — 55. Eleven/two/three/four (o'

56. *To wszystko.* — 56. That's all.

57. *Obecny!/Obecna! (przy czytaniu listy).* — 57. Present (man/woman)! (: calling the roll).

58. *Nieobecny. (Nieobecna.)* — 58. He's absent. (She's absent.)

59. *Chory. (Chora.)* — 59. He's ill. (She's ill.)

60. *W domu.* — 60. At home.

61. *W szpitalu.* — 61. In the hospital.

62. *W Harrisburgu/Pitsburgu/Nowym Jorku/Filadelfii/Montrealu/Ottawie.* — 62. In Harrisburg/Pittsburgh/New York/Philadelphia/Montreal/Ottawa.

63. *Przepraszam.* — 63. Excuse me.

64. *Przykro mi.* — 64. I'm sorry.

65. *Bardzo mi przykro.* — 65. I'm very sorry.

66. *Co za szkoda!* — 66. What a pity!

67. *Co robić?* — 67. What (is one) to do?

68. *Niedobrze!* — 68. (It's) not good!

69. *Nic na to nie poradzę.* — 69. I can't help it.

LEKCJA PIĄTA

Rozmowa

1. *W czym się Pan(i) specjalizuje?*
2. *Specjalizuję się w filologii polskiej (angielskiej, włoskiej, niemieckiej, francuskiej).*
3. *A ja specjalizuję się w fizyce (biologii, historii, geografii).*
4. *A jaki jest Pana (Pani) ulubiony przedmiot?*
5. *Mój ulubiony przedmiot to literatura polska.*
6. *A mój ulubiony przedmiot to biologia eksperymentalna (fizyka teoretyczna, geografia ekonomiczna, paleontologia, itd.).*
7. *Czy Pan(i) ma brata lub siostrę?*
8. *Mam tylko jednego brata (jedną siostrę).*
9. *A czym się on(a) interesuje?*
10. *Interesuje się sportem (muzyką).*
11. *Tak, sport jest interesujący (muzyka jest interesująca).*
12. *A jaki jest Pana (Pani) ulubiony sport?*
13. *Mój ulubiony sport to tenis (piłka nożna, siatkówka, pływanie).*
14. *Czy Pan(i) interesuje się malarstwem i grafiką?*
15. *Tak, interesuję się malarstwem polskim (włoskim, hiszpańskim, francuskim) i grafiką polską (włoską, francuską).*

FIFTH LESSON

Conversation

1. What do you major (specialize) in?
2. I major in Polish (English, Italian, German, French) philology.
3. And I major in physics (biology, history, geography).
4. And what is your favorite subject?
5. My favorite subject is Polish literature.
6. And my favorite subject is experimental biology (theoretical physics, economic geography, paleontology, etc.).
7. Do you have a brother or a sister?
8. I have only one brother (one sister).
9. And what is he (she) interested in?
10. He (she) is interested in sports (in music).
11. Yes, sports are interesting (music is interesting).
12. And what is your favorite sport?
13. My favorite sport is tennis (soccer, volleyball, swimming).
14. Are you interested in painting and (in) graphic art?
15. Yes, I'm interested in Polish (Italian, Spanish, French) painting and (in) Polish (Italian, French) graphic art.

Specjalizacja — Major Field

filologia (polska, angielska, włoska, francuska, niemiecka, klasyczna)	(Polish, English, Italian, F German, Classical) phil
chemia organiczna	organic chemistry
ekonomia polityczna	political science
historia sztuki	art history
archeologia	archeology
geografia	geography
dziennikarstwo	journalism

Przedmiot — Subject

teoria literatury	theory of literature (literary theory)
historia literatury	history of literature (literary history)
kultura języka	culture of language
historia filozofii	history of philosophy
ekonomia polityczna	political economics (political science)

Słowniczek — Vocabulary

archeologia	archeology
biologia G., D., L. SG. **biologii**	biology
chemia	chemistry
ekonomia	economics
ekonomiczny, ekonomiczne, ekonomiczna	economic
eksperymentalny, -e, -a	experimental
fizyka LOC. SG. **w fizyce**	physics
filologia G., D., L. SG. **filologii**	philology (language and literature studies)
francuski, -e, francuska	French ADJ.
grafika INSTR. SG. **grafiką**	graphic art
historia G., D., L. SG. **historii**	history
historia sztuki	history of art (art history)
interesujący, -e, -a	interesting
interesuję się + INSTR.	I'm interested (in)
interesuje się + INSTR.	(he/she) is interested (in)
jeden, jedno, jedna	one

.asyczny, -e, -a	classical
literatura	literature
literatura polska	Polish literature
lub	or
malarstwo (jako sztuka)	painting (as art)
mam	I have
muzyka INSTR. SG. **muzyką**	music
niemiecki, -e, niemiecka	German ADJ.
organiczny, -e, -a	organic
Pan(i) ma	you (Sir/Madam) have
Pan(i) specjalizuje się (w)	you (Sir/Madam) major (in)
piłka nożna	soccer (European football)
pływanie	swimming
przedmiot	subject
siatkówka	volleyball
specjalizacja	major field
specjalizuję się (w)	I major (in)
tenis	tennis
teoretyczny, -e, -a	theoretical
ulubiony, -e, -a	favorite ADJ.
w czym LOC. SG. of **co**	in what
włoski, -e, włoska	Italian ADJ.

Gramatyka Grammar

1 / THE PRESENT TENSE OF VERBS WHOSE INFINITIVE ENDS IN -ować In Polish, there is a large number of verbs whose infinitive (basic form, as listed in the dictionary) ends in **-ować**. The present tense of such verbs is formed from the stem augmented by the suffix **-uj-**, to which the personal endings of the conjugation are then added. The formation, in the SINGULAR, will look thus:

*(ja) specjaliz***uję** *się*	*(ja) interes***uję** *się*
*(on, Pan, ona, Pani) specjaliz***uje** *się*	*(on, Pan, ona, Pani) interes***uje** *się*

As we see, the present tense of such verbs is formed with the aid of the endings of the **-e** CONJUGATION.

2 / THE ACCUSATIVE CASE The accusative case denotes the DIRECT OBJECT OF A TRANSITIVE VERB. It has the following endings in the singular (added to the stem of the noun):

MASC.	NEUT.	FEM.
-a or no ending	Same as Nom. case	**-ę** or no ending

Here are a few examples:

MASC.	NEUT.	FEM.
*student***a**	*dziennikarstw***o**	*studentk***ę**
*kot***a**	*malarstw***o**	*żon***ę**
*koni***a**	*dzieck***o**	*siostr***ę**
*Pan***a**	*pol***e**	*muzyk***ę**
*Jan***a**	*zadani***e**	*lini***ę**
*profesor***a**		*Zofi***ę**
*Nowak***a**		*noc*
stół		*pieśń*
język		
przedmiot		

You will note that the ACC. SG. case of ANIMATE masculine nouns (persons and animals) is identical with the GEN. SG. case of such nouns, since both cases end in **-a**. The ACC. SG. case of INANIMATE masculine nouns (things, ideas, etc.) is identical with the NOM. SG. case of such nouns. This distinction (ANIMATE VS. INANIMATE) does not exist in the NEUTER gender, where the ACC. case is always identical with the NOM. case. The FEMININE gender, with the exception of those nouns which take no ending, has its own special ending **-ę**, used for both animate and inanimate nouns.

The ACCUSATIVE CASE OF ADJECTIVES in the SINGULAR has the following endings (added to the *stem* of the adjective):

MASC.		NEUT.	FEM.
ANIMATE	INANIMATE		
-ego	Same as Nom. case	Same as Nom. case	**-ą**

Examples follow:

*dobr***ego**	*dobr***y**	*dobr***e**	*dobr***ą**
*ładn***ego**	*ładn***y**	*ładn***e**	*ładn***ą**
*polsk***iego**	*polsk***i**	*polsk***ie**	*polsk***ą**

Care should be taken to use the correct case endings when an adjective modifies a noun, since it is the gender of the noun that determines the form of the adjective. The following examples of the ACC. case of both nouns and adjectives could be given:

MASC.		NEUT.	FEM.
ANIMATE	INANIMATE		
	*język polsk***i**	*malarstw***o** *włosk***ie**	*literatur***ę** *francusk***ą**

As you can see from the Conversation on page 22, the ACCUSATIVE case is used only after those verbs which require a direct object, e.g., Sentences 7–8.

Listed below are some common Polish verbs which take the ACCUSATIVE case. Many of these verbs will be used (with the ACC. case) in subsequent lessons:

znać (znam, zna) to know (somebody or something)
umieć (umiem, umie) to know (something that one has learned or memorized)
rozumieć (rozumiem, rozumie) to understand
czytać (czytam, czyta) to read
pisać (piszę, pisze) to write
widzieć (widzę, widzi) to see
słyszeć (słyszę, słyszy) to hear
jeść (jem, je) to eat
pić (piję, pije) to drink
lubić (lubię, lubi) to like
kochać (kocham, kocha) to love
brać (biorę, bierze) to take

3 / THE USE OF THE INSTRUMENTAL CASE AFTER THE VERB interesować się The verb *interesować się* (to be interested) requires the INSTRUMENTAL case to express the idea that a person is interested in something or somebody. In question-and-answer patterns, this case is hinted at by the very use of the INSTRUMENTAL case of *co* (what) which is *czym* (by what, in what, with what) in Polish. Examples follow:

Czym *się interesuje Pana brat?* **What** is your brother interested **in**?
*On się interesuje sport***em** *i polityk***ą** He is interested **in** sport(s) and (**in**) politics.

If an adjective is used, its endings in the INSTR. case will be the following:

MASC. and NEUT.	FEM.
-ym or **-im**	**-ą**

Here are a few examples:

*dobr***ym** *polsk***im**	*dobr***ą** *polsk***ą**
*ładn***ym** *dług***im**	*ładn***ą** *dług***ą**

Care should be taken when an adjective is used with a noun, for it is necessary to observe the rules governing agreement in gender, case, etc. Thus we have (*Conversation,* sentences 14–15):

NOUN	ADJ.	NOUN	ADJ.
*malarstw***em**	*polsk***im**	*grafik***ą**	*polsk***ą**

4 / THE POSITION OF THE ADJECTIVE WITH RESPECT TO THE NOUN IT MODIFIES General descriptive adjectives (*ładny, dobry, ciekawy, trudny,* etc.) usually precede the noun they modify, e.g., *ładny dom, dobre dziecko, trudna lekcja.* Specific adjectives usually follow the noun to which they refer, e.g., *język polski, literatura francuska.* Since this word order differs from English word order (in which such combinations as "court martial," "attorney general," etc. are much less common than, for example, "martial law," "general delivery," etc.), the learner would be well advised to make a list of adjective noun combinations in which the adjective follows the noun in Polish.

Here are some examples of this kind of word order (noun-adjective):

POLISH	ENGLISH
Karolina Południowa	South Carolina
Morze Bałtyckie	Baltic Sea
dzień dobry!	good morning/afternoon!
praca domowa	homework
język polski	the Polish language
autobus pospieszny	express bus
linia autobusowa	bus line
przystanek autobusowy	bus stop
linia tramwajowa	streetcar line
przystanek tramwajowy	streetcar stop
dworzec kolejowy	railroad station
kasa biletowa	ticket office
kontrola celno-paszportowa	customs and passport inspection
port lotniczy	airport
pociąg pospieszny	through train
biblioteka miejska	city library

szkoła podstawowa	elementary school
szkoła średnia	secondary school
praca dyplomowa	graduate thesis
sklep spożywczy	grocery store
dom towarowy	department store
sklep samoobsługowy	self-service store
bar mleczny	dairy bar
woda sodowa	soda water
woda mineralna	mineral water
Polskie Linie Lotnicze (LOT)	Polish Air Lines (LOT)
Polskie Koleje Państwowe	Polish State Railways
Państwowa Komunikacja Samochodowa	State Auto Transportation (Co.)
Milicja Obywatelska	Citizens' Militia (Polish police)
Wojsko Polskie	Polish Armed Forces
święto narodowe	national holiday

LEKCJA SZÓSTA

SIXTH LESSON

Rozmowa

1. *Gdzie Pan(i) teraz mieszka?*
2. *Mieszkam w Warszawie/Krakowie/Częstochowie/Lublinie/Gdańsku/Poznaniu/Wrocławiu/Łodzi/Gdyni.*
3. *To Pan(i) mieszka w wielkim mieście.*
4. *Tak, ale mój brat mieszka na wsi.*
5. *Czy ma tam dom albo gospodarstwo?*
6. *Ma i dom, i gospodarstwo.*
7. *Czy pracuje na roli?*
8. *Oczywiście. W dzień pracuje na polu, a wieczorem odpoczywa w domu.*
9. *Czy jest żonaty?*
10. *Tak, jest żonaty.*
11. *Czy jego żona pracuje?*
12. *Tak, pracuje w banku, w mieście powiatowym.*
13. *Czy mają dzieci?*
14. *Mają dwoje dzieci: syna i córkę. Ich dzieci są już dorosłe.*
15. *Czy ich dzieci pracują?*
16. *Tak, oboje pracują. Syn pracuje w sklepie, a córka w biurze.*
17. *A w jakim sklepie pracuje syn?*
18. *Pracuje w sklepie spożywczym. W tym samym mieście mieszka jego siostra.*
19. *A czy Pan(i) ma siostrę?*
20. *Tak, mam. Mieszka w Krakowie.*

Conversation

1. Where do you live now?
2. I live in Warsaw/Cracow/Czestochowa/Lublin/Gdansk/Poznan/Wroclaw/Lodz/Gdynia.
3. So you live in a large city.
4. Yes, but my brother lives in the country.
5. Does he have a house or a farm there?
6. He has both a house and a farm.
7. Does he work on the land?
8. Of course. In the daytime he works in the field, and in the evening he rests at home.
9. Is he married?
10. Yes, he's married.
11. Does his wife work?
12. Yes, she works in a bank, in the district town.
13. Do they have children?
14. They have two children, a son and a daughter. Their children are already grown-up.
15. Do their children work?
16. Yes, they both work. The son works in a store, and the daughter in an office.
17. And in what kind of store does the son work?
18. He works in a grocery store. In the same town lives his sister.
19. And do you have a sister?
20. Yes, I do (have). She lives in Cracow.

21. *A gdzie jest Kraków?*	21. And where is Cracow?
22. *Kraków jest w Polsce, nad rzeką Wisłą.*	22. Cracow is in Poland, on the Vistula River.
23. *Ach tak, pamiętam, widziałem (widziałam) Kraków na mapie.*	23. Oh yes, I remember, I've seen Cracow on a map.
24. *A ja czytałem (czytałam) bardzo ciekawą książkę o Krakowie.*	24. And I read (was reading) a very interesting book about Cracow.
25. *Gdzie jest ta książka?*	25. Where is that book?
26. *Ta książka jest w bibliotece miejskiej. Może ją Pan(i) wypożyczyć.*	26. That book is in the city library. You can borrow it.

Słowniczek / Vocabulary

biblioteka LOC. SG. **w bibliotece**	library
biuro LOC. SG. **w biurze**	office
dorosły, dorosłe, dorosła N. PL. **dorosłe**	grown-up, mature
dwoje a collective numeral	two (each of a different sex)
dwoje dzieci	two children
gospodarstwo	farm
i ——— i ———	both ——— and ———
ją ACC. SG. of **ona**	her, it
mieć (mam, ma, mają)	to have
miasto LOC. SG. **w mieście**	city
miasto powiatowe LOC. SG. **w mieście powiatowym**	county seat, district town
miejski, miejskie, miejska	city, municipal ADJ.
mieszkać (mieszkam, mieszka, mieszkają)	to live, dwell
na mapie LOC. SG. of **mapa**	on a/the map
na polu LOC. SG. of **pole**	in a/the field
na południu LOC. SG. of **południe**	in the south
na roli LOC. SG. of **rola**	on the land
na wsi [PRON. **nafsi**]	in the country (-side)
oboje a collective numeral	both (each of a different sex)
odpoczywać (odpoczywam, odpoczywa, odpoczywają)	to rest, relax
pamiętać (pamiętam, pamięta, pamiętają)	to remember
są	(they) are

sklep spożywczy LOC. SG. **w sklepie spożywczym**	grocery store
ten sam, to samo, ta sama LOC. SG. **w tym samym/tej samej**	the (very) same
teraz	now
w banku	in/at a bank
w domu	at home
w dzień ACC.	in the daytime
w Krakowie	in Cracow
w książce LOC. SG. of **książka**	in a/the book
w Polsce LOC. SG. of **Polska**	in Poland
widziałem/widziałam (PAST TENSE 1ST PERS. SG. of **widzieć**)	I saw; I've seen
wieczorem	in the evening
wielki, wielkie, wielka	large, great
wieś GEN., DAT., LOC. SG. **wsi**	village, countryside, rural area
wypożyczyć	to check out (of a library)

Inne Użyteczne Wyrażenia — Other Useful Expressions

rano	(in the) morning
w południe ACC.	at noon
po południu	in the afternoon
w nocy	at night
o północy	at midnight
o pierwszej/drugiej/trzeciej/czwartej (godzinie)	at one/two/three/four (o'clock)
w poniedziałek/we wtorek/w czwartek/w piątek ACC.	on Monday/Tuesday/Thursday/Friday
w(e) środę/w sobotę/w niedzielę ACC.	on Wednesday/Saturday/Sunday
dzisiaj/wczoraj/jutro/pojutrze	today/yesterday/tomorrow/day after tomorrow
za tydzień/miesiąc/rok ACC.	in a week/month/year
za godzinę/za minutę ACC.	in an hour/in a minute

Gramatyka — Grammar

1 / THE LOCATIVE (OR PREPOSITIONAL) CASE This case, as shown by its name, is used mostly to indicate location, and is then used with the prepositions *w* and *na* (in, on, at); it is also used after the preposition *o* (about) to indicate that somebody or something is spoken about, thought about.

The endings of this case for nouns in the singular are: **-u**, **-e**, **-i**, **-y**. All of them (but only one at a time) are added to the *stem* of the noun. The rules governing the use of these endings will have to be studied carefully.

(a) The **-u** ending is added to the stem of MASCULINE and NEUTER nouns whose stem ends in a PALATAL (soft) consonant or a consonant which is a result of palatalization. These consonants are listed below:

c ć (ci) ch cz dz dź (dzi) g j k l ń (ni) rz sz ś (si) ż ź (zi)

Examples follow:

MASC.		NEUT.	
Nom.	**Loc.**	**Nom.**	**Loc.**
piec oven	*w piec***u**	*słońce* sun	*w słońc***u**
		życie life	*w życi***u**
gość guest	*o gości***u**	*narzecze* dialect	*w narzecz***u**
klucz key	*o klucz***u**		
widz spectator	*o widz***u**	*narzędzie* tool	*o narzędzi***u**
śledź herring	*o śledzi***u**	*jaje* large egg	*w jaj***u**
pokój room	*w pokoj***u**	*pole* field	*na pol***u**
ból pain	*o ból***u**		
koń horse	*na koni***u**	*zebranie* meeting	*na zebrani***u**
lekarz physician	*o lekarz***u**	*morze* sea	*na morz***u**
kapelusz hat	*w kapelusz***u**	*zacisze* privacy	*w zacisz***u**
Jaś Johnny	*o Jasi***u**		
nóż knife	*na noż***u**	*wybrzeże* coast	*na wybrzeż***u**
paź page boy	*o pazi***u**		
dach roof	*na dach***u**	*echo* echo	*w ech***u**
róg corner	*na rog***u**	*tango* tango	*w tang***u**
rok year	*w rok***u**	*dziecko* child	*o dzieck***u**

(b) The **-e** ending is added to the stems of MASCULINE, NEUTER, and FEMININE nouns whose stem ends in one of the following NON-PALATAL (hard) consonants:

b d f ł m n p r s t w z

Examples:

MASC.		NEUT.	
Nom.	**Loc.**	**Nom.**	**Loc.**
chleb bread	*o chlebi***e**	*niebo* sky	*na niebi***e**
ogród garden	*w ogrodzi***e**	*koło* wheel	*na kol***e**
szef boss	*o szefi***e**	*dynamo*	*w dynami***e**
stół table	*na stol***e**	*siano* hay	*na siani***e**
Rzym Rome	*w Rzymi***e**	*tempo*	*w tempi***e**
Lublin	*w Lublini***e**	*pióro* pen	*o piórz***e**
sklep store	*w sklepi***e**	*mięso* meat	*o mięsi***e**
papier paper	*na papierz***e**	*miasto* city	*w mieści***e**
czas time	*w czasi***e**	*Wejherowo*	*w Wejherowi***e**
student	*o studenci***e**	*żelazo* iron	*w żelazi***e**
Kraków	*w Krakowi***e**		
wóz car	*w wozi***e**		

FEM

Nom.	**Loc.**
baba	*o babi***e**
woda water	*w wodzi***e**
szafa wardrobe	*w szafi***e**
szkoła school	*w szkol***e**
zima winter	*w zimi***e**
rana wound	*w rani***e**
mapa	*na mapi***e**
opera	*na operz***e**
klasa	*w klasi***e**
warta guard	*na warci***e**
Warszawa	*w Warszawi***e**
koza goat	*o kozi***e**

Note the following changes in the stem consonant that occur when the **-e** ending is added:

b to **bi** (*chle***bi***e, nie***bi***e, ba***bi***e*)
f to **fi** (*sze***fi***e, sza***fi***e*)
m to **mi** (*Rzy***mi***e, zi***mi***e*)
p to **pi** (*skle***pi***e, tem***pi***e, ma***pi***e*)
s to **si** (*cza***si***e, mię***si***e, kla***si***e*)
w to **wi** (*Krako***wi***e, Wejhero***wi***e, Warsza***wi***e*)
d to **dzi** (*ogro***dzi***e, wo***dzi***e*)
ł to **l** (*sto***l***e, ko***l***e, szko***l***e*)
n to **ni** (*dzwo***ni***e, sia***ni***e, Lubli***ni***e*)
r to **rz** (*papie***rz***e, pió***rz***e, ope***rz***e*)
t to **ci** (*studen***ci***e, mieś***ci***e, war***ci***e*)
z to **zi** (*wo***zi***e, żela***zi***e, ko***zi***e*)

The following consonant changes (in the stem of a noun) before the **-e** ending occur only in the FEMININE gender:

ch to **sz**	*pończo***ch***a* stocking	*w pończo***sz***e*	in a/the stocking
g to **dz**	*no***g***a* leg	*w no***dz***e*	in a/the leg
k to **c**	*książ***k***a* book	*w książ***c***e*	in a/the book

(c) The **-i** (**-y**) ending is added to the stem of a FEMININE noun which ends in one of the following consonants:

c ć (ci) cz dz dź (dzi) j l ń (ni) rz sz ś (si) ż ź (zi)

According to the spelling rules (which will be stated later), the **-y** ending must be used after stems ending in **c**, **cz**, **dz**, **rz**, **sz**, and **ż**. The **-i** ending is used after palatal (soft) stems (**ć**, **dź**, **j**, **l**, **ń**, **ś**, and **ź**).

Examples follow.

SING.

-**i** ENDING		-**y** ENDING	
Nom.	**Loc.**	**Nom.**	**Loc.**
ciocia auntie	*o cioc***i**	*noc* night	*w noc***y**
miedź copper	*o miedz***i**	*rzecz* thing	*o rzecz***y**
kolej railroad	*na kole***i**	*wiedza* knowledge	*o wiedz***y**
Gdynia (city)	*w Gdyn***i**	*twarz* face	*na twarz***y**
Zosia Sophie	*o Zos***i**	*mysz* mouse	*o mysz***y**
gałąź branch	*na gałęz***i**	*podróż* journey	*w podróż***y**
krawędź edge	*na krawędz***i**		

Note that the **j** is omitted in spelling before the **-i** ending (*kole***j**—*kole***i**) because it is preceded by a vowel (**e**). It must be spelled, however, when it is preceded by a consonant, e.g., *akc***j***a* (action)—*w akc***j***i* (in action); *operac***j***a* (operation)—*po operac***j***i* (after an/the operation); *kauc***j***a* (bail)—*o kauc***j***i* (about the bail).

Note also that the LOC. SG. of FEMININE nouns whose stem ends in **-j-**, now spelled **-i-** after consonants, as in *traged***i***a* (formerly *traged***j***a*), *fotograf***i***a* (formerly *fotograf***j***a*), etc., will have a **double i** spelling (**ii**): *traged***ii**, *fotograf***ii**.

Exception to Rule (c): There are several nouns (mostly masculine) which take the **-u** ending also after the stem consonants **m** and **n**. Examples: *w dom***u**, *o pan***u**, *o syn***u**.

2 / STEM VOWEL CHANGES Stem vowel changes occur quite frequently in Polish, especially in the declension of nouns and conjugation of verbs. Some common stem vowel changes, found in Lesson 6, are: **ó** to **o** (*st***ó***ł—st***o***le*); **a** to **e** (*mi***a***sto—mi***e***ście*); **a** to **e** after some consonants (*l***a***to—l***e***cie*). Sometimes the stem vowel is present in the NOM. SG. case only (*pi***e***s*, *wi***e***ś*, *l***e***n*) but eliminated in all the remaining cases, including the LOC. SG. (*o psie, na wsi, lnu*).

LEKCJA SIÓDMA

SEVENTH LESSON

Rozmowa

1. *Czy Pan(i) czytał(a) wczorajszą gazetę?*
2. *Czytałem (Czytałam).*
3. *O czym Pan(i) czytał(a) w gazecie?*
4. *Czytałem (Czytałam) o tym i owym: o kinie, o teatrze, o sporcie, o modzie, o życiu towarzyskim, o polityce zagranicz-czytałem (czytałam).*
5. *A czy Pan(i) wie, o kim ja czytałem (czytałam)?*
6. *Nie, nie wiem. Proszę mi powiedzieć.*
7. *Czytałem (Czytałam) o znanym pisarzu polskim Malinowskim.*
8. *To ciekawe! Czy on jest teraz w Polsce, czy w Ameryce?*
9. *Teraz jest w Ameryce. Mieszka w Waszyngtonie.*
10. *Czy Pan(i) ma jego adres?*
11. *Tak, mam go tu w notesie. Proszę go sobie zapisać.*
12. *Ach, więc on mieszka w tej samej dzielnicy Waszyngtonu, w której ja mieszkam.*
13. *Naprawdę?*
14. *Tak. On mieszka przy ulicy Parkowej 10 (dziesięć), a ja mieszkam w domu obok.*
15. *I nic Pan(i) o tym nie wiedział(a)?*
16. *Nie wiedziałem (Nie wiedziałam), bo on dawniej mieszkał w zachodniej Europie.*

Conversation

1. Did you read yesterday's paper?
2. I did (read).
3. What did you read about in the paper?
4. I read about this and that: about movies, about theater, about sports, about fashion, about society life, about foreign policy, etc.
5. And do you know whom I read about?
6. No, I don't know. Please tell me.
7. I read about the well-known Polish writer Malinowski.
8. That's interesting! Is he now in Poland or in America?
9. Now he's in America. He lives in Washington.
10. Do you have his address?
11. Yes, I have it here in (my) memo book. Please write it down (for yourself).
12. Oh, so (then) he lives in the same section of Washington in which I live.
13. Really?
14. Yes. He lives at 10 Park Street and I live in the house next door.
15. And you didn't know anything about it?
16. I didn't know because he formerly lived in Western Europe.

17. *W jakim kraju?*	17. In what country?
18. *W Anglii, a potem we Francji.*	18. In England, and then in France.
19. *Może w Londynie i w Paryżu?*	19. Perhaps in London and (in) Paris?
20. *Tak jest. Chce Pan(i) go poznać?*	20. Yes (It is so). Do you want to meet (get to know) him?
21. *Oczywiście!*	21. Of course!
22. *Możemy się z nim spotkać po południu na koncercie albo wieczorem w teatrze.*	22. We can meet with him in the afternoon at the concert or in the evening at the theater.
23. *Doskonale!*	23. All right! (Excellent!)
24. *A teraz czas pomyśleć o obiedzie. Czy był(a) Pan(i) w tej nowej restauracji w śródmieściu, niedaleko nowego hotelu?*	24. And now it's time to think about dinner. Have you been in that new restaurant downtown, not far from the new hotel?
25. *Nie, jeszcze tam nie byłem/byłam.*	25. No, I haven't been there yet.
26. *W takim razie możemy tam pójść.*	26. So (In that case) we can go there.
27. *Bardzo chętnie.*	27. (I'll be) very glad to.
28. *No to idziemy!*	28. Well then, let's go!

Słowniczek / Vocabulary

adres GEN. SG. **adresu**	address
chcieć (chcę, chce, chcą)	to want
ciekawy, -e, -a	interesting; curious
dalej COMPAR. DEGREE of **daleko**	farther, further ADV.
dawniej COMPAR. DEGREE of **dawno**	earlier, formerly ADV.
dzielnica LOC. SG. **w dzielnicy**	section (of a city)
gazeta LOC. SG. **w gazecie**	(news)paper, gazette
go ACC. short form of **on**	him, it
idziemy	let's go; we're going
jeszcze	still, more, yet ADV.
jeszcze nie	not yet
kino LOC. SG. **o kinie**	cinema, movies
koncert LOC. SG. **na koncercie**	concert
kraj LOC. SG. **w kraju**	country
moda LOC. SG. **o modzie**	fashion
możemy 1ST PERS. PL. PRES. TENSE of **móc**	we can, are able
nic	nothing, not anything

niedaleko + GEN.	not far (from)
notes LOC. SG. **w notesie**	memo book
obiad LOC. SG. **na obiedzie**	dinner
obok	next to, next door ADV.
o kim LOC. SG. of **kto**	about whom
pisarz LOC. SG. **o pisarzu**	writer
polityka LOC. SG. **o polityce**	politics, policy
potem	then, afterwards
powiedzieć	to say, tell
poznać PF.	to meet, to get to know
sobie	to oneself, for oneself
spotkać się (z) PF.	to meet (with)
tak	yes, so
towarzyski, -e, towarzyska	society, social ADJ.
wczorajszy, -e, -a	yesterday's
więc	so, then
w takim razie	in that case, in such case
zagraniczny, -e, -a	foreign
zapisać PF.	to write down
znany, -e, -a	known, well-known
życie LOC. SG. **o życiu**	life

Gramatyka Grammar

1 / THE LOCATIVE SINGULAR OF ADJECTIVES The LOCATIVE SINGULAR of adjectives in Polish has the following endings (added to the stem of the adjective): **-im (-ym)** for MASC. and NEUT., and **-ej** for the FEM. Thus we have:

MASC. AND NEUT.		FEM.	
*zagraniczn***ym**	*towarzysk***im**	*towarzyski***ej**	*zagraniczn***ej**

The **-im** ending is used after stems ending in **g**, **k**, and soft or palatal consonants, while the **-ym** ending is used after stems ending in hard (non-palatal) consonants.

Some typical examples of the adjective-plus-noun combination in the LOCATIVE SINGULAR are found in the Conversation Section. These are:

MASC.	NEUT.	FEM.
*(o) pisarz***u** *polsk***im**	*(o) życ***iu** *towarzysk***im**	*(o) nasz***ej** *polityc***e** *zagraniczn***ej**
*(w) now***ym** *hotel***u**		*(przy) ulic***y** *Parkow***ej**

2 / STEM REDUCTION OCCURRING IN THE DECLENSION OF SOME NOUNS A number of Polish nouns whose full form appears in the NOM. SG. case undergo the so-called stem reduction in the remaining cases. Most typical in this respect are nouns whose stem contains the vowel **-e-**, such as *ołów***e***k, chłop***ie***c, ojc***ie***c, p***ie***s, w***ie***ś*. The stem of such nouns is actually *ołówk-*, *chłopc-*, *ojc-*, *ps-*, *ws-*, since the **-e-** (or **-ie-**) is only inserted in the NOM. SG. case to prevent the noun from ending in a certain consonant cluster (at least such is the theory of this change). Sometimes it is possible to predict when the phenomenon of stem reduction will occur; thus, for example, nouns ending in **-ek**, **-ec** in the NOM. SG. will almost certainly lose the **-e-** in the remaining cases. Examples follow:

Nom.	**Loc.**
*ołów***ek** pencil	*o ołówk***u** about the pencil
*ojc***iec** father	*o ojc***u** about the father
*p***ie***s* dog	*o ps***ie** about a/the dog
*w***ie***ś* countryside	*na ws***i** in the countryside

There are, of course, exceptions to this rule, e.g., the noun *człowiek* (man, person), whose LOC. SG. is *(o) człowieku* (no stem reduction occurs); these, however, are few in number. Generally speaking, the type of stem reduction described under section 2 affects mostly masculine nouns (although a few feminine nouns, as, for example, *wieś*, are also affected by it).

3 / STEM EXPANSION OR REPLACEMENT OF A STEM BY A DIFFERENT ONE Some nouns in Polish, when declined, undergo a process called stem expansion. A good example of it is the noun *tydzień* (week), whose stem is expanded to *tygodni-*, as seen in *w tym tygodniu* (this week). Sometimes a stem may be replaced by a slightly different one, as in *dzieci* (children), which is the plural of *dziecko* (child); it may also be replaced by a totally different stem, as in *ludzie* (people), which is the plural of *człowiek* (man, person).

4 / STEM CHANGES IN THE PAST TENSE OF SOME VERBS The usual way to form PAST TENSE in Polish is to add **-ł** to the stem of the infinitive of a verb (after removing the **-ć** ending) and thus obtain the form of the 3RD PERSON SINGULAR MASCULINE. Examples: *czyta***ć** (to read), *czyta***ł** (he was reading, he read). The usual endings of the PRESENT TENSE are then added to the appropriate vowel infix which indicates the gender of the person (or persons) involved in the action or situation which occurred. Thus we have:

INFINITIVE: *czytać* to read

PAST TENSE

	MASC.		FEM.
1	*(ja) czytał***em**	I was reading, I read	*(ja) czytał***am**
2	*(ty) czytał***eś**	you were reading, you read	*(ty) czytał***aś**
3	*(on) czytał*	he was reading, he read	*(ona) czytał***a** **she** was reading, she read

There is also a 3RD PERS. SG. NEUT. form *(ono) czytał***o** (it was reading, it read), used mostly in reference to a child (since *dziecko* is neuter in Polish and is referred to as *ono*).

However, there are a number of verbs in Polish that undergo stem changes in the past tense. One of the typical stem changes, from **-ie-** to **-ia-** is shown in this lesson's Conversation. It could be presented thus:

INFINITIVE: *wiedz***ie***ć* to know

PAST TENSE

	MASC.	FEM.
1	*(ja) wiedz***ia***łem*	*(ja) wiedz***ia***łam*

Other stem changes will be introduced in the course of the lessons that follow.

5 / THE AUXILIARY VERBS mieć (to have) AND móc (to be able to) The auxiliary verb *mieć* (to have) undergoes stem changes both in the PRESENT and in the PAST TENSE. These should be carefully memorized. Thus:

PRESENT TENSE

SING.

1	*(ja) m***a***m*
2	*(ty) m***a***sz*
3	*(on, ono, ona) m***a**

PAST TENSE

SING.

	MASC.	NEUT.	FEM.
1	*m***ia***łem*		*m***ia***łam*
2	*m***ia***łeś*		*m***ia***łaś*
3	*m***ia***ł*	*m***ia***ło*	*m***ia***ła*

As for the auxiliary verb *móc* (to be able to) it actually has two stems in the PRESENT TENSE, *mog-* (a consonant stem) and *moż-* (another consonant stem). The *mog-* stem is used only in the 1ST PERS. SG. and 3RD PERS. PL., the *moż-* stem in the remaining persons, SG. and PL. In tabular form it will look thus:

INFINITIVE: *móc* to be able to

PRESENT TENSE

	SING.	PL.
1	*(ja) mog***ę**	*(my) mo***ż***emy*
2	*(ty) mo***ż***esz*	*(wy) mo***ż***ecie*
3	*(on, ono, ona) mo***ż***e*	*(oni, one) mog***ą**

6 / A REVIEW OF THE PRESENT TENSE OF VERBS (ALL THREE CONJUGATIONS)

	-a CONJUGATION		-e CONJUGATION		-i CONJUGATION	
	SING.	PL.	SING.	PL.	SING.	PL.
1	*czyt***am**	*czyt***amy**	*pisz***ę**	*pisz***emy**	*widz***ę**	*widz***imy**
2	*czyt***asz**	*czyt***acie**	*pisz***esz**	*pisz***ecie**	*widz***isz**	*widz***icie**
3	*czyt***a**	*czyt***ają**	*pisz***e**	*pisz***ą**	*widz***i**	*widz***ą**

We will note the following:

(a) The 1ST PERS. SG. ending is **-m** or **-ę** (depending on the conjugation).

(b) The 2ND PERS. SG. ending is **-sz**, added to the stem vowel characteristic of a conjugation.

(c) The 3RD PERS. SG. ending is the one characterizing a given conjugation (**-a**, **-e**, or **-i**).

(d) The 1ST PERS. PL. ending is **-my**, added to the stem vowel (**-a**, **-e**, or **-i**) of a given conjugation.

(e) The 2ND PERS. PL. ending is **-cie**, added to the stem vowel of a given conjugation.

(f) The 3RD PERS. PL. ending is **-ą** (**-ją** for the **-a** CONJUGATION).

7 / SUMMARY OF THE USE OF PREPOSITIONS WITH THE LOCATIVE (OR PREPOSITIONAL) CASE As we have seen already, the following prepositions are commonly used with the LOCATIVE (or PREPOSITIONAL) case in Polish: **na**, **o**, **przy**, **w**. A summary of their usage, based on examples found in Lessons 6 and 7, is given below.

na in, on, at

na wsi in the country
na polu in a/the field
na koncercie at a/the concert

o about, concerning

o czym about what
o polityce about politics/policy
o tym i owym about this and that
o pisarzu about a/the writer

przy on, at

przy ulicy Parkowej on Park Street

w in, on, at

w Pitsburgu in Pittsburgh
w mieście in a/the city
w kraju in a country
w domu at home
w sklepie in/at a/the store

To these, the following example could be added:

w pociągu on a/the train

LEKCJA ÓSMA

Rozmowa

1. *Gdzie Pan(i) był(a) wczoraj?*
2. *Wczoraj byłem (byłam) cały dzień w domu.*
3. *A co Pan(i) robił(a)?*
4. *Rano pracowałem (pracowałam) w ogrodzie, w południe słuchałem (słuchałam) radia, po południu grałem (grałam) w siatkówkę na podwórzu, a wieczorem pisałem (pisałam) listy.*
5. *A kiedy Pan(i) odpoczywał(a)?*
6. *Odpoczywałem (Odpoczywałam) w nocy, kiedy spałem (spałam).*
7. *A mój brat pracował w bibliotece do późnego wieczora.*
8. *Tak, słyszałem (słyszałam) o tym.*
9. *A co wczoraj robiła Pana (Pani) siostra?*
10. *Była bardzo zajęta; pracowała cały dzień w biurze.*
11. *Ach tak, pamiętam, pisała na maszynie długie sprawozdanie.*
12. *Czy mówiła Panu (Pani) o tym?*
13. *Tak, mówiła mi o tym przez telefon.*
14. *Ale chyba nie z domu, bo ona w domu nie ma telefonu.*
15. *Nie wiedziałem (wiedziałam) o tym. Myślałem (Myślałam), że ma.*
16. *Mylił(a) się Pan(i).*

EIGHTH LESSON

Conversation

1. Where were you yesterday?
2. Yesterday I was the whole day at home.
3. And what did you do (were you doing)?
4. In the morning I worked (was working) in the garden, at noon I listened (was listening) to the radio, in the afternoon I played volleyball in the yard and in the evening I wrote (was writing) letters.
5. And when did you rest?
6. I rested at night when I slept.
7. And my brother worked (was working) at the library until late evening.
8. Yes, I've heard about it.
9. And what was your sister doing yesterday?
10. She was very busy; she was working at the office the whole day.
11. Oh yes, I remember, she was typing a long report.
12. Has she told you about it?
13. Yes, she's told me about it over the telephone.
14. But probably not from (her) home because at home she does not have a telephone.
15. I didn't know about it. I thought that she has (one).
16. You were wrong (mistaken).

17. *Właściwie to jej wina, bo mi o tym nie powiedziała.*	17. Properly (speaking), it's her fault because she didn't tell me about it.
18. *Może chciała powiedzieć, ale zapomniała.*	18. Maybe she wanted to tell, but she forgot.
19. *Możliwe!*	19. (It's) possible!
20. *Czy Nowakowie dzwonili do Pana (Pani)?*	20. Did the Novaks call you?
21. *Tak, dzwonili i prosili, żeby ich odwiedzić. Dawno już ich nie widziałem (widziałam).*	21. Yes, they called and asked (me) to visit them. I haven't seen them for a long time.
22. *Ani ja. Ma Pan(i) czas w przyszłym tygodniu?*	22. Neither (Nor) have I. Do you have time next week?
23. *Tak, w środę wieczorem.*	23. Yes, on Wednesday in the evening.
24. *No to idziemy do nich!*	24. Well then, let's go to (see) them.

Słowniczek / Vocabulary

Słowniczek	Vocabulary
ani . . . ani . . .	neither . . . nor . . .
chyba	probably, perhaps
czas GEN. SG. **czasu**	time
grać (w) + ACC.	to play (a game)
list N., A. PL. **listy**	letter
możliwe	(it's) possible
mówić PAST. **mówił-**	to speak, to be speaking
mylić się (mylę się, myli się)	to be wrong (mistaken)
myśleć (myślę, myśli, myślą, myślał-)	to think
odwiedzić PF.	to visit, to pay a visit
ogród LOC. SG. **w ogrodzie**	garden
pisać (piszę, pisze, piszą, pisał-)	to write
pisać na maszynie	to type
podwórze LOC. SG. **na podwórzu**	(back) yard
późny, -e, -a	late
prosić (proszę, prosi, proszą, prosił-, prosil-)	to ask (a favor), to request
przez telefon	over the telephone
przyszły tydzień LOC. SG. **w przyszłym tygodniu**	next week
spać (śpię, śpi, śpią, spał-)	to sleep, to be sleeping
sprawozdanie	report
widzieć (widzę, widzi, widzą, widział-)	to see, to have seen

wina	fault, guilt
właściwie	properly (speaking)
zapomnieć (zapomniał-) PF.	to forget

Gramatyka Grammar

1 / ASPECT Aspect is perhaps the most characteristic feature of the Polish verb system (as well as of the verb system of other Slavic languages). It serves to distinguish an incomplete (progressive, habitual) action from a complete (finished) one. Such a distinction occurs occasionally in English, as, for example, in "He was drowning" (an incomplete, progressive action) vs. "He drowned" (a complete, finished action); but it is relatively rare and no separate form of the verb is used in the infinitive to indicate the aspect, i.e., incompleteness vs. completeness. Most Polish verbs appear in two aspects, the so-called IMPERFECTIVE (IPF.) and PERFECTIVE (PF.). Generally speaking, the IMPERFECTIVE aspect is used to denote an action which is going on, was going on, or will be going on (depending on the tense used); the PERFECTIVE aspect is used to denote an action which was (has been) completed, or will be (will have been) completed. The difference between the two aspects is indicated in the infinitive (the basic or dictionary form) in several ways, of which the following are the most common:

(a) Adding a prefix to the imperfective infinitive in order to form the perfective infinitive:

IPF	PF
robić	**z***robić*
czytać	**prze***czytać*

(b) Changing the suffix or the stem:

*odpowi***ada***ć*	*odpowi***edzie***ć*
*zapom***ina***ć*	*zapom***nie***ć*
*odpocz***ywa***ć*	*odpocz***ą***ć*
*da***wa***ć*	*d***a***ć*
*przesta***wa***ć*	*przest***a***ć*

(c) Using a totally different form in the perfective:

mówić	*powiedzieć*
brać	*wziąć*
widzieć	*zobaczyć*

From our definition of the IMPERFECTIVE aspect it follows that it will have all three tenses (PRESENT, PAST, FUTURE); likewise, our definition of the PERFECTIVE aspect limits it to only two tenses (PAST and FUTURE). Drawing our examples from the material of Lessons 6 through 8, we can now arrange them according to both the tense and the aspect. Let us do this:,

IPF.

INFINITIVE	PRESENT	PAST
być	*jestem, jest, są*	*byłem/byłam*
chcieć	*chcę, chce, chcą*	*chciał/-em/-am* 3RD SG. FEM. *chciała*
czytać	*czytam, czyta, czytają*	*czytałem/czytałam*
dzwonić	*dzwonię, dzwoni, dzwonią*	*dzwonił/-a* PL. *dzwonili*
grać	*gram, gra, grają*	*grał/-em/-am*
mieć	*mam, ma, mają*	*miał/-em/-am* 3RD SG. FEM. *miała*
mieszkać	*mieszkam, mieszka, mieszkają*	*mieszkał/-em/-am*
mówić	*mówię, mówi, mówią*	*mówił/-em/-am* PL. *mówili*
myśleć	*myślę, myśli, myślą*	*myślał/-em/am*
odpoczywać	*odpoczywam, odpoczywa, odpoczywają*	*odpoczywał/-em/-am*
pisać	*piszę, pisze, piszą*	*pisał/-em/-am*
pracować	*pracuję, pracuje, pracują*	*pracowałem/pracowałam*
prosić	*proszę, prosi, proszą*	*prosił/-a* PL. *prosili*
robić	*robię, robi, robią*	*robił/-em/-am*
słuchać	*słucham, słucha, słuchają*	*słuchałem/słuchałam*
spać	*śpię, śpi, śpią*	*spał/-em/-am*
widzieć	*widzę, widzi, widzą*	*widziałem/widziałam*
wiedzieć	*wiem, wie, wiedzą*	*wiedziałem/wiedziałam*

PF.

INFINITIVE	PAST
odwiedzić	*odwiedził/-em/-am/-a*
powiedzieć	*powiedział/-em/-am/-a*
zapomnieć	*zapomniał/-em/-am/-a*

Later on, the remaining tense (FUTURE) will be also listed for both aspects. For the time being, let us go on to the next point, the importance of the right choice of aspect in Polish.

As seen from the context of the Conversation in Lesson 8, the INFINITIVE *mówić* (IPF) and *powiedzieć* (PF.) can be translated into English as both "to say" and "to tell," without any obvious difference. Examples follow:

Tak, **mówiła** *mi o tym przez telefon.*	Yes, **she's told** me about it over the phone. (Literally: She **said** to me . . .)
Nic mi o tym **nie powiedziała.**	**She didn't tell** me anything about it.
Może chciała **powiedzieć** . . .	Maybe she wanted **to tell** . . .

However, if aspectual differences are taken into account, the difference in usage will immediately become obvious. To make this point clearer in English, we shall have to resort to the use of the progressive (or -ing) form of the verb. Then we will have:

IPF.

PAST	PAST PROGRESSIVE
. . . **mówiła** *mi o tym* . . .	. . . **she was telling** me about it . . . (Literally: . . . **she was speaking** to me . . .)

PF.

. . . nie powiedziała.	**She didn't tell . . .**

Additional examples of the use of the verbs *mówić* (to speak, to be speaking) and *powiedzieć* (to say, tell) could be given at this point. Here are but a few, with their nearest English equivalents:

Co on **mówi***?*	What **is he saying**?
O czym on **mówi***?*	What **is he speaking** about?
Z kim ona **mówiła***?*	With whom **was she speaking**?
Co on Panu **mówił***?*	What **was he telling** you?
Co on **powiedział***?*	What **did he say**?
Co on Panu **powiedział***?*	What **did he tell** you?

The use of the right aspect is rather difficult for a beginning learner, but even so he will do well to keep in mind the following general rules:

(a) The IMPERFECTIVE aspect denotes a progressive (on-going), habitual, or repeated action, and implies that such an action is not complete or finished;

(b) The PERFECTIVE aspect denotes one completed action.

More examples of both aspects will be found in Lesson 9.

2 / THE USE OF THE GENITIVE CASE IN NEGATIVE SENTENCES In negative sentences, the direct object of a verb stands in the GENITIVE case (instead of the ACCUSATIVE case, as in affirmative sentences). Examples follow:

Nie mam **ołówka/pióra/książki.**	I don't have a **pencil/pen/book.**
On nie ma **papieru/zeszytu/czasu.**	He doesn't have **paper**/a **notebook/ time**.
Nie rozumiemy **tego zdania.**	We don't understand **this sentence.**
Jan nie może kupić **samochodu.**	John isn't able to buy an **automobile.**
Ona w domu nie ma **telefonu.**	She doesn't have a **telephone** at home.

The endings of the GENITIVE SINGULAR of nouns are **-a** or **-u** for the MASCULINE gender, **-a** for the NEUTER gender, and **-i** (**-y**) for the FEMININE gender (see below).

MASC.		NEUT.		FEM.	
*ołówk***a**	*papier***u**	*okn***a**	*zdani***a**	*książk***i**	*lamp***y**
*ojc***a**	*zeszyt***u**	*pol***a**	*pływani***a**	*matk***i**	*żon***y**
*syn***a**	*samochod***u**	*miast***a**	*ubrani***a**	*córk***i**	*siostr***y**
*student***a**	*czas***u**	*piór***a**	*sprawozdani***a**	*studentk***i**	*dziewczyn***y**
*profesor***a**	*telefon***u**	*radi***a**	*ćwiczeni***a**	*nic***i**	*pomoc***y**
*chłopc***a**	*dom***u**	*morz***a**	*południ***a**	*ws***i**	*kas***y**

As for the GEN. SG. ending of MASCULINE nouns, we can state with some certainty that the **-a** ending is more characteristic of persons and animals (i.e., ANIMATE nouns), while the **-u** ending is more frequently used for things and abstractions (INANIMATE nouns).

3 / THE USE OF THE GENITIVE CASE AFTER CERTAIN PREPOSITIONS In the Conversation part of Lesson 8 there are a few examples of the use of the GEN. case after some common prepositions, such as *do* (to) and *z* (from, off, out of). These are:

do Pana to you   *do nich* to them   *z domu* from home

Later on, other prepositions governing the GEN. case will be added to the ones listed above.

4 / THE PERSONAL PRONOUN: ITS DECLENSION IN THE SINGULAR Some of the personal pronouns in the singular, when declined, have both a LONG (emphatic) and a SHORT (non-emphatic) form. This is shown in the declension table below.

N.	*ja*	*ty*	*on*	*ono*	*ona*
A.	*mnie*	*ciebie*	*jego*	*je*	*ją*
		cię	*go*		
G.	*mnie*	*ciebie*	*jego*	*jego*	*je*
			go	*go*	
D.	*mnie*	*tobie*	*jemu*	*jemu*	*jej*
	mi	*ci*	*mu*	*mu*	
I.	*mną*	*tobą*	*nim*	*nim*	*nią*
L.	*(o) mnie*	*(o) tobie*		*(o) nim*	*(o) niej*

The SHORT forms are not used at the beginning of a sentence, where the LONG (emphatic) forms must be used. Examples follow:

LONG FORMS	SHORT FORMS
Jego *znam, ale ciebie nie.* (**Him I** do know, but you I do not.)	*Znam* **go** *bardzo dobrze.* (I know **him** very well.)
Jemu *dam książkę, ale tobie nie.* (**To him** I'll give the book, but not to you.)	*Daj* **mu** *książkę!* (Give **him** the book!)
Mnie *wszystko jedno.* (**To me** it's all the same.)	*Mówiła* **mi** *o tym.* (She was telling **me** about it.)

As seen from the declension table, the personal pronouns *on, ono, ona* (he, it, she) add the prefix **n-** to their forms of the INSTRUMENTAL case (**n***im* and **n***ią* instead of the expected *im* and *ją*). In the remaining cases (ACC., GEN., DAT., LOC.), the prefix **n-** is used only after prepositions, and it is then added to the LONG form of the case in question. Thus we have:

od **n***iego*	from him	*od* **n***iej*	from her
do **n***iego*	to him	*do* **n***iej*	to her

The INSTRUMENTAL case, whether used with or without a preposition, also requires the **n-** prefix, e.g.:

Ona się **nim** *interesuje.* She is interested **in him**.

Ona idzie **z nim** *do kina.* She is going **with him** to the movies.

Note also the shift of the stress to the preposition when the personal pronoun is only one syllable long: **od** *niej,* **do** *niej,* **o** *niej.* When the personal pronoun consists of two syllables, the stress does not shift: *od* **nie***go, do* **nie***go, od* **cie***bie, o* **to***bie.*

Nie od razu Kraków zbudowano. Rome (Cracow) was not built in one day.

LEKCJA DZIEWIĄTA

NINTH LESSON

Rozmowa

1. *Komu Pan(i) dał(a) tę ciekawą książkę?*
2. *Dałem (Dałam) ją przyjacielowi Pana (przyjaciółce Pani), panu Nowakowi (pani Nowakowej).*
3. *A komu on(a) ją dał(a)?*
4. *Zdaje mi się, że dał(a) ją Pani mężowi (Pana żonie).*
5. *Naprawdę? Nie powiedział(a) mi o tym.*
6. *Może zapomniał(a) Panu (Pani) o tym powiedzieć.*
7. *A może pożyczył(a) tę książkę swojemu znajomemu (swojej znajomej)?*
8. *To możliwe. On(a) mu (jej) zawsze pożycza książki.*
9. *A jak się Panu (Pani) zdaje, jaka jutro będzie pogoda?*
10. *Trudno mi w tej chwili powiedzieć, ale zdaje mi się że jutro będzie bardzo ładnie.*
11. *Ja też tak myślę, bo słyszałem (słyszałam) prognozę pogody przez radio. Ale czy można wierzyć Wicherkowi?*
12. *Jemu można wierzyć bardziej niż temu staremu meteorologowi, profesorowi Karskiemu.*
13. *Jak tu zimno! Panu (Pani) nie jest zimno w tym pokoju?*
14. *Mnie nie jest zimno, ale mój*

Conversation

1. To whom did you give that book?
2. I gave it to a friend of yours, (to) Mr. (Mrs.) Novak.
3. And to whom did he (she) give it?
4. It seems to me that he (she) gave it to your husband (to your wife).
5. Really? He (She) didn't tell me about it.
6. Perhaps he (she) forgot to tell you about it.
7. And perhaps he (she) lent that book to an acquaintance of his (hers)?
8. That's possible. He (She) always lends books to him (to her).
9. And what do you think (how does it seem to you), what will the weather be like tomorrow?
10. It's difficult for me to tell at the moment, but it seems to me that tomorrow it will be very nice.
11. I also think so, because I heard the weather forecast over the radio. But can one believe (Mr.) Breeze?
12. One can believe (trust) him more than this old meteorologist, professor Karski.
13. How cold (it is) here! Aren't you cold in this room?
14. I am not cold, but my colleague

kolega Barski (moja koleżanka Barska) marznie. — Barski is freezing.

15. *A jak się Panu (Pani) podoba w naszym mieście?* — And how do you like it (here) in our city?
16. *Nam obojgu się podoba tutaj, mnie i mężowi (żonie).* — We both like it here, my husband (wife) and I.
17. *Słyszałem (Słyszałam), że Pana żona (Pani mąż) pomaga jednemu (jednej) z Pana (Pani) studentów (studentek).* — I've heard that your wife (your husband) is helping one of your students (women students).
18. *Tak, Janowi Kamińskiemu (Janinie).* — Yes, (to) John (Jane) Kaminski.
19. *Temu zdolnemu ale leniwemu studentowi? (Tej zdolnej ale leniwej studentce?)* — (To) that able but lazy student? (woman student?)
20. *Tak, temu samemu (tej samej). On(a) mu (jej) za to płaci.* — Yes, (to) the same one. He (She) is paying him (her) for it.
21. *Czy tak dobrze, jak kiedyś Pana wujowi (ciotce)?* — (Is he/she paying) as well as (he/she did) once to your uncle (aunt)?
22. *Chyba tak. Muszę już Pana (Panią) niestety pożegnać. Proszę przekazać pozdrowienia żonie (mężowi)!* — Probably so. I'm sorry but I have to say goodbye to you now. Please give my regards to (your) wife (husband).

Słowniczek / Vocabulary

bardziej COMP. of **bardzo**	more
będzie	(he, it, she) will be
chwila G. D. L. SG. **chwili**	moment, while
dać (dam, da, dadzą) PF.	to give
kiedyś	once, at one time, sometime
kolega MASC.	(male) colleague
koleżanka	(female) colleague
leniwy, leniwe, leniwa	lazy
marznąć PRON. mar-**znąć (marznę, marznie)**	to freeze
meteorolog N. PL. **meteorologowie**	meteorologist
naprawdę	really
niestety	unfortunately; I'm sorry
niż	than

płacić (płacę, płaci, płacą)	to pay
podobać się (komuś) + DAT.	to like, to please (someone)
pomagać + DAT.	to help
pozdrowienia N. PL.	greetings, regards
pożyczać IPF. **pożyczyć** PF.	to lend
prognoza (pogody)	(weather) forecast
przekazać (przekażę, przekaże, przekażą, przekazał-) PF.	to transmit, to give (regards)
przyjaciel DAT. SG. **przyjacielowi**	male friend (of a man)
przyjaciółka DAT. SG. **przyjaciólce**	girlfriend (of a woman)
wierzyć (wierzę, wierzy, wierzą)	to believe, trust
w tej chwili LOC. SG. FEM.	at this moment
w tym pokoju LOC. SG. MASC.	in this room
za to	for this, for it
zdawać się (zdaje się) + DAT.	to seem (to someone)
zdolny, zdolne, zdolna	able, gifted
znajoma DAT. SG. **znajomej**	a female acquaintance
znajomy DAT. SG. **znajomemu**	a male acquaintance

Gramatyka — Grammar

1 / THE DATIVE CASE The DATIVE case is the case of the indirect object; it indicates the recipient of something or a person or thing towards whom or which an action is directed. It has the following endings in the SINGULAR: **-owi** (**-u**)[1] for MASC. NOUNS, **-u** for NEUT. NOUNS, and **-e** or **-i** (**y**) for FEM. NOUNS. Examples are given below in tabular form.

MASC.		NEUT.	FEM.	
*profesor***owi**	*pan***u**	*dzieck***u**	*matc***e**	*Pan***i**
*Nowak***owi**	*ojc***u**	*okn***u**	*ciotc***e**	*Zofi***i**
*Jan***owi**	*brat***u**	*pol***u**	*studentc***e**	*Juli***i**
*student***owi**	*kot***u**	*zebrani***u**	*żoni***e**	*lini***i**
*męż***owi**	*ps***u**	*mieszkani***u**	*siostrz***e**	*tablic***y**
*przyjaciel***owi**	*chłopc***u**	*ubrani***u**	*lampi***e**	*granic***y**
*doktor***owi**	*lw***u**		*krowi***e**	

The DATIVE SINGULAR endings for ADJECTIVES are **-emu** for MASC. and NEUT., and **-ej** for FEM. Examples follow.

[1] **-u** is more seldom used than **-owi** with MASC. ANIMATE nouns.

MASC. AND NEUT.		FEM.	
*swoj***emu**	*znajom***emu**	*swoj***ej**	*znajom***ej**
*jedn***emu**	*leniw***emu**	*jedn***ej**	*leniw***ej**
*tak***iemu**	*zdoln***emu**	*tak***iej**	*zdoln***ej**
*t***emu**	*star***emu**	*t***ej**	*star***ej**
	*Kamińsk***iemu**		*Kamińsk***iej**
	*Barsk***iemu**		*Barsk***iej**

Note: Family names ending in **-ski**, **-ska** are declined like adjectives.

As can be seen from the Conversation part of Lesson 9, certain verbs in Polish automatically require the dative case to express the concept of the indirect object or to indicate the person or thing toward whom or which an action is directed. Thus we have:

dać to give	**Komu** *Pan* **dał** *tę książkę?* **To whom did** you **give** that book? **Dałem** *ją* **przyjacielowi** *Pana,* **panu Nowakowi.** **I gave** it **to a friend** of yours, **(to) Mr. Novak.**
pożyczać/pożyczyć to lend	**Pożyczyła** *książkę* **swojej znajomej. She lent** the book **to a female acquaintance of hers.**
zdawać się to seem	**Zdaje mi się**, *że jutro będzie ładnie.* **It seems to me** that tomorrow it will be nice.
wierzyć to trust, believe	*Czy można* **wierzyć temu staremu meteorologowi, profesorowi Karskiemu?** Can one **trust that old meteorologist, Professor Karski**?
podobać się to please, like	**Nam obojgu się podoba** *tutaj,* **mnie** *i* **żonie.** We both like it here, my wife and I. Literally: **To both of us it pleases** here, **to me** and **wife**.
pomagać to help	*Ona* **pomaga studentowi Janowi Kamińskiemu.** She **is helping the student John Kaminski.**

The following verb requires the DATIVE to indicate the recipient:

płacić to pay someone — *On* **jej** *za to* **płaci.** He **pays her** for it.

Other verbs that require the dative case will be given later.

2 / THE FUTURE TENSE OF THE LINKING VERB być (to be) The tense of the linking verb *być* (to be) is formed with the aid of the stem **będ-** to which the usual endings of the present tense of the **-e** CONJUGATION are added. It looks thus:

	SING.			PL.	
1	*(ja)*	*będę* I'll be		*(my)*	*będziemy* we'll be
2	*(ty)*	*będziesz* you'll be FAM.		*(wy)*	*będziecie* you'll be
3	*(on)*	*będzie* he'll be		*(oni)*	*będą* they'll be MASC.
	(ono)	*będzie* it'll be		*(one)*	*będą* they'll be FEM.
	(ona)	*będzie* she'll be			

Note the change of **d** to **dź/dzi** before **-e-** in all persons except 1ST SG. and 3RD PL. This rule applies to other verbs as well, e.g., *pój***d***ę*, *pój***dzi***esz*.

One example of the future tense (3RD PERS. SG., NEUT. form) is found in the Conversation part of this lesson: . . . *jutro* **będzie** *bardzo ładnie.* (. . . tomorrow **it'll be** very nice.)

3 / THE INTERROGATIVE PRONOUN kto (who) AND ITS DECLENSION The interrogative pronoun *kto* (who), used in asking questions, is declined like an adjective. The complete declension in the singular (no plural exists) is given below, with approximate English equivalents of the cases.

N.	*kto*	who
G. A.	*kogo*	of whom, whom
D.	*komu*	to whom
I. L.	*kim*	with/about whom

4 / THE COLLECTIVE NUMERAL oboje (both) AND ITS DECLENSION This collective numeral means "both" and is used only when either person referred to is of a different sex. Thus, it will be used in reference to a man and a woman, husband and wife, a boy and a girl. Its declension is given below.

N. A.	*oboje*	both
G.	*obojga*	of both
D. L.	*obojgu*	to/about both
I.	*obojgiem*	with both

An example of this use of the dative case is found in Sentence 16, Conversation: *Nam* **obojgu** *się podoba tutaj, mnie i żonie.* (We **both** like it here, my wife and I. Literally: It is pleasing **to both of us** here.)

5 / THE POSSESSIVE ADJECTIVE swój, swoje, swoja (one's own) The possessive adjective *swój, swoje, swoja* means "one's own" and can be used in all cases except the nominative to indicate direct relationship to the subject. When used with reference to the third person singular, *swój, swoje, swoja* must be carefully distinguished from *jego* (his) and *jej* (her, hers). Examples (taken from Conversation, Lesson 9) follow, with their approximate English equivalents.

. . . pożyczyła tę książkę **swojej** *znajomej.*	She lent that book to a female acquaintance **of her own.**
. . . pożyczył ją **swojemu** *bratu.*	He lent it **to his (own)** brother.

If we, for example, translated "He ought to be thankful to his father" as *Powinien być wdzięczny* **jego** *ojcu*, it would mean to a Pole, "He ought to be thankful **to his** (i.e., **somebody else's**) father." Unless that person had been mentioned before, we would not know whose father was being referred to. To avoid this ambiguity, we use **swojemu** (which agrees in case with *ojcu*), and we come up with the sentence, *Powinien być wdzięczny* **swojemu** *ojcu*, which means to a Pole, "He ought to be thankful **to his (own)** father."

To make this contrast still clearer, the following sentence could be given:

Janek był zaproszony do Stefka i podziękował **jego** *ojcu za zaproszenie (a nie* **swojemu** *ojcu!).*	Johnny was invited to Steve's (house) and he thanked **his** [i.e., **Steve's**] father for the invitation (*not* **his own** father!).

LEKCJA DZIESIĄTA — TENTH LESSON

Rozmowa — Conversation

1.	*Czy (Pan(i) wie, od kogo dostałem (dostałam) list?*	1.	Do you know from whom I received a letter?
2.	*Pewnie od Pana (Pani) brata (siostry).*	2.	Probably from your brother (sister).
3.	*Nie zgadł(a) Pani! List jest od mojego ojca (mojej matki).*	3.	You guessed wrong (You didn't guess)! The letter is from my father (my mother).
4.	*A skąd on(a) pisze?*	4.	And where is he (she) writing from?
5.	*Pisze z Zakopanego.*	5.	He's (She's) writing from Zakopane.
6.	*A ja myślałem (myślałam), że pojechał(a) do Krakowa.*	6.	And I thought that he'd (she'd) gone to Cracow.
7.	*Nie, zmienił(a) plany i pojechał(a) do Zakopanego.*	7.	No, he'd (she'd) changed (his/her) plans and had gone to Zakopane.
8.	*Czy ma tam kogoś z rodziny?*	8.	Does he/she have someone from his/her family there?
9.	*Brata i siostrę. Może mieszkać u brata albo u siostry.*	9.	A brother and a sister. He/She can live at (his/her) brother's or sister's.
10.	*Czyli u Pana (Pani) wuja (stryja) albo u Pana ciotki (stryjenki).*	10.	That is, at your (maternal/paternal) uncle's or at your (maternal/paternal) aunt's.
11.	*Chyba u mojega wuja/stryja (mojej ciotki/stryjenki), bo dawno u niego (u niej) nie był(a).*	11.	Probably at my uncle's (my aunt's), because he (she) hasn't visited him (her) in a long time.
12.	*Proszę pozdrowić ich ode mnie, a także Pana (Pani) ojca (matkę).*	12.	Please give them my regards (Please greet them for me), and also to your father (mother).
13.	*Zrobię to z przyjemnością, kiedy będę do nich pisał(a).*	13.	I'll do it with pleasure when I (will) write to them.
14.	*Dziękuję. Ale . . . Do kogo idziemy na brydża w sobotę?*	14.	Thanks. But . . . To whom are we going for bridge on Saturday?
15.	*Do Nowaków, oczywiście.*	15.	To the Novaks, of course.

16. *A mnie się zdawało, że do Kamińskich.*	16. And I thought (It seemed to me that we were going) to the Kaminskis.
17. *U nich jest za mało miejsca.*	17. At their house there is too little room.
18. *My tu sobie rozmawiamy, a Pan(i) pewnie bez obiadu.*	18. Here we are chatting (conversing), and you probably haven't had dinner (are without dinner).
19. *Zgadł(a) Pan(i)! Może pójdziemy do restauracji?*	19. You guessed (right)! Shall we (perhaps) go to a restuarant?
20. *Doskonale! Idziemy do Hotelu Bałtyckiego.*	20. All right! Let's go to the Baltic Hotel.
21. *Słyszałem (Słyszałam) od znajomego (znajomej), że tam podają dobre, tanie i smaczne obiady. Ale najpierw zajdźmy do baru i napijmy się piwa.*	21. I've heard from an acquaintance that they serve good, inexpensive and tasty dinners there. But let's drop into a bar and drink some beer.
22. *Ja chyba napiję się wody mineralnej, bo piwa nie pijam.*	22. Perhaps I will drink (some) mineral water, because I don't (ever) drink beer.
23. *Oczywiście, jak Pan(i) woli. No to idziemy!*	23. Of course, as you prefer. Well then, let's go!

Słowniczek / Vocabulary

bar G. SG. **baru**	bar
bez + GEN.	without (somebody or something)
brydż GEN. SG. **brydża**	bridge (game)
butelka	bottle
chętnie	with pleasure, gladly
czyli	that is (i.e., that means)
dostać PF. (no present tense)	to receive, to have received
miejsce	place, room (i.e., space)
można + GEN.	one can; it's possible
na brydża GEN.	for bridge
no to	well then
obiad GEN. SG. **obiadu**	lunch
ode mnie GEN.	from me
pewnie	surely, probably
pijać (pijam, pija, pijają)	to drink (often)

podawać (podaję, podaje, podają)	to serve (at a table, in a restaurant)
pozdrowić PF.	to greet (someone), to give regards
pójść PF. FUT.: **pójdę, pójdzie, pójdą)**	to go, to have gone
przeciwko	against
przypuszczać (przypuszczam, przypuszczają)	to suppose
skąd (PRON. skont)	where from, from where
smaczny, smaczne, smaczna	tasty
stąd (PRON. stont)	from here, hence
stryj GEN. SG. **stryja**	uncle (on father's side)
tani, tanie, tania	inexpensive, cheap
u + GEN.	at (the home of, the place of)
woda	water
woda mineralna	mineral water
woleć (wolę, woli, wolą)	to prefer
wuj GEN. SG. **wuja**	uncle (on mother's side)
wypić PF. (FUT. **wypiję, wypije, wypiją)**	to drink up, finish (off) a drink
za mało + GEN.	too little (of something)
zajść PF.	to drop in, to drop into . . . ; to walk in
Zakopane (place name declined like an ADJ.)	Zakopane (a Polish mountain resort)
zrobić PF. (FUT. **zrobię, zrobi, zrobią)**	to do, to make; to perform (an action)

Czasowniki Ruchu — Verbs of Motion

iść (pieszo) idę, idzie, idą	to be going (on foot)
chodzić (pieszo) chodzę, chodzi, chodzą	to go [frequently, back and forth] (on foot)
pójść (pieszo) pójdę, pójdzie, pójdą PF.	to go [somewhere], to have gone (on foot)
przyjść (pieszo) (przyjdę, przyjdzie, przyjdą) PF.	to come, to have come [once] (on foot)
przychodzić (pieszo) (przychodzę, przychodzi)	to come [often] (on foot)
odejść (odejdę, odejdzie, odejdą) PF.	to go away, to have gone away [mostly on foot]
odchodzić (odchodzę, odchodzi, odchodzą)	to go away [often]

jechać (jadę, jedzie, jadą) to be driving, riding, traveling

pojechać (pojadę, pojedzie, pojadą) PF. to drive away, to ride away; to drive [to somewhere], to travel [to somewhere] (not on foot)

Gramatyka Grammar

1 / THE GENITIVE CASE AND ITS USES The GENITIVE case of NOUNS has the following endings in the singular: **-a** or **-u** for MASC. NOUNS, **-a** for NEUT. NOUNS, and **-i** (**-y**) for FEM. NOUNS. Examples follow.

MASC.		NEUT.	FEM.	
*brat***a**	*dom***u**	*okn***a**	*matk***i**	*Ew***y**
*ojc***a**	*las***u**	*pol***a**	*córk***i**	*dziewczyn***y**
*syn***a**	*samochod***u**	*zadani***a**	*studentk***i**	*Halin***y**
*stryj***a**	*papier***u**	*zajęci***a**	*aktork***i**	*uczennic***y**
*Pan***a**	*stoł***u**	*śniadani***a**	*książk***i**	*siostr***y**
*Nowak***a**	*koncert***u**	*ubrani***a**	*ciotk***i**	*lamp***y**
*chłopc***a**	*bar***u**	*dzieck***a**	*Jank***i**	*żon***y**
*ps***a**	*numer***u**	*szczęści***a**	*podłog***i**	*krow***y**
*kot***a**	*telefon***u**		*Pan***i**	*Wand***y**
*koni***a**	*przedmiot***u**			
*język***a**				

The GENITIVE case has many uses in Polish. The most widespread are the following:

(a) To indicate ownership or relationship, e.g.:

dom **ojca** **father's** house (literally: the house **of the father**)
żona **brata** **brother's** wife (literally: the wife **of the brother**)
list **matki** **mother's** letter (literally: the letter **of the mother**)
mąż **córki** **daughter's** husband (literally: the husband **of the daughter**)
cena **zeszytu** the price **of the notebook**
koniec **lekcji** the end **of the lesson**

Note that the word order in Polish is NOMINATIVE + GENITIVE, as in *dom ojca*, one of the few exceptions being *Pana, Pani* (your, yours,) as in *żona Pana* or *Pana żona, mąż Pani* or *Pani mąż*.)

(b) To indicate the object of a negated verb:

Nie znam **Pana/Pani** I don't know **you**. (Stress shift: **nie** *znam*)
Nie lubię **radia.** I don't like **radio.**
Ona nie lubi **telewizji.** She doesn't like **television.**
Nie mam **domu.** I don't have a **house**. (Stress shift: **nie** *mam*)
Nie piszę **listu.** I'm not writing **a letter.**

(c) To indicate the absence or non-existence of somebody or something:

Pana Nowaka *nie ma w domu.* **Mr. Novak** is not at home. (Literally: **Of Mr. Novak** there is nothing at home.)
Zofii *nie ma w biurze.* **Sophia** is not at the office. (See above.)
Tu nie ma **radia.** There's no **radio** here.
Nie ma **sprawiedliwości.** There's no **justice**.
Czy nie ma **Boga?** Is there no **God?**

Note: *Nie ma* has two meanings in Polish, (1) "(he/it/she) doesn't have" and (2)"(there isn't, there's no . . .," as under **(b)** and **(c)**, above, respectively. The particle *nie* in this combination is always stressed: **nie** *ma* (not *nie* **ma**!)

(d) After the prepositions *bez* (without), *do* (to), *od* (from), *u* (at the home of), *z* (from, out of), as in the following examples:

BEZ	DO	OD	U	Z
obiadu	*Krakowa*	*ojca*	*ojca*	*Krakowa* (PRON. *skrakowa)*
	Warszawy	*brata*	*brata*	*Warszawy*
	restauracji	*matki*	*matki*	*miasta*
	hotelu	*córki*	*ciotki*	*teatru* (PRON. *steatru*)

Note: The preposition *z*, when used with the GENITIVE case, means "from, out of." It should not be confused with the same preposition used with the INSTRUMENTAL case, which means "with," as in *z przyjemnością* (with pleasure).

(e) To indicate a unit of measure, a container, or a part of some large quantity, as in:

Wypijemy butelkę **piwa**. We'll drink a bottle **of beer**.
. . . butelkę **wody mineralnej.** . . . a bottle **of mineral water.**
trochę **cukru** a little **sugar** (i.e., a small quantity **of sugar**)
za mało **miejsca** too little **room** (i.e., **of space**)
dużo więcej **miejsca** much more **room** (see above)

The endings of the GENITIVE SINGULAR OF ADJECTIVES are **-ego** for the MASC. and NEUT. and **-ej** for the FEM. gender. Examples are given below.

MASC. AND NEUT.	FEM.
*moj***ego** *znajom***ego**	*moj***ej** *znajom***ej**
*Zakopan***ego**	
*Kamińsk***iego**	*Kamińsk***iej**
*Bałtyck***iego**	
*mineraln***ego**	*mineraln***ej**

The endings of the GEN. SG. of personal pronouns can be found in the Grammar part of Lesson 8. It is well to keep in mind that the personal pronouns of the THIRD PERSON have the **n-prefixed** form after a preposition, as seen in Lesson 10:

u **n***iego* at his home   *do* **n***ich* to them   *u* **n***ich* at their home

Note the shift of stress: **u** *nich*, **do** *nich*; there is no shift of stress in the combination *u* **nie***go*, in keeping with a previously stated rule.

You will also notice that an example of the GENITIVE PLURAL appears in Lesson 10. It involves a family name, like *Kamiński* (declined like an adjective). In the example given, the GENITIVE case is required by the preposition *u* (at the home of):

*u Kamińsk***ich** at the Kaminskis' (home)

Finally, the interrogative pronoun *kto* (who) will be found in its GENITIVE case *kogo* in this lesson:

od kogo from whom   *u kogo* at whose home

When using the GENITIVE case of adjectives and nouns, we must of course follow the rule of agreement in gender, number, and case between the adjective and the noun:

Od **kogo** *Pan dostał list?*	*Dostałem list od* **(mojego) ojca**/ **(mojej) matki.**
U **kogo** *on może mieszkać?*	*Może mieszkać u* **swojego wuja**/ **swojej ciotki.**
Do **jakiego hotelu** *idziemy?*	*Idziemy do* **Hotelu Bałtyckiego.**
Butelkę **jakiej wody?**	*Butelkę* **wody mineralnej.**

2 / PECULIARITIES OF THE IMPERFECTIVE ASPECT OF SOME VERBS: INDETERMINATE VS. DETERMINATE Some Polish verbs, especially verbs of motion (see the section following the Vocabulary of this lesson), have two sub-aspects in the IMPERFECTIVE. The traditional names of these sub-aspects are INDETERMINATE and DETERMINATE, and their meanings and uses could be briefly stated thus:

Indeterminate: denotes a habitual or repeated action, an action which involves going somewhere and returning (one or several times), and also an action which has no definite direction (e.g., around and around, back and forth, etc.)

Determinate: denotes an on-going action, a motion in progress towards a goal or destination (but without any suggestion of completing or finishing a given action or motion).

The following examples (based on the verbs listed on pp. 58–59) could be arranged in tabular form to make this sub-aspectual distinction clearer. We will then have:

INFINITIVE		PRESENT TENSE
	INDETERMINATE	
chodzić to go, attend		*Chodzę do szkoły.* I attend school.
chodzić to walk often, back and forth		*Chodzę po ulicy/ulicą.* I walk along the street (often, back and forth)
jeździć to drive, to ride		*Jeżdżę do miasta.* I drive to town.
	DETERMINATE	
iść to be going		*Idę do szkoły.* I'm going to school.
iść to be walking		*Idę po ulicy/ulicą.* I'm walking along the street.
jechać to be driving, riding		*Jadę do miasta.* I'm driving/riding to town.

More examples will be given later.

LEKCJA JEDENASTA

ELEVENTH LESSON

Rozmowa

1. *Dokąd Pan(i) teraz idzie?*
2. *Idę do parku miejskiego. Tak ładnie na dworze!*
3. *Czy Pan(i) często chodzi do tego parku?*
4. *Chodzę prawie co dzień, jeśli mam czas i pogoda jest ładna.*
5. *Ja tam często chodzę i bardzo lubię ten park. Chodziłem (Chodziłam) tam z rodzicami.*
6. *Proszę spojrzeć, kto tam idzie! Czy to nie Pana (Pani) dziadek (babka)?*
7. *Tak, to on(a), ale nas nie widzi.*
8. *Zdaje mi się, że Pana (Pani) dziadek i babka często tędy chodzą.*
9. *Tak, kiedy są w mieście. Mieszkają na wsi i przyjeżdżają tutaj tylko od czasu do czasu.*
10. *A jeden (jedna) z moich znajomych mieszka za miastem i dojeżdża do pracy.*
11. *A czym on(a) jeździ?*
12. *Pociągiem i autobusem.*
13. *Nie zazdroszczę mu (jej). Lepiej mieszkać w mieście.*
14. *Ma Pan(i) słuszność. Ja chodzę pieszo do pracy, a on(a) musi jeździć.*
15. *My tu chodzimy po parku, a czas odpocząć. Siądźmy na ławce.*

Conversation

1. Where (to) are you going now?
2. I'm going to the city park. (It's) so nice outdoors!
3. Do you often go to that park?
4. I go almost every day, if I have time and the weather is nice.
5. I often go there and I like that park very much. I used to go there with (my) parents.
6. (Please) look who's going there! Isn't that your grandfather (grandmother)?
7. Yes, that's he (she), but (he/she) doesn't see us.
8. It seems to me that your grandfather and grandmother frequently walk (through) here.
9. Yes, when they are in the city. They live in the country and come (by vehicle) here only from time to time.
10. And one of my acquaintances lives out of town and commutes to work.
11. And by what (means) does he (she) travel?
12. By train and by bus.
13. I don't envy him (her). It's better to live in the city.
14. You are right. I go on foot to work, and/but he (she) must ride (drive).
15. Here we are walking around (in) the park, and/but it's time to rest. Let's sit down on a bench.

16. *Nie mam nic przeciwko temu. Stąd jest bardzo ładny widok na całe miasto.*	16. I've nothing against it. From here there's a very pretty view of the whole city.
17. *A może jutro pójdziemy do Ogrodu Botanicznego?*	17. And perhaps tomorrow we'll go to the Botanical Garden?
18. *Chętnie. Jeszcze tam nie byłem (byłam). Tylko . . . jak się tam dostaniemy?*	18. With pleasure (Gladly). I haven't been there yet. Only . . . how will we get there?
19. *Właściwie lepiej tam jest pojechać tramwajem, bo na piechotę to za daleko.*	19. Properly (speaking), it's better to go there by streetcar because it's too far to go (there) on foot.
20. *Dobrze, pojedźmy tramwajem. A gdzie się spotkamy?*	20. Fine, let's go by streetcar. And/But where shall we meet?
21. *Spotkamy się w hallu hotelowym.*	21. We'll meet in the hotel lobby.
22. *Dobrze, a o której?*	22. Fine, and/but at what time?
23. *O trzeciej po południu.*	23. At three in the afternoon.
24. *Proszę nie zapomnieć. No do jutra!*	24. Please don't forget. Well then, until tomorrow.
25. *Do widzenia!*	25. Goodbye.

Słowniczek — Vocabulary

autobusem INSTR. SG. of **autobus**	by bus
babka LOC. SG. **o babce**	grandmother
bo	because
co dzień STRESS: *co* **dzień**	every day ADV.
czas GEN. SG. **czasu** LOC. SG. **w czasie**	time
często	often, frequently
dojeżdżać (dojeżdżam, dojeżdża, dojeżdżają)	to commute
dostać się PF. FUT. **dostanę się, dostanie się**	to get (somewhere)
dziadek ACC. SG. **dziadka** LOC. SG. **o dziadku**	grandfather
hall PRON. hol	lobby
jeśli	if
jeszcze . . . nie	not . . . yet
jutro	tomorrow
lepiej COMP. **od dobrze**	better; it's better ADV.

mieć słuszność	to be right
musi	(he/it/she) must
na piechotę ACC.	on foot
o której (godzinie) LOC.	at what time (i.e., at which [hour])
patrzeć (patrzę, patrzy, patrzą)	to look
pociąg GEN., LOC. **pociągu** INSTR. SG. **pociągiem**	train
prawie	almost
siądźmy IMPERATIVE, 1ST PERS. PL.	let's sit down
słuszność	right(ness)
spojrzeć PF.	to look, to take a look
spotkać się PF.	to meet (each other)
ten, to, ta G. SG. **tego, tej**	this (one), that (one)
tylko	only, but
widok GEN., LOC. SG. **widoku**	view, sight
zazdrościć (zazdroszczę, zazdrości, zazdroszczą) DAT.	to envy (someone)

Gramatyka — Grammar

1 / THE PAST TENSE OF chodzić (INDETERMINATE) AND iść (DETERMINATE)

	chodzić to go			*iść* to be going		
			SINGULAR			
	MASC.	NEUT.	FEM.	MASC.	NEUT.	FEM.
1	*chodził***em**		*chodził***am**	*szedł***em**		*szł***am**
2	*chodził***eś**		*chodził***aś**	*szedł***eś**		*szł***aś**
3	*chodził*	*chodził***o**	*chodził***a**	*szedł*	*szł***o**	*szł***a**
			PLURAL			
	MASC.		FEM.	MASC.		FEM.
1	*chodzil***iśmy**		*chodził***yśmy**	*szl***iśmy**		*szł***yśmy**
2	*chodzil***iście**		*chodził***yście**	*szl***iście**		*szł***yście**
3	*chodzil***i**		*chodził***y**	*szl***i**		*szł***y**

Note the PAST TENSE endings of the 1ST AND 2ND PERS. PL., both MASC. and FEM., of the verb *chodzić* are not stressed; the stress falls on the next-to-the-last syllable of the basic plural form *chodzili/chodziły*. Consequently we shift the stress forward one syllable in these forms and say: *cho**dzi**liśmy, cho**dzi**liście, cho**dzi**łyśmy, cho**dzi**łyście.*

2 / THE FUTURE TENSE OF PERFECTIVE VERBS PERFECTIVE verbs form their FUTURE TENSE according to the same rules as those governing the formation of the PRESENT TENSE of IMPERFECTIVE verbs. This can be shown by the following example:

	IMPERFECTIVE		PERFECTIVE	
	jechać to be driving		*pojechać* to drive somewhere	
	PRESENT TENSE		FUTURE TENSE	
	SING.	PL.	SING.	PL.
1	*jadę* I'm driving	*jedziemy* we're driving	*pojadę* I'll drive	*pojedziemy* we'll drive
3	*jedzie* he's/ she's driving	*jadą* they're driving	*pojedzie* he'll / she'll drive	*pojadą* they'll drive

Given below is the FUTURE TENSE of the perfective verb *pójść* (to go somewhere on foot).

	SINGULAR	PL.
1	*pójdę*	*pójdziemy*
2	*pójdziesz*	*pójdziecie*
3	*pójdzie*	*pójdą*

The FUTURE TENSE of the perfective verb *spotkać się* (to meet each other, one another) will be formed according to the same pattern, with the exception of the endings, which will be those of the **-a** CONJUGATION (to which the verb *spotkać się* belongs):

	SING.	PL.
1	*spotkam się*	*spotkamy się*
2	*spotkasz się*	*spotkacie się*
3	*spotka się*	*spotkają się*

3 / MOTION VS. LOCATION The question *dokąd* (where to), mostly used after verbs of motion in Polish, requires the destination to be put in a certain case. No destination is ever indicated in Polish without the use of an appropriate preposition. Here the most frequently used prepositions are *do*, which governs the GENITIVE case, and *na*, which governs the ACCUSATIVE case. Their use is rather idiomatic in Polish, but certain general principles can be established to make the idiomatic usage of these prepositions easier to learn. The preposition *do* means "to" and is commonly employed in reference to buildings, enclosures, cities, towns, countries, parts of the world, a person's residence. On the other hand, the preposition *na*, which means both "to," and "onto, upon," usually refers to large open spaces, such as a sea, a field, a lake, and also countryside and farm; moreover, it is also used in reference to activities one can attend, such as lectures, concerts, meetings, etc. The difference between *do* and *na* is illustrated in the table below, which contains Polish phrases with *do* and *na* as well as their English equivalents.

do with GEN. to	**na** with ACC. to
parku a/the park	*wykład* a/the lecture
ogrodu a/the garden	*lekcję* a/the lesson
hotelu a/the hotel	*zebranie* a/the meeting
pracy (one's) work	*koncert* a/the concert
restauracji a/the restaurant	*zabawę* a/the party
miasta town; to the city	*wieś* (**na** *wieś*) the country
Krakowa Cracow	*jezioro* a/the lake
Warszawy Warsaw	*pole* a/the field
Polski Poland	*wojnę* (a) war
ojca (one's) father	*lotnisko* an/the airfield
matki (one's) mother	*egzamin* an/the examination
Zakopanego Zakopane	

Sentences containing these prepositions together with appropriate verbs of motion (*chodzić* or *iść* when the destination is within reasonable walking distance, *jeździć* or *jechać* when the destination can be reached only by traveling by a vehicle, i.e., driving or riding) can be found in Lessons 10–11.

The question *gdzie* (where) is used in Polish in asking about the LOCATION of an object or the residence of a person. It is NOT used after verbs of motion, and it can be answered with a suitable preposition—usually *na*, *przy* or *w*—plus the LOCATIVE case. A summary of these prepositions, with examples of their usage, is given in the Grammar part of Lesson 7. However, it would be well to use the same examples as in the table above to bring out the contrast between motion and location as indicated by the use of certain prepositions with the GENITIVE and ACCUSATIVE on the one hand and the LOCATIVE on the other. Our table of prepositions indicating location will look something like this:

w with LOC. in, at, on		**na** with LOC. in, at, on	
parku	in a/the park	*wykładzie*	at a/the lecture
ogrodzie	in a/the garden	*lekcji*	at a/the lesson
hotelu	in a/the hotel at a/the hotel	*zebraniu*	at a/the meeting
restauracji	in (at) a/the restaurant	*zabawie*	at a/the party
mieście	in a/the city (town)	*wsi (**na**wsi)*	in the country
Krakowie	in Cracow	*morzu*	at sea
Warszawie	in Warsaw	*jeziorze*	on a/the lake
Polsce	in Poland	*polu*	in a/the field
Zakopanem	in Zakopane	*egzaminie*	at an/the examination

Note: To indicate location or residence at a person's home we must use the preposition *u* with the GENITIVE case, as shown in Lesson 10: **u** *ojca*, **u** *matki*. Neither *na* nor *w* may be used in Polish to denote such situations.

It is also possible to indicate location of objects or persons through the use of the prepositions *nad* (over, above), *pod* (under, beneath), *przed* (before, in front of), and *za* (behind, beyond). A few of these prepositions are also used in idiomatic expressions, which you will find later in this book. The prepositions *nad*, *pod*, *przed*, and *za* require the INSTRUMENTAL case in Polish to indicate location. A typical example of their usage is found in Lesson 11 (Conversation): *za miastem* (out of town, literally: "beyond the town").

LEKCJA DWUNASTA

Rozmowa

1. *Co Pan(i) widzi w klasie?*
2. *Widzę drzwi, okna, ściany, stoły, ławki i tablice.*
3. *A co Pan(i) widzi z okna?*
4. *Z okna widzę domy, ogrody, chodniki i ulice.*
5. *A czy Pan(i) widzi te duże budynki tam, daleko?*
6. *Tak. W tych budynkach są sklepy, banki, garaże, biura, bary i restauracje.*
7. *Czy Pana (Pani) brat też tam pracuje?*
8. *Nie, mój brat jest pilotem. Lata na trasie Warszawa-Kraków.*
9. *A co widzi z samolotu?*
10. *Widzi zwykle tylko chmury, ale czasem, kiedy leci nisko, widzi lasy, pola, jeziora, wsie, miasta, góry, rzeki, a nawet tory kolejowe i szosy.*
11. *Prawie jak na mapie.*
12. *No, niezupełnie. Na mapie są oznaczone nazwy geograficzne, granice państw itd. (i tak dalej), a tego z samolotu nie widać.*
13. *Czy Pan(i) ma tylko jednego brata (jedną siostrę)?*
14. *Nie, mam dwóch braci i dwie siostry.*

TWELFTH LESSON

Conversation

1. What do you see in the classroom?
2. I see doors, windows, walls, tables, desks and blackboards.
3. And what do you see from the window?
4. From the window I see houses, gardens, sidewalks and streets.
5. And do you see those large buildings over there, far away?
6. Yes. In those buildings are stores, banks, garages, offices, bars and restaurants.
7. Does your brother also work there?
8. No, my brother is a pilot. (He) flies (on) the Warsaw-Cracow route.
9. And what does he see from the plane?
10. He usually sees only clouds, but sometimes, when he's flying low, he sees forests, fields, lakes, villages, cities, mountains, rivers, and even railroad tracks and highways.
11. Almost as on a map.
12. Well, not quite. On a map are shown (marked) geographic names, boundaries of states, etc. (and so forth), and that can't be seen from a plane.
13. Do you have only one brother (one sister)?
14. No, I have two brothers and two sisters.

15. *Czy Pana (Pani) bracia są żonaci?*	15. Are your brothers married?
16. *Tak, obaj są żonaci i obaj mają dzieci.*	16. Yes, both are married and both have children.
17. *Czy ich dzieci chodzą jeszcze do szkoły?*	17. Do their children still attend school?
18. *Synowie chodzą jeszcze do szkoły, a córki są już mężatkami.*	18. The sons still attend school, and the daughters are already married (women).
19. *A gdzie mieszkają, jeśli można wiedzieć?*	19. And where do they live, if one may know?
20. *Mieszkają w nowych blokach na przedmieściu.*	20. They live in new (apartment) blocks in a suburb.
21. *Ich rodzice muszą być z tego zadowoleni.*	21. Their parents must be happy about (satisfied with) it.
22. *Oczywiście! Ale . . . przepraszam, która jest teraz godzina?*	22. Of course! But . . . Excuse me, what time is it now?
23. *Na moim zegarku punkt druga.*	23. By (On) my watch (it's) exactly two.
24. *Kwadrans po drugiej mam zebranie. Muszę się śpieszyć. Do zobaczenia zatem!*	24. (At) a quarter after two I've a meeting. I must hurry. I'll be seeing you!
25. *Do widzenia Panu (Pani)!*	25. Goodbye, Sir (Madam)!

Słowniczek — Vocabulary

blok (mieszkalny)	(apartment) block
budynek NOM. PL. **budynki**	building
chmura NOM. PL. **chmury**	cloud
chodnik NOM. PL. **chodniki**	sidewalk
czasem INSTR. SG. of **czas**	sometimes
dalej COMP. ADV. of **daleko**	farther, further ADV.
drzwi PL. only	door(s)
dwaj N. PL. MASC.	two (men)
dwie N., G., A. PL. FEM.	two (women)
dwóch G., A. PL. MASC.	two (men)
godzina N. PL. **godziny**	hour
góra N. PL. **góry**	mountain
granica N. PL. **granice**	border, boundary
jeden, jedno, jedna	one
kwadrans N. PL. **kwadranse**	quarter (of an hour)

las N. PL. **lasy**	forest
latać (latam, lata, latają)	to fly (back and forth)
ławka (w klasie)	desk (in a classroom)
można (no other form used)	one may, can; it's possible
musieć (muszę, musi, muszą)	must, to have to
nawet	even ADV.
nazwa geograficzna N. PL. **nazwy geograficzne**	geographic name
nie można no other form used	one may not; one can't; it's impossible
niezupełnie	not quite, not entirely
obaj	both (males)
oznaczony, oznaczone, oznaczona	marked, indicated
państwo N. PL. **państwa** G. PL. **państw**	state (not in the U.S.)
przedmieście L. SG. **na przedmieściu**	suburb
rzeka N. PL. **rzeki**	river
szosa N. PL. **szosy**	highway
ściana N. PL. **ściany**	wall
śpieszyć się (śpieszę się, śpieszy się)	to hurry
te G. PL. **tych**	these, those
tor kolejowy N. PL. **tory kolejowe**	railroad track
trasa LOC. SG. **na trasie**	route
widać no other form used	it is seen; one sees; one can see
zadowolony, -e, -a N. PL. MASC. **zadowoleni**	satisfied P.P.
zebranie	meeting
zegarek LOC. SG. **na zegarku**	a (wrist) watch
zwykle	usually

Gramatyka Grammar

1 / THE FORMATION OF THE NOMINATIVE PLURAL The following endings are used in Polish to form the NOMINATIVE PLURAL OF NOUNS: **-y** (**-i**), **-e**, and **-a**. The rules governing the use of these endings will have to be studied carefully.

(a) The **-y** ending is used to form the NOM. PL. of MASC. and FEM. NOUNS whose stems end in one of the following NON-PALATAL (i.e. hard) consonants: **b, ch, d, f, ł, m, n, p, r, s, t, w, z.** However, for MASC. PERSONAL NOUNS the general rule is **-i** ending (e.g., *chłop, chłop***i**, *kulis, kulis***i**, *pilot, piloc***i**).

MASC. SING.		MASC. PL.	FEM. SING.		FEM. PL.
*gró*b	grave	*gro*by	*ża*ba	frog	*ża*by
*da*ch	roof	*da*chy	*bla*cha	sheet metal	*bla*chy
*ogró*d	garden	*ogro*dy	*la*da	counter	*la*dy
*stó*ł	table	*sto*ły	*szko*ła	school	*szko*ły
*do*m	house	*do*my	*ra*ma	frame	*ra*my
*dzwo*n	bell	*dzwo*ny	*ścia*na	wall	*ścia*ny
*skle*p	store	*skle*py	*ła*pa	paw	*ła*py
*to*r	track	*to*ry	*ka*ra	punishment	*ka*ry
*obru*s	tablecloth	*obru*sy	*kla*sa	classroom	*kla*sy
*przedmio*t	subject	*przedmio*ty	*cha*ta	hut	*cha*ty
*ró*w	ditch	*ro*wy	*kro*wa	cow	*kro*wy
*ga*z	gas	*ga*zy	*ko*za	goat	*ko*zy

(b) The **-i** ending is used to form the NOMINATIVE PLURAL of MASC. and FEM. NOUNS whose stems end in **g** and **k** (actually, **-i** here is only a spelling variant of **-y**, and its use is dictated by the spelling rules). This is illustrated by the following examples:

MASC. SING.		MASC. PL.	FEM. SING.		FEM. PL.
*pocią*g	train	*pocią*gi	*dro*ga	road	*dro*gi
*state*k	ship	*stat*ki	*mat*ka	mother	*mat*ki

(c) The **-e** ending is used to form the NOMINATIVE PLURAL of MASC. and FEM. NOUNS whose stems end in one of the following PALATAL (or historically palatal) consonants: **c, ć, cz, dz, dź (dzi), j, l, ń (ni), rz, ś (si), sz, ź (zi), ż.** Examples are given below.

MASC. SING.		MASC. PL.	FEM. SING.		FEM. PL.
*ko*c	blanket	*ko*ce	*no*c	night	*no*ce
*klu*cz	key	*klu*cze	*kla*cz	mare	*kla*cze
*wła*dza	authority	*wła*dze			
*niedźwie*dź	bear	*niedźwie*dzie	*mie*dź	copper	*mie*dzie
*kra*j	country	*kra*je	*kole*j	railroad	*kole*je
*bó*l	pain	*bó*le	*sta*l	steel	*sta*le
*ko*ń	horse	*ko*nie	*dło*ń	palm	*dło*nie
*leka*rz	physician	*leka*rze	*twa*rz	face	*twa*rze
*ry*ś	lynx	*ry*sie	*wie*ś	village	wsie
*no*ż	knife	*no*że	*podró*ż	journey	*podró*że
			*ka*sza	gruel	*ka*sze

This ending is also used to form the NOM. PL. of MASC. NOUNS ending in **-in**: *Amerykan***in** (an American): *Amerykan***ie** (Americans).

(d) The usual ending with which to form the NOMINATIVE PLURAL or NEUTER nouns is **-a**, added to the consonant stem of a given noun (the **-i-** following the consonant is simply a mark of palatalization). Examples follow:

NEUT.

SING.	PL.
*okn***o** window	*okn***a** windows
*jezior***o** lake	*jezior***a** lakes
*pol***e** field	*pol***a** fields
*morz***e** sea	*morz***a** seas
*zadani***e** assignment	*zadani***a** assignments
*uczuci***e** feeling	*uczuci***a** feelings

2 / PECULIARITIES OF THE FORMATION OF THE NOMINATIVE PLURAL OF SOME NOUNS A special ending, **-owie**, is used to form the NOM. PL. of certain nouns denoting MALE PERSONS. This ending may be added to any consonant stem, as shown below.

SING.	PL.
ojciec father (stem: *ojc-*)	*ojc***owie** fathers
syn son	*syn***owie** sons
dziadek grandfather (stem: *dziadk-*)	*dziadk***owie** grandfathers
wuj uncle	*wuj***owie** uncles
profesor professor	*profesor***owie** professors

A consonant change, **t** to **ć (ci)**, takes place in the stem of some nouns denoting MALE PERSONS. The **ć** is spelled **ci** in the NOM. PL. of such nouns. Examples follow:

SING.	PL.
*studen***t**	*studen***ci** students
*pilo***t**	*pilo***ci** pilots
*atle***ta** athlete	*atle***ci** athletes
*poe***ta** poet	*poe***ci** poets

3 / IRREGULAR PLURALS OF SOME NOUNS Listed below are irregular plurals of some nouns (NOM. case), arranged according to gender.

MASC.			NEUT.		
SING.		PL.	SING.		PL.
człowiek	man, person	*ludzie*	*dziecko*	child	*dzieci*
ksiądz	priest	*księża*	*ucho*	ear	*uszy*
rok	year	*lata*	*oko*	eye	*oczy*
brat	brother	*bracia*			

FEM.		
SING.		PL.
ręka	hand, arm	*ręce*

4 / NOUNS USED IN THE PLURAL ONLY In Polish, as in English, there are a number of nouns that are used in the plural only; such nouns ordinarily denote things that come in pairs, in sets of two. Some of these are given below in the NOM. PL. form:

-y ENDING		**-i** ENDING		**-e** ENDING	
okulary	eyeglasses	*nożyczki*	scissors	*spodnie*	trousers
		drzwi	door(s)		

5 / THE FORMATION OF THE NOMINATIVE PLURAL OF ADJECTIVES In the formation of the NOM. PL. OF ADJECTIVES in Polish, a sharp distinction is made between adjectives referring to MALE PERSONS and those referring to other persons as well as things, animals, etc. Adjectives denoting MALE PERSONS form their NOM. PL. by adding **-i** (**-y**) to the consonant stem (together with the necessary phonetic changes); all other adjectives form their NOM. PL. by adding **-e** to the consonant stem of a given adjective. This is illustrated in the table below.

MALE PERSONS			OTHER		
SING.		PL.	SING.		PL.
			NEUT.	FEM.	
*wiel***ki**	great	*wiel***cy**	*wiel***kie**	*wiel***ka**	*wiel***kie**
*doro***sły**	grown-up	*doro***śli**	*doro***słe**	*doro***sła**	*doro***słe**
*mło***dy**	young	*mło***dzi**	*mło***de**	*mło***da**	*mło***de**
*żona***ty**	married (man)	*żona***ci**			

A juxtaposition of adjectives and nouns will bring this point out still better:

MALE PERSONS		OTHER	
*ma***li** *chłopc***y**	little boys	*ma***łe** *dzieci***i**	little children
*mło***dzi** *studen***ci**	young students	*mło***de** *studen***tki**	young co-eds
*now***i** *uczni***owie**	new pupils	*now***e** *samochod***y**	new automobiles
*sta***rzy** *profesor***owie**	old professors	*sta***re** *książk***i**	old books
*mąd***rzy** *filozof***owie**	wise philosophers	*mąd***re** *ps***y**	intelligent dogs

When a collective noun (e.g., parents, people, etc.) is used, the modifying adjective takes the **-i** (**-y**) ending in the NOMINATIVE PLURAL. Thus we will have:

*dumn***i** *rodzice*	proud parents	*mło***dzi** *ludzie*	young people

LEKCJA TRZYNASTA

THIRTEENTH LESSON

Rozmowa

1. *Kogo Pan(i) widzi w klasie?*
2. *Widzę studentów i studentki.*
3. *A kogo Pan(i) widzi z okna?*
4. *Z okna widzę robotników.*
5. *Co robią ci robotnicy?*
6. *Budują domy.*
7. *A co robią Pana (Pani) bracia? Czy też budują domy?*
8. *Moi bracia pracują w dwóch dużych miastach: jeden pracuje w Warszawie, a drugi w Poznaniu.*
9. *Słyszałem (Słyszałam), że w tych dwóch miastach można znaleźć dobre posady.*
10. *Tak, w sklepach, w biurach i w fabrykach.*
11. *Czy Pana (Pani) siostry też pracują?*
12. *Tak, pracują jako sekretarki i maszynistki.*
13. *Chyba to też są dobre posady.*
14. *Oczywiście. A poza tym biura zwykle mieszczą się w nowoczesnych budynkach.*
15. *Przypuszczam, że Pana (Pani) bracia i siostry nie tylko pracują, ale i studiują.*
16. *Tak, wszyscy chodzą na kursy handlowe w szkole wieczorowej.*

Conversation

1. Whom do you see in the classroom?
2. I see (men) and (women) students.
3. And whom do you see from the window?
4. From the window I see workmen.
5. What are those workmen doing?
6. They're building houses.
7. And what do your brothers do? Do they also build houses?
8. My brothers work in two large cities: one works in Warsaw, and/but the other in Poznan.
9. I've heard that in those two cities one can find good jobs (positions).
10. Yes, in stores, (in) offices and (in) factories.
11. Do your sisters also work?
12. Yes, they work as secretaries and typists.
13. Probably these are also good jobs (positions).
14. Of course. And besides the offices are usually located in modern buildings.
15. I suppose that your brothers and sisters not only work but also study.
16. Yes, all (of them) attend commercial courses in an evening school.

17. *A można wiedzieć, jakie przedmioty studiują?*
18. *Studiują różne przedmioty zawodowe: stenografię, rachunkowość itp. (i tym podobne).*
19. *Wydaje mi się, że to są trudne przedmioty.*
20. *Tak, ale za to jakie ciekawe!*
21. *Wie Pan(i) chciałbym (chciałabym) poznać Pana (Pani) braci i siostry.*
22. *Pozna ich Pan(i) za dwa miesiące, w czasie wakacji.*
23. *Będzie mi bardzo miło ich poznać. A więc do zobaczenia!*
24. *Do zobaczenia!*

17. And may one know what subjects they study?
18. They study various professional subjects: shorthand, accounting and such like.
19. It seems to me that these are difficult subjects.
20. Yes, but on the other hand, how interesting (they are)!
21. You know, I'd like to meet (get to know) your brothers and sisters.
22. You will meet them in two months during the vacation.
23. It'll be a pleasure for me to meet them. And so, I'll be seeing you (again)!
24. So long!

Słowniczek / Vocabulary

robotnik N. PL. **robotnicy** G. PL. **robotników**	workman
budować (buduję, buduje; budują)	to build
dom towarowy L. PL. **w domach towarowych**	department store
duży, -e, a G., L. PL. **dużych**	large, big
znaleźć PF.	to find, to have found
sekretarka N. PL. **sekretarki** G. PL. **sekretarek**	(female) secrétary
maszynistka N. PL. **maszynistki** G. PL. **maszynistek**	(female) typist
posada N. PL. **posady** G. PL. **posad**	job, position
poza tym	besides (that)
mieścić się (mieści się, mieszczą się)	to be located
nowoczesny, -e, -a	modern, up-to-date
młody, -e, -a N. PL. **młodzi, młode**	young ADJ.
kurs handlowy N., A. PL. **kursy handlowe**	commercial course
szkoła wieczorowa L. PL. **w szkołach wieczorowych**	evening school

zawodowy, -e, -a	professional, vocational
przykład N. PL. **przykłady**	example
rachunkowość F.	accounting
podobny, -e, -a	similar, (a)like
chcieć PAST **chciał, chciało, chciała**	to want, to wish
chciał(a)bym	I'd want; I'd like
poznać PF. ACC. **kogoś**	to meet (somebody), to get to know
miesiąc N. PL. **miesiące** G. PL. **miesięcy**	month
doskonale ADV.	excellent(ly)
miły, -e, -a	nice, pleasant
miło	it's pleasant

Gramatyka — Grammar

1 / THE ACCUSATIVE PLURAL OF NOUNS The following table contains some typical examples of the ACCUSATIVE PLURAL OF NOUNS, arranged in groups according to gender.

MASC.		NEUT.	FEM.
MALE PERSONS	OTHER		
*student***ów**	*sto***ły**	*okn***a**	*ścian***y**
*robotnik***ów**	*dom***y**	*pol***a**	*chmur***y**
*brac***i**	*ogrod***y**	*jezior***a**	*studentk***i**
*malarz***y**	*chodnik***i**	*lotnisk***a**	*rzek***i**
*lekarz***y**	*budynk***i**	*ubrani***a**	*drog***i**
*gracz***y**	*rog***i**	*dzieci*	*tablic***e**
	*koc***e**		*uczennic***e**

As seen from the table, the usual endings of the ACCUSATIVE PLURAL of nouns are: **-ów** for MALE PERSONS, **-a** for NEUTER NOUNS. The ending **-y** (**i**) may be used to form the ACCUSATIVE PLURAL of nouns belonging to any gender (although only its spelling variant, **-i** is used to for the ACCUSATIVE PLURAL of a NEUTER NOUN). As for the **-e** ending, it is used to form the ACCUSATIVE PLURAL of any nouns except those denoting male persons. Note that this ending is used in accordance with the rules stated in the Grammar part of this lesson.

2 / THE PREPOSITIONAL PLURAL OF NOUNS The PREPOSITIONAL PLURAL of nouns is characterized by the ending **-ach**, added to the plural stem of a given noun regardless of gender. Examples are given below.

MASC.	NEUT.	FEM.
*w sklep***ach**	*w biur***ach**	*w restauracj***ach**
*w budynk***ach**	*w miast***ach**	*w szkoł***ach**
*na uniwersytet***ach**	*na pol***ach**	*na map***ach**

Note that the PREPOSITIONAL case, both singular and plural, is used only after the prepositions *na, o, przy, po, w,* to indicate location, residence, place of employment, concern about something.

3 / THE USE OF CASES AFTER THE CARDINAL NUMERALS 2, 3, 4 In Polish, the cardinal numerals 2, 3, 4 require the NOMINATIVE PLURAL case when they refer to the SUBJECT of a sentence. The following table, containing numerals and nouns arranged according to gender, will illustrate this point better:

MASC.			NEUT.	FEM.
PERSONS		OTHER		
*dw***aj**	*syn***owie**	*dw***a** *sto***ły**	*dw***a** *okn***a**	*dw***ie** *matk***i**
	*studen***ci**	*kot***y**	*ubrani***a**	*książk***i**
*trz***ej**	"	*trz***y** "	*trz***y** "	*trz***y** "
*czter***ej**	"	*czter***y** "	*czter***y** "	*czter***y** "

The same is true of the Polish equivalent of "both," which is *obaj* when it refers to MALE PERSONS, *oba* when it refers to NEUTER NOUNS and NON-PERSONAL MASCULINE NOUNS, and *obie* when it refers to FEMININE NOUNS.

These numerals (2, 3, 4) are declined in the remaining cases almost like adjectives (see Section 4). Their ACCUSATIVE CASE will have the following forms:

MASC.		NEUT.	FEM.
PERSONS	OTHER		
*dw***óch**	*dw***a**	*dw***a**	*dw***ie**
*trz***ech**	*trz***y**	*trz***y**	*trz***y**
*czter***ech**	*czter***y**	*czter***y**	*czter***y**

4 / THE FORMATION OF THE ACCUSATIVE AND PREPOSITIONAL PLURAL OF ADJECTIVES The ACCUSATIVE PLURAL OF ADJECTIVES denoting MALE PERSONS ends in **-ych (-ich)**, added to the original stem of the adjective (the consonant change occurring in the NOM. PL. is disregarded); the ACCUSATIVE PLURAL of all other adjectives has the same ending as the NOMINATIVE PLURAL of such adjectives, namely, **-e**. Examples are given below.

MALE PERSONS	OTHER
*t***ych**	*t***e**
*dobr***ych**	*dobr***e**
*now***ych**	*now***e**
*star***ych**	*star***e**
*drog***ich**	*drog***ie**
*Pańsk***ich**	*Pańsk***ie**
*mał***ych**	*mał***e**
*duż***ych**	*duż***e**

The difference between both groups of adjectives is seen even better in noun-adjective combinations, such as these:

MALE PERSONS	OTHER
*t***ych** *now***ych** *student***ów**	*t***e** *now***e** *dom***y**
*star***ych** *profesor***ów**	*star***e** *książk***i**
*mał***ych** *chłopc***ów**	*mał***e** *dziec***i**
*dw***óch** *brac***i**	*dw***ie** *siostr***y**

No such difference exists in the PREPOSITIONAL PLURAL of adjectives, which ends in **-ych (-ich)** regardless of gender. The following adjective-noun combinations will make this point clearer.

MASC.	NEUT.	FEM.
*w t***ych** *nowoczesn***ych** *budynk***ach**	*w (dw***óch***) duż***ych** *miast***ach**	*w szkoł***ach** *wieczorow***ych**
*na kurs***ach** *letn***ich**		

5 / THE USE OF CARDINAL AND ORDINAL NUMERALS IN TELLING TIME Ordinal numbers (Polish equivalents of "first," "second," "third," etc.) are used in reference to time shown by clocks or watches. The gender and case of these numerals as shown by the following diagram, are those of the Polish FEM. noun *godzina* (hour):

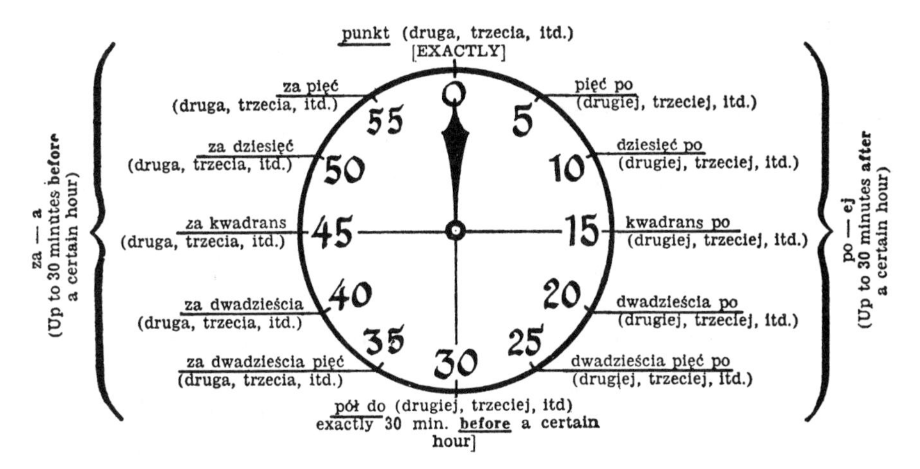

Cardinal numerals (Polish equivalents of "one," "two," "three," etc.) are used only to indicate the number of minutes past a certain hour or before a certain hour (see diagram).

As you have noted, the prepositions *po* (after) and *do* (till) require the **-ej** ending of the ordinal numeral denoting the hour referred to (the same ending, **-ej**, is used for the GENITIVE, DATIVE, and PREPOSITIONAL SINGULAR OF FEM. ADJECTIVES); the preposition *za* (within, after) reqires the **-a** ending of the ordinal numeral denoting the hour referred to (the **-a** ending denotes the NOMINATIVE SINGULAR OF FEM. ADJECTIVES). Below are given some common examples of these constructions in question-and-answer form.

Przykłady	Examples
Która jest (teraz) godzina?	What time is it (now)? Literally: Which hour (now)?
(Punkt) druga.	Two (o'clock) (exactly). Literally: The second (hour) (point).
Kwadrans po drugiej.	(A) quarter after two. Literally: (A) quarter after the second (hour).
(W)pół do trzeciej.	Half past two. Literally: (A) half till the third (hour).
Za kwadrans trzecia.	(A) quarter to three. Literally: Within (after) a quarter of the third (hour).

LEKCJA CZTERNASTA — FOURTEENTH LESSON

Rozmowa telefoniczna — Telephone Conversation

1. *Dzień dobry! Czy zastałem (zastałam) pana Nowaka (panią Nowak)?*
2. *Dzień dobry! Nie, to jego żona (jej mąż). A z kim mam przyjemność?*
3. *Mówi Jan Kowalski (Janina Kowalska).*
4. *A, to pan Jan (pani Janina). Co nowego u Pana (Pani)?*
5. *Dziękuje, wszystko w porządku. Byłem (Byłam) z żoną (z mężem) przez dwa tygodnie na wczasach nad Morzem Czarnym.*
6. *Zazdroszczę Panu (Pani)! Tam tak ciepło, a tu tak zimno . . .*
7. *Tak, mnie i mężowi (żonie) żal było stamtąd wyjeżdżać. Bardzo się nam tam podobało.*
8. *Czy widzieli się Państwo z kimś ze znajomych?*
9. *Widzieliśmy się z Zarębskimi, którzy też tam spędzali wczasy.*
10. *Zdaje mi się, że ich znam. Czy oni są z Warszawy?*
11. *Mieszkali w Warszawie, a potem przenieśli się do Krakowa. Teraz mieszkają w Lublinie.*
12. *Tak, to ci sami. Już dawno do nas nie pisali, i nie wiemy, co u nich słychać.*

1. Good morning (Good afternoon)! Is Mr. (Mrs.) Novak in?
2. Good morning (Good afternoon)! No, this is his wife (her husband). And with whom am I (do I have the pleasure of) speaking?
3. This is John (Janet) Kowalski speaking.
4. Oh, that's (Mr.) John/(Mrs.) Janet. What's new with you?
5. Thanks, everything's okay. I was with my wife (husband) for two weeks on vacation near the Black Sea.
6. I envy you! There it's so warm, and/but here it's so cold . . .
7. Yes, my husband (wife) and I were sorry to be leaving (from) there. We liked it there very much.
8. Did you meet any (of your) acquaintances?
9. We met the Zarebskis, who also were spending (their) vacation there.
10. (It) seems to me that I know them. Are they from Warsaw?
11. They lived in Warsaw, and/but then they moved to Cracow. Now they live in Lublin.
12. Yes, they're (those are) the same (ones). They haven't written to us in a long time, and we don't know what's new with them.

13. *Muszą być bardzo zajęci.*	13. They must be very busy.
14. *A co u nich słychać?*	14. And what's new with them?
15. *Pan Zarębski był poważnie chory, ale już powoli wraca do zdrowia.*	15. Mr. Zarebski was seriously ill, but he's already slowly recovering.
16. *Tak, o tym wiemy. Za dużo pracował wieczorami w biurze, no i rozchorował się.*	16. Yes, we know about that. He was working too much in the office in the evenings, and so he fell ill.
17. *Tak, pracował nad różnymi projektami, a przecież mógł dać niektóre z nich do zrobienia innym pracownikom.*	17. Yes, he was working on various projects, and yet he could have given (could give) some of them to other employees to do.
18. *Ma Pan(i) słuszność. Niektórym ludziom się zdaje, że mogą wszystko zrobić sami.*	18. You are right. To some people (it) seems that they can do everything (by) themselves.
19. *Za to teraz Zarębscy odpoczną nad morzem, gdzie mają dobrych przyjaciół.*	19. On the other hand, the Zarebskis will rest (up) by the sea, where they have good friends.
20. *Dziękuję za wszystkie nowiny. Było mi miło porozmawiać z Panem (Panią). Do widzenia, i proszę pozdrowić męża (żonę).*	20. Thanks for all the news (items). It was pleasant for me to talk (a while) with you. Goodbye, and give my regards to your husband (wife).
21. *Dziękuję bardzo. Do widzenia!*	21. Thank you very much. Goodbye.

Słowniczek / Vocabulary

chory, -e, -a	sick, ill
dwa tygodnie	two weeks
który, które, która NOM. MASC. PL. **którzy**	which, who
miło ADV.	nicely
Morze Czarne	Black Sea
nad morzem INSTR.	by the sea (shore)
nad Morzem Czarnym	by the Black Sea (shore)
niektóry, niektóre, niektóra N. MASC. PL. **niektórzy**	some ADJ.
nowina M. PL. **nowiny**	news item, news

odpocząć PF. (FUT. **odpocznę, odpocznie, odpoczną)**	to rest up
poważnie	seriously, gravely
przyjaciele GEN., ACC. PL. **przyjaciół**	friends
porozmawiać PF.	to have a chat
pracownik N. MASC. PL. **pracownicy**	employee (male)
przecież	indeed, yet
przenieść się PF. (FUT. **przeniosę się, przeniesie się)**	to move (from one locality to another)
rozchorować się PF.	to fall ill, to become ill (sick)
różny, różne, różna N. MASC. PL. **różni**	various, different
sam, samo, sama N. MASC. PL. **sami**	(by) oneself, alone
słychać (no other form used)	one hears; it's heard (used about news, etc.)
spędzać (czas, wakacje, itd.)	to spend (time, a vacation, etc.)
stamtąd PRON. stam-**tont**	from there, thence
święta N. PL. of **święto**	holidays
telefoniczny, telefoniczne, telefoniczna	telephone ADJ.
wczasy PL. only	(paid) vacation
widzieć się z + INST.	to visit with
wieczorami INSTR. PL. of **wieczór**	(in the) evenings
w porządku	in order, all right, okay
wracać do zdrowia	to be recovering, to be regaining health
zajęty, zajęte, zajęta N. MASC. PL. **zajęci**	busy, occupied
zastać PF.	to find (at home)
żal	(it's) a pity
żal było (było żal)	it was a pity

Gramatyka Grammar

1 / THE DATIVE PLURAL OF NOUNS, ADJECTIVES, AND PERSONAL PRONOUNS The DATIVE PLURAL OF NOUNS in Polish has only one ending for all three genders: **-om**. This ending is added to the plural stem of the noun, as shown below:

MASC.	NEUT.	FEM.
*ojc***om**	*dzieci***om**	*matk***om**
*syn***om**		*córk***om**
*pan***om**		*pani***om**
*profesor***om**		*sekretark***om**
*braci***om**		*siostr***om**
*koni***om**		

The DATIVE PLURAL OF ADJECTIVES has the ending **-ym** (**-im**) for all genders. This ending also is added to the stem of the adjective (see below).

ALL GENDERS		
*mądr***ym**	*nasz***ym**	*tan***im**
*dobr***ym**	*t***ym**	*krótk***im**
*młod***ym**	*głup***im**	*dług***im**
*star***ym**	*drog***im**	*tak***im**
*now***ym**	*wysok***im**	

The DATIVE PLURAL OF PERSONAL PRONOUNS has the following forms (all ending in **-m**):

1 *na***m** (to) us **2** *wa***m** (to) you PL. **3** *i***m** (to) them

2 / THE POLITE FORM OF ADDRESS IN THE PLURAL The polite form of address in the PLURAL is used in reference to two or more persons of the same sex or two different sexes. There are actually three groups involved here, to wit:

MEN	WOMEN	MAN AND WOMAN MR. AND MRS. MEN AND WOMEN
*Pan***owie** gentlemen	*Pan***ie** ladies	*Pań***stwo** Mr. and Mrs. (ladies and gentlemen)

The complete declension of these polite forms of address in the PLURAL looks thus:

	MEN	WOMEN	BOTH SEXES[1]
N.	*Pan***owie**	*Pan***ie**	*Pań***stwo**
A.	*Pan***ów**	*Pan***ie**	
G.	*Pan***ów**	*Pań*	*Pań***stwa**

[1]Declined like a neuter noun in the singular.

	MEN	WOMEN	BOTH SEXES
D.	*Pan***om**	*Pani***om**	*Pań***stwu**
I.	*Pan***ami**	*Pani***ami**	*Pań***stwem**
L.	*Pan***ach**	*Pani***ach**	*Pań***stwu**

Examples of the use of *Państwo* (Mr. and Mrs.) are found in Lesson 14 (Conversation, Sentence 8).

Czy widzieli się Państwo z kimś ze znajomych?	Did you (Mr. and Mrs.) meet any (of your) acquaintances?

The word *proszę* (please) requires the polite form of address (both singular and plural) to be put in the GENITIVE case, e.g.:

*Proszę Pan***a** *(Pan***i***)* Please, Sir (Madam)
*Proszę Pan***ów** *(Pan***ie***)* Please, Sirs (Ladies)
*Proszę Pań***stwa** Please, Ladies and Gentlemen (or: Mr. and Mrs.)

3 / THE DECLENSION OF SURNAMES (FAMILY NAMES) IN POLISH Surnames (family names) are declined in Polish either like nouns or like adjectives, depending on their form in the NOMINATIVE SINGULAR. Examples follow:

SINGULAR

	MASC.	FEM.	MASC.	FEM.
N.	*Nowak*	*Nowak***owa**	*Kowalsk***i**	*Kowalsk***a**
A.	*Nowak***a**	*Nowak***ową**	*Kowalsk***iego**	*Kowalsk***ą**
G.	*Nowak***a**	*Nowak***owej**	*Kowalsk***iego**	*Kowalsk***iej**
D.	*Nowak***owi**	*Nowak***owej**	*Kowalsk***iemu**	*Kowalsk***iej**
I.	*Nowak***iem**	*Nowak***ową**	*Kowalsk***im**	*Kowalsk***ą**
L.	*Nowak***u**	*Nowak***owej**	*Kowalsk***im**	*Kowalsk***iej**

PLURAL

N.	*Nowak***owie**	*Nowak***owe**	*Kowalsc***y**	*Kowalsk***ie**
A.	*Nowak***ów**	*Nowak***owe**	*Kowalsk***ich**	*Kowalsk***ie**
G.	*Nowak***ów**	*Nowak***owych**	*Kowalsk***ich**	*Kowalsk***ich**
D.	*Nowak***om**	*Nowak***owym**	*Kowalsk***im**	*Kowalsk***im**
I.	*Nowak***ami**	*Nowak***owymi**	*Kowalsk***imi**	*Kowalsk***imi**
L.	*Nowak***ach**	*Nowak***owych**	*Kowalsk***ich**	*Kowalsk***ich**

4 / THE INSTRUMENTAL PLURAL OF NOUNS, ADJECTIVES, AND PERSONAL PRONOUNS The INSTRUMENTAL PLURAL OF NOUNS in Polish has only one ending for all three genders: **-ami**. This ending is added to the plural stem of the noun, as shown below:

MASC.	NEUT.	FEM.
*ojc***ami**	*morz***ami**	*matk***ami**
*syn***ami**	*zadani***ami**	*córk***ami**
*pan***ami**		*pani***ami**
*uczni***ami**		*uczennic***ami**

A small number of NOUNS, especially those whose stem ends in a soft consonant (**ć**, **dź**, **ń**, etc.) have the ending **-mi** in the INSTRUMENTAL PLURAL:

MASC.	NEUT.	FEM.
*brać***mi**	*dzieć***mi**	*nić***mi**
*koń***mi**		*dłoń***mi**
*ludź***mi**		

The INSTRUMENTAL PLURAL OF ADJECTIVES ends in **-ymi** (**-imi**) for all genders:

*mądr***ymi**	*now***ymi**	*głup***imi**	*krótk***imi**
*dobr***ymi**	*nasz***ymi**	*drog***imi**	*dług***imi**
*młod***ymi**	*t***ymi**	*wysok***imi**	*tak***imi**
*star***ymi**		*tan***imi**	

The INSTRUMENTAL PLURAL OF PERSONAL PRONOUNS has the following forms:

1	*n***ami**	(with/by) us
2	*w***ami**	(with/by) you
3	*n***imi**	(with/by) them

LEKCJA PIĘTNASTA

FIFTEENTH LESSON

Rozmowa

1. *Czy Pan(i) wie, co nowego u Kowalskich?*
2. *Tak, wielka nowina. Obie ich córki wychodzą za mąż.*
3. *To dobra nowina i dla córek, i dla rodziców. A może Pan(i) wie, za kogo one wychodzą?*
4. *Obie wychodzą za młodych Nowaków: jedna za Jana, a druga za Pawła.*
5. *A to dopiero! Jak się Pan(i) o tym dowiedział(a)?*
6. *O, przede mną one nie mają tajemnic.*
7. *Muszę pogratulować Kowalskim, bo jestem dobrym znajomym (dobrą znajomą) ich córek.*
8. *A ja synom Nowaków, bo zrobili dobry wybór. To dobre i ładne dziewczęta, a przy tym wykształcone.*
9. *A czy Kowalscy już ustalili datę ślubu obu córek?*
10. *Tego nie wiem, ale jutro się od nich dowiem. Dużo zależy od państwa Kowalskich, w których domu odbędzie się to podwójne wesele. Córki mi mówiły, że dom rodziców jest już prawie gotowy na przyjęcie gości. Na pewno będzie piękne wesele.*

Conversation

1. Do you know what's new at the Kowalskis?
2. Yes, great news. Both their daughters are getting married.
3. That's good news both for the daughters and for the parents. And perhaps you know whom they are marrying?
4. Both (girls) are marrying the young Novaks: one (girl) is marrying John and the other is marrying Paul.
5. Well, what do you know! How did you find out about it?
6. Oh, from me they do not keep (any) secrets.
7. I must congratulate (to) the Kowalskis, because I'm a close (good) acquaintance of their daughters.
8. And I (to) the sons of the Novaks, because they've made a good choice. These are good and attractive girls and, besides, (they're) well-educated.
9. And have the Kowalskis already set the date for the wedding of both daughters?
10. That I don't know, but tomorrow I'll find out from them. Much depends on Mr. and Mrs. Kowalski, in whose house this double wedding will take place. The daughters were telling me that their parents' house is almost ready for the reception

of guests. Surely there'll be a lovely wedding celebration.

11. *To znaczy, że do wesela już niedaleko.*	11. That means that the wedding (celebration) is not far off.
12. *Trzeba będzie poszukać jakichś ładnych prezentów ślubnych dla obu par.*	12. It'll be necessary to look for some nice wedding presents for both couples.
13. *Ja chyba kupię jakieś ładne lampy w jednym z wielkich domów towarowych.*	13. I will probably buy some pretty lamps in one of the large department stores.
14. *Ja chyba im kupię komplet naczyń kuchennych, bo to i praktyczne i zawsze się przyda w gospodarstwie.*	14. I will probably buy (for) them a set of kitchen utensils because that's both practical and (it) will always be of use in the household.
15. *A wie Pan(i), to dobra myśl!*	15. And you know, that's a good idea!
16. *Cieszę się, że Pan(i) jest tego samego zdania. A więc zobaczymy się na weselu.*	16. I'm glad that you are of the same opinion. And so we'll see each other at the wedding (celebration).

Słowniczek / Vocabulary

data	date (day, month, year)
data ślubu	wedding date, date of the wedding
dziewczyna N., A. PL. **dziewczęta**	girl
gospodarstwo L. SG. **w gospodarstwie**	household, housekeeping
gość G. PL. **gości**	guest
gotowy, -e, -a	ready
komplet	(a/the) set
krajowy, krajowe, krajowa	of the country
kuchenny, kuchenne, kuchenna	kitchen ADJ.
myśl	thought, idea
naczynie N. PL. **naczynia** G. PL. **naczyń**	utensil
na pewno	surely, for sure
niedaleko	not far (off)
nowina N. PL. **nowiny** G. PL. **nowin**	news
podwójny, podwójne, podwójna	double ADJ.
pogratulować, pogratuluję, pogratulują PF. + DAT.	to congratulate (someone)

prawie	almost
przed + INST.	in front of, before
przede mną PRON. prze-**dem**-ną	before me
przydać się PF.	to be of use
przyjęcie N. PL. **przyjęcia** G. PL. **przyjęć**	reception
ślub G. SG. **ślubu**	wedding (ceremony)
tajemnica N. PL. **tajemnice** G. PL. **tajemnic**	secret
trwały, trwałe, trwała	durable, lasting
ustalić (ustalę, ustali, ustalą) PF.	to set, to establish
wesele	wedding (celebration)
wychodzić (za mąż) za + ACC. (women only)	to be marrying (someone), to be getting married
wyjść (za mąż) za PF. + ACC. (women only)	to marry (someone), to get married
wykształcony, -e, -a N., A. PL. FEM. **wykształcone**	educated, well-educated
zależeć od + GEN.	to depend on
zarówno . . . jak . . . used of nouns only	both . . . and . . .
zdanie N. PL. **zdania** G. PL. **zdań**	sentence, opinion
znaczyć	to mean, signify

Gramatyka Grammar

1 / THE GENITIVE PLURAL OF NOUNS, ADJECTIVES, AND PERSONAL PRONOUNS The GENITIVE PLURAL OF NOUNS has several forms, which could be classified as follows:

(a) The GEN. PL. in **-ów** characteristic of MASCULINE NOUNS ending in a NON-PALATAL (hard) consonant.

(b) The GEN. PL. in **-i** characteristic of MASC. and FEM. NOUNS ending in a PALATAL (soft) consonant.[1]

(c) The so-called "zero ending," i.e., the original stem of the noun (characteristic of most NEUT. and FEM. NOUNS). When the original stem ends in a certain pair of dissimilar consonants (e.g., **rk**), the vowel **-e-** is inserted between these two consonants, as in *có***rk**, which becomes *có***rek**.

[1]The neuter noun *dziecko* (child) has the **-i** form in N., G., A., PL.: *dzieci*.

-ów PRON. -uf MASC. NOUNS ONLY	**-i** MASC. AND FEM. NOUNS		"ZERO ENDING" NEUT. AND FEM. NOUNS	
*rodzic***ów**	*goś***ci**	*koś***ci**	*jezior*	*fabryk*
*dziadk***ów**	*bra***ci**	*ni***ci**	*piór*	*tajemnic*
*Nowak***ów**	*kon***i**	*kole***i**	*miast*	*klas*
*syn***ów**			*pól*	*lamp*
*prezent***ów**			*miejsc*	*par*
*dom***ów**			*naczyń*	*pań*
*ps***ów**			*zadań*	*córek*
*kot***ów**				*panien*

The ending of the GENITIVE PLURAL OF ADJECTIVES (all genders) is the same as the ending of the LOCATIVE PLURAL, i.e., **-ych** (**-ich**). Examples follow:

-ych		**-ich**	
*młod***ych**	*ładn***ych**	*Kowalsk***ich**	*brzydk***ich**
*dobr***ych**	*najlepsz***ych**	*głup***ich**	*drog***ich**
*bogat***ych**	*kuchenn***ych**	*tan***ich**	*tak***ich**

The form of the GENITIVE PLURAL OF PERSONAL PRONOUNS is the same as that of the LOCATIVE PLURAL: G. LOC. PL. *nich*. This form is never used alone but is always preceded by a preposition, as shown in the examples below:

bez/dla/do/od/na/przy/u **nich**

The stress is on the preposition here.

2 / THE VERB "TO MARRY" IN POLISH In Polish, as in most Slavic languages, there are two expressions meaning "to marry":

(a) *Wychodzić/wyjść za mąż* (*za* with the ACC. case): to be marrying/to marry (a man).

(b) *Żenić się/ożenić się* (*z* with the INST. case): to be marrying/to marry (a woman).

These expressions are idiomatic in Polish, and it is only possible to use the first expression to mean that a woman marries a man, and the second one to mean that a man marries a woman (the approximate English equivalents are, respectively, "to take a husband" and "to take a wife"). A few examples will make this point clearer:

(a)	*Zofia* **wychodzi za mąż za** *Jana.*	Sophia **is marrying** John.
	Obie córki **wychodzą za mąż**.	Both daughters **are getting married**.

(b) *Jan* **żeni się z** *Zofią.*	John **is marrying** Sophia.
Obaj synowie **się żenią.**	Both sons **are getting married.**

3 / SPECIAL USES OF THE GENITIVE PLURAL IN POLISH The use of the GENITIVE PLURAL follows, in the main, the rules governing the use of the GENITIVE SINGULAR. There are, however, some special uses of this case after the Polish equivalents of the English "many," "a few," "a set (of)." This can be illustrated by the following examples:

*dużo student***ów**/*student***ek** many **students/co-eds**
*przez parę dn***i** for several **days**
*komplet naczyń kuchenn***ych** a set **of kitchen utensils**

4 / EXPRESSIONS DENOTING NECESSITY The common verbal form denoting necessity is *trzeba* (it's necessary). The PAST and FUTURE TENSES, respectively, are formed with the aid of the corresponding forms of the verb *być* (to be):

PAST	FUTURE
trzeba **było** **it was** necessary	*trzeba* **będzie** **it will be** necessary

(The reversed word order in the above constructions is usual but not obligatory; the normal word order, *było/będzie trzeba*, is occasionally found in some expressions.)

Both *trzeba* and its PAST and FUTURE TENSE forms must be followed by the INFINITIVE form of another verb, if another verb is used: *trzeba będzie* **poszukać** (it'll be necessary **to look for**).

LEKCJA SZESNASTA

Na dworcu kolejowym

1. *Czy może mi Pan(i) powiedzieć, o której mam pociąg do Gdyni?*
2. *A czym chce Pan(i) jechać: pociągiem osobowym, pospiesznym czy ekspresem?*
3. *Wolałbym (Wolałabym) jechać ekspresem, ale ile kosztuje bilet?*
4. *Kosztuje tyle samo, ile bilet pierwszej klasy pociągu pospiesznego, ale płaci Pan(i) dodatkowo za miejscówkę. W ekspresach zawsze trzeba rezerwować miejsca.*
5. *A jeśli bym chciał(a) jechać wagonem sypialnym?*
6. *Za miejsce w wagonie sypialnym musiałby (musiałaby) Pan(i) zapłacić dodatkowo, ale za to jechałby (jechałaby) Pan(i) bardzo wygodnie.*
7. *Chyba tak zrobię. Z jakiego dworca i o której godzinie odchodzi ekspres?*
8. *Ekspres odchodzi z Warszawy Głównej o dwudziestej siedem.*
9. *A o której przychodzi do Gdyni?*
10. *Przychodzi do Gdyni o drugiej trzydzieści.*
11. *Świetnie! W takim razie proszę o bilet pierwszej klasy i o miejsce w wagonie sypialnym. Ile to razem będzie kosztowało?*

SIXTEENTH LESSON

At a Railroad Station

1. Can you tell me at what time I've a train to Gdynia?
2. And by what (means) do you want to travel: by passenger (and mail) train, by fast train, or by express (train)?
3. I'd prefer to travel by express (train), but how much does the ticket cost?
4. It costs the same as a first-class ticket on a fast train, but you pay additionally for a reserved seat ticket. On express trains it's always necessary to reserve seats.
5. And if I'd want to travel by sleeping car?
6. For a sleeping car accommodation you would have to pay additionally, but, on the other hand, you would travel very comfortably.
7. Probably I'll do so. From what station and at what time does the express (train) leave?
8. The express (train) leaves from the Main Warsaw Station at 8:07 P.M.
9. And at what time does it arrive in Gdynia?
10. It arrives in Gdynia at 2:30 A.M.
11. Splendid! Then (In such a case) please (give me) a first-class ticket and a sleeping car accommodation. How much will it cost in total (together)?

12. *240 zł. (Dwieście czterdzieści złotych).*	12. 240 zl. (two hundred forty zlotys).
13. *Czy może Pan(i) rozmienić 500 (pięćset) złotych?*	13. Can you change for me 500 (five hundred) zlotys?
14. *Proszę bardzo. Tu jest 260 (dwieście sześćdziesiąt) złotych reszty.*	14. Here is 260 (two hundred sixty) zlotys (of) change.
15. *Dziękuję bardzo!*	15. Thanks a lot!
16. *Proszę bardzo. Życzę Panu (Pani) przyjemnej podróży.*	16. You're very welcome. I wish (to) you a pleasant trip.
17. *Dziękuję bardzo!*	17. Thanks a lot!

Słowniczek	Vocabulary
bilet G. SG. **biletu**	ticket
cena	price
chciałby, chciałaby	(he/she/you) would like
dodatkowo	additionally
dworzec G. SG. **dworca** L. SG. **na dworcu**	railroad station
ekspres	express (train)
ile	how much, how many
jeśli	if
kosztować (kosztuje, kosztują)	to cost
miejscówka	(reserved) seat ticket
odchodzić (odchodzę, odchodzi odchodzą)	to depart, to leave
pierwsza klasa G. SG. **pierwszej klasy**	first class (on trains)
pociąg osobowy	passenger (and mail) train
pociąg pospieszny	fast train
podróż F.	trip
przychodzić (przychodzę, przychodzi, przychodzą)	to come, to arrive
razem	together, (in) total
reszta	remainder, (money) change
rezerwować	to reserve
rozmienić PF.	to change (money)
świetnie	splendid(ly)
tyle samo, ile . . .	the same (amount) as . . . , just as much as
wagon G. SG. **wagonu** INSTR. SG. **wagonem**	(railroad) car

wagon sypialny INST. SG. **wagonem sypialnym**	sleeping car
wcześnie	early ADV.
więcej COMP. of **dużo** or **wiele**	more
wolałbym/wolałabym	I'd prefer
woleć (wolę, woli, wolą)	to prefer
wygodnie	comfortably
zapłacić (zapłacę, zapłaci, zapłacą) PF.	to pay (in full)
zrobić (zrobię, zrobi, zrobią) PF.	to do, to make

Gramatyka Grammar

1 / THE CONDITIONAL MOOD AND ITS USES The CONDITIONAL MOOD, examples of which are found in the Conversation part of this lesson, is used in Polish:

(a) to express a polite request;

(b) to express a wish which may or may not come true;

(c) to express a statement contrary to fact or based on an unreal condition.

The CONDITIONAL MOOD is characterized by the suffix **-by** added to PAST TENSE forms of a given verb. Except for the MASCULINE and FEMININE forms of the 3RD PERSON SINGULAR and PLURAL, which have no special ending after the suffix **-by**, the personal endings of the remaining persons (SINGULAR and PLURAL) follow the suffix **-by** and are written together with it (see below).

The following table lists the endings for all the three persons, SINGULAR and PLURAL, of the CONDITIONAL MOOD (these endings are added to the basic forms of the PAST TENSE, i.e., those of the 3RD PERSON SG. and PL., MASC., NEUT. or FEM. form.)

	MASC.	NEUT.	FEM.
		SING.	
1	**-bym**		**-bym**
2	**-byś**		**-byś**
3	**-by**	**-by**	**-by**
		PL.	
1	**-byśmy**		**-byśmy**
2	**-byście**		**-byście**
3	**-by**	**-by**	**-by**

We will note immediately that these endings are the same for all three genders. Consequently, it is possible to make the following statements:

1. **-bym** is the ending of the FIRST PERSON SINGULAR OF THE COND. MOOD;
2. **-byś** is the ending of the SECOND PERSON SINGULAR OF THE COND. MOOD;
3. **-by** is the ending of the THIRD PERSON SINGULAR and PLURAL OF THE COND. MOOD;
4. **-byśmy** is the ending of the FIRST PERSON PLURAL OF THE COND. MOOD;
5. **-byście** is the ending of the SECOND PERSON PLURAL OF THE COND. MOOD.

Let us now turn to the three common uses of the CONDITIONAL MOOD. Examples of these follow:

(a) POLITE REQUEST

*Czy zechciał***by** *Pan . . .?* **Would you** (be so kind) . . .?
*Czy mógł***by** *Pan . . .?* **Could you** (kindly) . . .?
*Czy chciała***by** *Pani . . .?* **Would you like** to . . .?
*Czy poszli***byście** *. . .?* **Would you go** . . .?
*Chciał***bym** *Pana prosić/poprosić . . .* **I'd like** to ask you . . .

The endings of the CONDITIONAL MOOD, although written together with the verb, are never stressed in Polish and they do not cause any shift in the stress of the main verb. The stress remains on the next-to-the-last syllable of the PAST TENSE form of a given verb, e.g.: **ze***chciałby,* **chcia***łaby,* **po***szlibyście.*

(b) A WISH THAT MAY OR MAY NOT COME TRUE

*Chciał***bym** *mieć dużo pieniędzy.* **I'd like** to have plenty of money.
*Wolał***bym** *pojechać nad morze.* **I'd prefer** to go to the seashore.
*Chcieli***byśmy** *skończyć studia.* **We'd like** to finish (our) studies.

(c) A STATEMENT CONTRARY TO FACT OR BASED ON AN UNREAL CONDITION

*Było***by** *dobrze . . .* **It would be** good . . .
*Mieli***byśmy** *teraz pieniądze . . .* **We'd have** *money now . . .*
Jeśli **bym** *miał pieniądze,* If I had (i.e., **would have**) money,
*poszedł***bym** *do kina.* **I'd go** to the movies.

Note: In conditional sentences based on an unreal condition, a form of **-by-** comes directly after *jeśli* (if). The **-by-** is never stressed, e.g., **je***śli bym.*

2 / THE FORM OF THE GENITIVE PLURAL OF NOUNS AFTER CERTAIN CONSONANTS MASCULINE and FEMININE NOUNS whose stems end in **-c**, **-cz**, **-sz**, **-rz**, **-ż**, form their GENITIVE PLURAL with the aid of the **-y** ending, added to the stem of a given noun. Examples follow:

MASC.		FEM.	
NOM. SING.	GEN. PL.	NOM. SING.	GEN. PL.
koc blanket	*koc***y**	*noc* night	*noc***y**
gracz player	*gracz***y**	*rzecz* thing	*rzecz***y**
kosz basket	*kosz***y**	*mysz* mouse	*mysz***y**
talerz plate	*talerz***y**	*twarz* face	*twarz***y**
nóż knife	*noż***y**	*podróż* journey	*podróż***y**

Note: This applies only to those masculine and feminine nouns that have a "zero" ending, i.e., consist of just the stem ending in one of the above consonants, in their NOM. SG. form.

LEKCJA SIEDEMNASTA

SEVENTEENTH LESSON

Krótkie Dialogi

Short Dialogues

A: NOWOPRZYBYŁY/NOWOPRZYBYŁA
B: MIEJSCOWY/MIEJSCOWA

A: NEWCOMER (MAN/WOMAN)
B: LOCAL (MAN/WOMAN)

Na dworcu

A: *Przepraszam, gdzie jest postój taksówek?*
B: *Przed dworcem, po drugiej stronie ulicy.*
A: *Dziękuję bardzo!*
B: *Proszę bardzo!*

At the Station

A: Excuse (me), where is the taxi stand?
B: In front of the station, on the other side of the street.
A: Thanks a lot!
B: You're very welcome.

W mieście

A: *Czy może mi Pan(i) powiedzieć, gdzie się mieści biuro podróży "ORBIS"?*
B: *W centrum miasta, na parterze tego nowego hotelu.*
A: *Dziękuję bardzo!*
B: *Proszę bardzo!*

In the City

A: Can you tell me where the "ORBIS" travel bureau is located?
B: In the center of the city, on the ground floor of this new hotel.
A: Thanks a lot!
B: You're very welcome.

Na przystanku autobusowym

A: *Proszę Pana (Pani), czy ten autobus jedzie na Stare Miasto?*
B: *Ten nie jedzie. Musi Pan(i) wsiąść do autobusu Nr. 111 (numer sto jedenaście) i przesiąść się na autobus Nr. 116 (numer sto szesnaście), który dowiezie Pana (Panią) na miejsce.*
A: *A gdzie mam się przesiąść?*
B: *Na rogu Alei Jerozolimskich i Nowego Światu.*

At a Bus Stop

A: Please, Sir (Madam), (can you tell me) does this bus go to the Old Town?
B: This one doesn't. You have to get on the No. 111 (number one hundred eleven) bus and transfer to the No. 116 (one hundred sixteen) bus which will get you to (that) place.
A: And where do I have to transfer?
B: At the corner of Jerusalem Avenue and (of) New World (Street).

A: *Czy można kupić bilet w autobusie?*
A: Is it possible to buy a ticket on the bus?

B: *Nie, trzeba go kupić w kiosku "Ruchu," bo wo autobusach nie ma konduktorów.*
B: No, it's necessary to buy it at a "Ruch" stand, because on the buses there aren't (any) conductors.

A: *A więc pasażer sam kasuje bilet?*
A: And so, does a passenger himself/herself cancel the ticket?

B: *Tak, w kasowniku umieszczonym w autobusie.*
B: Yes, in a canceling machine placed in the bus.

A: *Bardzo Panu (Pani) dziękuję za te informacje.*
A: I thank you very much for (all) this information.

B: *Bardzo proszę!*
B: You are very welcome.

Przed Kioskiem "Ruchu"

At a "Ruch" Stand

C: SPRZEDAWCA/SPRZEDAWCZYNI
C: VENDOR (MAN/WOMAN)

A: *Proszę o dziesięć biletów autobusowych.*
A: Please (give me) ten bus tickets.

C: *Normalnych czy ulgowych?*
C: Regular or reduced-rate?

A: *Normalnych.*
A: Regular (ones).

C: *Na zwykły autobus czy na pospieszny?*
C: For a local or express (bus)?

A: *Na zwykły. A ile kosztują na pospieszny?*
A: For a local (one). And how much do they cost for an express (bus)?

C: *Na zwykły l zł. 50 gr. (jeden złoty pięćdziesiąt groszy), a na pospieszny 3 zł.*
C: For a local (they cost) 1 zl. 50 gr. (one zloty fifty groszy), and for an express 3 zl. (three zlotys).

A: *To proszę mi dać pięć na zwykły i pięć na pospieszny.*
A: Then please give me five for a local and five for an express.

C: *To będzie razem 22 zł. 50 gr. (dwadzieścia dwa złote pięćdziesiąt groszy).*
C: That will be in total 22 zl. 50 gr. (twenty-two zlotys fifty groszy).

A: *Proszę, oto pieniądze.*
A: Here you are (Here's the money).

B: *Dziękuję!*
B: Thank you.

Zapytanie o drogę do konsulatu amerykańskiego

Asking About the Way to the American Consulate

A: *Przepraszam, gdzie jest konsulat amerykański?*
A: Excuse me, where is the American Consulate?

B: *Ulica Piękna 12 (dwanaście), przy Alejach Ujazdowskich.*
B: 12 (twelve) Piekna Street, at Ujazdowskie Avenue.

A: *A jak tam można dojechać?*

B: *Autobusem 116 (sto szesnaście), 122 (sto dwadzieścia dwa), lub 179 (sto siedemdziesiąt dziewięć).*

A: *Dziękuję bardzo!*

B: *Proszę bardzo!*

A: And how can one get there (by vehicle)?

B: By bus (line) 116 (one hundred sixteen), 122 (one hundred twenty-two), or 179 (one hundred seventy-nine).

A: Thanks a lot!

B: You're very welcome.

Zapytanie o ulicę

A: *Czy Pan(i) wie, gdzie jest ulica Kredytowa?*

B: *To niedaleko. Pójdzie Pan(i) Mazowiecką do Placu Dąbrowskiego, a potem skręci Pan(i) na lewo.*

A: *Dziękuję bardzo!*

B: *Proszę bardzo!*

Asking About a Street

A: Do you know where Kredytowa Street is?

B: That isn't far. You will go along Mazowiecka Street as far as Dabrowski Square, and then you will turn (to the) left.

A: Thanks a lot!

B: You're very welcome.

Bar mleczny

A: *Przepraszam Pana (Panią), czy mógłby/mogłaby mi Pan(i) powiedzieć, gdzie mógłbym/mogłabym zjeść obiad?*

B: *Może Pan(i) pojść do restauracji albo do baru mlecznego.*

A: *Mam bardzo mało czasu. Gdzie zjem szybciej?*

B: *W barze mlecznym. Jest tam samoobsługa. Idę w stronę baru, to Pana (Panią) zaprowadzę.*

A: *Dziękuję serdecznie. Jest Pan(i) bardzo uprzejmy (uprzejma).*

B: *To drobiazg. A oto i bar.*

A: *Czy mógłby/mogłaby mi Pan(i) doradzić, co mam zamówić? Nie znam nazw polskich potraw.*

B: *Radzę Panu (Pani) wziąć*

A Dairy Bar

A: Excuse me, Sir (Madam), could you tell me where I could eat lunch/dinner?

B: You can go to a restaurant or to a dairy bar.

A: I have very little time. Where will I eat quicker (more quickly)?

B: In a dairy bar. There's self-service there. I'm going (walking) in the direction of the bar so I'll take you there.

A: Thank you kindly. You are very helpful (i.e., kind).

B: Don't mention it (It's a trifle). And here's the bar.

A: Could you suggest (i.e., advise) (to) me what I should order? I don't know the names of Polish dishes.

B: I suggest (to) you (to) take red

czerwony barszcz z pasztecikiem, albo chłodnik i pierogi z kapustą albo naleśniki z serem. Na deser może Pan(i) zamówić galaretkę owocową albo budyń z sokiem.

beet soup with a patty, or cold soup and cabbage dumplings, or cheese blintzes. For dessert you can order fruit jelly or pudding with fruit syrup.

A: *A co mógłbym/mogłabym wziąć do picia?*

A: And what could I take to drink?

B: *Może kefir albo jogurt. Jest też biała kawa i mleko. A może Pan(i) woli wodę mineralną?*

B: Perhaps kefir or yogurt. There's also coffee with cream, and milk. And/But perhaps you prefer mineral water?

A: *Chyba zamówię kefir. Bardzo Panu (Pani) dziękuję za pomoc.*

A: Perhaps I'll order kefir. I thank you very much for your help.

B: *Bardzo proszę. Było mi miło Pana/Panią poznać.*

B: You are very welcome. It was a pleasure (for me) to meet you.

W budynku biurowym

In an Office Building

C: URZEDNIK BIUROWY/URZEDNICZKA BIUROWA

C: A (MALE/FEMALE) OFFICE EMPLOYEE

A: *Przepraszam, gdzie tu jest informacja?*

A: Excuse me, where is the information office here?

C: *W korytarzu na lewo. A czego Pan(i) szuka?*

C: In the corridor to the left. And what are you looking for?

A: *Mam się zgłosić do Biura Współpracy z Zagranicą.*

A: I have to report to the Office for Cooperation with Abroad.

C: *To na pierwszym piętrze. Proszę pójść korytarzem na lewo, a potem skręcić na prawo. To są zdaje się trzecie drzwi w tym korytarzu.*

C: That's on the first floor. Please go along the corridor to the left, and then turn to the right. I think (It seems) it's the third door in this corridor.

A: *Dziękuję bardzo.*

A: Thanks a lot.

C: *Proszę bardzo.*

C: You're very welcome.

W Biurze Współpracy z Zagranicą

At the Office for Cooperation with Abroad

C: *Czym mogę Panu (Pani) służyć?*

C: What can I do for you?

A: *Chciałbym/Chciałabym zacząć studia w Polsce. Jakie starania muszę podjąć?*

A: I'd like to start (my) studies in Poland. What steps must I take?

C: *Czy Pan(i) przyjechał(a) prywatnie i na jak długo?*

C: Did you come (i.e., arrive) as a private person and for how long?

A: *Przyjechałem (Przyjechałam) prywatnie na trzy miesiące.*

A: I came as a private person for three months.

C: *Dam Panu (Pani) dwa formularze: podanie o przyjęcie na studia wyższe w Polsce, i podanie o stypendium. Po wypełnieniu tych formularzy proszę je przynieść do mnie, a ja Panu (Pani) powiem, co dalej czynić.*

C: I'll give you two forms: an application for acceptance for higher studies in Poland, and an application for a scholarship. After filling out these forms, please bring them to me, and I will tell you what to do further.

A: *Dziękuję bardzo. Do widzenia!*

A: Thanks very much. Goodbye!

Słowniczek — Vocabulary

Słowniczek	Vocabulary
biały, białe, biała	white
biuro	office
biuro podróży	travel office, travel bureau
czerwony, czerwone, czerwona	red
deser G. SG. **deseru**	dessert
długo	long ADV.
dojechać (dojadę, dojedzie, dojadą) PF.	to get (to a destination)
dowieźć (dowiozę, dowiezie, dowiozą) PF.	to transport (someone)
drobiazg	trifle
formularz N. PL. **formularze**	form; (application) blank
informacja N. PL. **informacje**	information
kapusta	cabbage
kasować (kasuję, kasuje, kasują)	to cancel
kasownik L. SG. **w kasowniku**	canceling machine
kawa	coffee
krótki, -e, krótka	short ADJ.
mleko	milk
naleśnik	pancake, blintz
parter L. SG. **na parterze**	ground floor, first floor
pierog N. PL. **pierogi**	dumpling
plac	(public) square
postój taksówek	taxi stand
potrawa G. PL. **potraw**	dish
przepraszam	excuse (me)
przesiąść się na PF. + ACC.	to transfer (to)
przynieść (przyniosę, przyniesie, przyniosą) PF.	to bring; to have brought

przystanek L. SG. **na przystanku**	(streetcar/bus) stop
róg L. SG. **na rogu**	(street) corner
serdecznie	cordially, kindly ADV.
skręcić (skręcę, skręci, skręcą) PF.	to turn
służyć + DAT.	to serve, to help (someone)
starania	steps, efforts
szybciej COMP. of **szybko**	quicker, more rapidly ADV.
umieszczony, umieszczone, umieszczona	placed P.P.
wsiąść do PF.	to board (a vehicle)
współpraca	cooperation
wypełnienie	filling out V.N.
zacząć (zacznę, zacznie, zaczną) PF.	to begin
zagranica	foreign country, abroad
zamówić (zamówię, zamówi, zamówią) PF.	to order
zaprowadzić (zaprowadzę, zaprowadzi, zaprowadzą) PF.	to take (someone somewhere)
zgłosić się (zgłoszę się, zgłosi się, zgłoszą się) PF.	to report (to)
zjeść (zjem, zje, zjedzą) PF.	to eat (a meal)

LEKCJA OSIEMNASTA — EIGHTEENTH LESSON

Rozmowa — Conversation

Rozmowa	Conversation
1. *Którego dziś mamy?*	1. What day (of the month) is it today?
2. *Dwudziestego siódmego.*	2. The twenty-seventh.
3. *Czerwca czy lipca?*	3. Of June or of July?
4. *Lipca, oczywiście.*	4. Of July, of course.
5. *Wie Pan(i), jak ten czas leci! Już prawie koniec lata.*	5. You know, how this time flies! (It's) almost the end of summer.
6. *No nie, bo lato trwa do dwudziestego pierwszego września.*	6. Well, no, because summer lasts till the twenty-first of September.
7. *Tak, to mnie pociesza. Zresztą jadę na wakacje w sierpniu.*	7. Yes, that comforts me. Besides, I'm going on vacation in August.
8. *Którego Pan(i) wyjeżdża?*	8. On what day are you leaving?
9. *Prawdopodobnie piętnastego sierpnia. A dlaczego Pan(i) pyta?*	9. Probably on the fifteenth of August. And why are you asking?
10. *Gdyby Pan(i) wyjeżdżał(a) czternastego, moglibyśmy pojechać razem.*	10. If you would leave on the fourteenth, we could travel together.
11. *A jaki to dzień tygodnia?*	11. And what day of the week is it?
12. *Zdaje mi się, że sobota.*	12. (It) seems to me that it's a Saturday.
13. *W sobotę muszę jeszcze kupić parę rzeczy, bo w niedzielę sklepy są zamknięte.*	13. On Saturday I still have to buy a few things because on Sunday the stores are closed.
14. *To wielka szkoda! Może innym razem . . .*	14. That's a great pity! Perhaps some other time . . .
15. *Gdyby Panu (Pani) zależało na widzeniu się ze mną, będę w Warszawie między dwudziestym a dwudziestym drugim sierpnia.*	15. If it should matter to you to see me, I'll be in Warsaw between the twentieth and the twenty-second of August.
16. *A gdzie się Pan(i) zatrzyma, jeśli można wiedzieć?*	16. And where will you stay, if one may know?
17. *W Hotelu Europejskim. To w samym śródmieściu.*	17. In the European Hotel. That's in the very center of the city.

18. *Tak, wiem, bo niedaleko od tego hotelu mieszka mój wuj.*	18. Yes, I know, because not far from that hotel lives my uncle.
19. *Czytałem (Czytałam) w gazecie, że Pana (Pani) wuj zajmuje wysokie stanowisko w Urzędzie Rady Ministrów.*	19. I've read in a paper that your uncle occupies a high post in the Office of the Council of Ministers.
20. *Nie, to inny wuj. Ten, o którym Pan(i) mówi, był oficerem Armii Polskiej w czasie ostatniej wojny, a teraz jest w stanie spoczynku.*	20. No, that's another uncle. The one about whom you are speaking was an officer of the Polish Army during the last war, and now he's retired (is on inactive duty).
21. *A czy Pan(i) pamięta, w którym roku skończyła się ostatnia wojna?*	21. And do you remember in what year the last war ended?
22. *Oczywiście! Skończyła się w roku 1945 (tysiąc dziewięćset czterdziestym piątym). Jak ten czas leci!*	22. Of course! It ended in the year 1945 (nineteen hundred forty-five). How time flies!
23. *Istotnie . . . No to zobaczymy się w Warszawie.*	23. Indeed . . . Well, then we'll see each other in Warsaw.
24. *Dwudziestego pierwszego sierpnia, jeśli nic się nie zmieni.*	24. On the twenty-first of August, if nothing changes (will change).
25. *Mam nadzieję, że nie. Jeśli się coś zmieni, przyślę telegram.*	25. I hope (it does) not. If something changes (will change), I'll send a telegram.
26. *A zatem do zobaczenia w Warszawie.*	26. And so, till seeing each other in Warsaw.

Słowniczek / Vocabulary

czerwiec G. SG. **czerwca**	June
inny, inne, inna	another, different
innym razem	(some) other time, another time
lato G. SG. **lata**	summer
lecieć (lecę, leci, lecą)	to fly, to be flying
lipiec G. SG. **lipca**	July
ostatni, -e, -a	last ADJ.
przysłać (przyślę, przyśle, przyślą) PF.	to send
razem	together
rzecz F. N., A. PL. **rzeczy**	thing

sierpień G. SG. **sierpnia**	August
skończyć się	to end INTRANS.
stan	state, condition
stan spoczynku	inactive duty, inactive list (literally: a state of rest)
stanowisko	position, post
szkoda	damage, a pity
śródmieście LOC. SG. **w śródmieściu**	center of city, downtown section
temu DAT. SG. of **to**	ago
trwać	to last
urząd L. SG. **w urzędzie**	(government) office
wojna	war
wrzesień G. SG. **września**	September
w stanie spoczynku	on inactive list
wyjeżdżać	to be leaving, departing (by vehicle)
zależeć na + LOC.	to care for, to matter to
zamknięty, zamknięte, zamknięta	closed ADJ.
zatrzymać się PF.	to stay, to stop
zatem	so, then
zmienić się PF.	to change INTRANS.
zobaczyć się PF.	to see each other

Gramatyka Grammar

1 / USE OF CASES WITH DAYS, MONTHS, YEARS The GENITIVE case is used with days and months as follows:

(a) To indicate THE DAY OF THE MONTH, e.g.:

*Któr***ego** *dziś mamy?* What day (of the month) is it today? (literally: **Of which** do we have today?)

*Dwudziest***ego** *siódm***ego** *czerwc***a**. The twenty-seventh of June. (literally: **Of** the seventh **of** the twentieth **of** June)

(b) To indicate that something takes place (took place, will take place) ON A CERTAIN DAY OF THE MONTH, e.g.:

*Wyjeżdżam piętnast***ego** *sierpni***a**. I'm leaving on the fifteenth of August. (literally: . . . **of** the fifteenth . . .)

*Zobaczymy się dwudziest***ego** *pierwsz***ego**. We'll see each other on the twenty-first. (literally: . . . **of** the twentieth, **of** the first)

The INSTRUMENTAL case is used with DAYS AND MONTHS (as well as years) when accompanied by the preposition *między* (between), e.g.:

Będę w Warszawie **między** *dwudziest***ym** *a dwudziest***ym** *drug***im** *sierpnia.*	I'll be in Warsaw **between** the **twentieth** and the **twenty-second** of August.

The PREPOSITIONAL case, together with the preposition *w (we)* (in), is used with MONTHS AND YEARS as follows:

(a) To indicate that something takes place (took place, will take place) IN A CERTAIN MONTH:

Lato kończy się **we** *wrześni***u**.	Summer ends **in September**.
Miałem urlop **w** *czerwc***u**.	I had (my) vacation **in June.**
Będę w Warszawie **w** *sierpni***u**.	I'll be in Warsaw **in August**.

(b) To indicate that something takes place (took place, will take place) IN A CERTAIN YEAR:

Druga wojna światowa skończyła się **w** *rok***u** *1945 (tysiąc dziewięćset czterdziest***ym** *piąt***ym**.*)*	The Second World War ended **in the year** 1945 (nineteen hundred and **forty-five**). (literally: one thousand nine hundred forty-fifth).

Note: Only the last two digits of a compound numeral are declined, adjective-like, as ordinal numerals.

2 / USE OF NUMERALS WITH THE NOUN rok (year) (PL. **lata)** When we count years, we do not use the noun *rok* (year) except with the numeral *jeden* (one), as in *jeden rok* (one year). Beyond the numeral *jeden* we use the appropriate case of the plural of the noun *lato* (summer) according to the following rules:

(a) For numerals FROM TWO TO FOUR INCLUSIVE, WE USE *lata* (N. PL. of *lato*).
(b) For numerals BEYOND FOUR we use *lat* (G. PL. of *lato*).
Thus we will have:

dwa, trzy, cztery **lata**	two, three, four **years**
pięć, sześć, siedem **lat**	five, six, seven **years**
dwadzieścia, trzydzieści, czterdzieści, pięćdziesiąt, sześćdziesiąt **lat**	twenty, thirty, forty, fifty, sixty **years**

sto, dwieście, trzysta, czterysta, pięćset, sześćset, siedemset **lat**	hundred, two hundred, three hundred, four hundred, five hundred, six hundred, seven hundred **years**

Note: In compound numerals, Rule **(a)** or **(b)** is observed, depending on whether a numeral ends in 2, 3, 4, or 5 or more. Rule **(b)** applies also to compound numerals ending in 1. Examples follow:

dwadzieścia jeden **lat**	twenty-one **years**
dwadzieścia dwa **lata**	twenty-two **years**
dwadzieścia pięć **lat**	twenty-five **years**

The usual question asked about one's age is *Ile Pan(i) ma* **lat**? How old are you? (Literally: How many **years** do you have?)

3 / USE OF TENSES IN CONDITIONAL SENTENCES REFERRING TO THE FUTURE In conditional sentences referring to the future, both the subordinate clause (beginning with *jeśli* (if) and the main clause are in the FUTURE TENSE, as exemplified by Sentence 24 in the Conversation part of this lesson:

Zobaczymy się *dwudziestego pierwszego, jeśli nic* **się** *nie* **zmieni.**	**We'll see each other** on the twenty-first if nothing changes (**will change**).

LEKCJA DZIEWIETNASTA NINETEENTH LESSON

Rozmowa

ROZMOWA TOCZY SIĘ W KRAKOWIE. UCZESTNICZĄ W NIEJ TRZY OSOBY: A: MARIA B: ANDRZEJ C: ZYGMUNT.

A: *No to co, Zygmunt? Pojedziesz z nami dwudziestego dziewiątego do Warszawy?*

C: *Oczywiście, chętnie z wami pojadę.*

B: *Tyś zapomniał, Zygmunt, że my teraz mamy dwa samochody. Ty będziesz prowadził jeden, a ja drugi.*

A: *No i oczywiście zabierzesz ze sobą żonę.*

C: *Więc pojedziemy we czworo dwoma samochodami. A czy mam jechać za wami czy przed wami?*

B: *Lepiej jedź za nami, bo my znamy dobrze drogę.*

A: *Nie będziemy jechali zbyt prędko, więc zdążycie za nami.*

C: *A jak daleko jest stąd do Warszawy?*

B: *Około trzystu kilometrów.*

A: *Jak wyjedziemy stąd o ósmej rano, zajedziemy tam na drugą po południu.*

C: *A w jakiej dzielnicy Warszawy mieszkacie?*

A: *Mieszkamy w bardzo ładnej dzielnicy. Nazywa się Saska Kępa.*

B: *Nie musimy nawet jechać przez centrum, żeby się tam dostać.*

Conversation

THE CONVERSATION IS TAKING PLACE IN CRACOW. THREE PERSONS PARTICIPATE IN IT: A: MARIE B: ANDREW C: SIGMUND.

A: Well, then what, Sigmund? Will you go with us to Warsaw on the twenty-ninth?

C: Of course, I'll gladly go with you.

B: You've forgotten, Sigmund, that we now have two automobiles. You will be driving one, and/but I the other.

A: Well, and of course you'll take your wife with you.

C: So the four of us will go in two automobiles. And do I have to drive behind you or ahead of you?

B: Better drive behind us, because we know the way (road) well.

A: We won't be driving too fast, so you'll keep up with us.

C: And how far is it from here to Warsaw?

B: About three hundred kilometers (= 180 miles).

A: If we leave (from) here at 8 A.M., we'll get there by 2 P.M.

C: And in what section of Warsaw do you live?

A: We live in a very nice section. It's called Saxon Islet.

B: We don't even have to drive through downtown in order to

Pojedziemy nową autostradą i nowym mostem przez Wisłę, i będziemy w domu jeszcze przed drugą.

get there. We'll drive along the new expressway and over the new bridge across the Vistula, and we'll be home still before two (o'clock).

C: *Wy oczywiście znacie Warszawę znacznie lepiej niż ja.*

C: You of course know Warsaw considerably better than I (do).

B: *Nic dziwnego. Mieszkamy w Warszawie już przeszło pięć lat.*

B: Nothing strange (about it). We've been living in Warsaw over five years already.

C: *A gdzie mieszkaliście przedtem?*

C: And where did you live before?

B: *Nigdy byś nie zgadł! Mieszkaliśmy w Kanadzie, niedaleko Montrealu, a potem w Nowym Jorku.*

B: You'd never guess! We lived in Canada, not far from Montreal, and then in New York.

A: *Andrzej jest jeszcze obywatelem amerykańskim, a ja jestem jeszcze obywatelką kanadyjską.*

A: Andrew is still an American citizen, and I am still a Canadian citizen.

C: *Wiecie co, pojedźmy na przyszłe lato do Kanady.*

C: You know what, let's go (travel) to Canada (for) next summer.

B: *Doskonała myśl! Zobaczycie dużo ciekawych rzeczy.*

B: An excellent idea! You'll see many interesting things.

A: *Możemy nawet wynająć domek w lesie dla nas czworga. To stosunkowo niedrogo kosztuje. My będziemy zbierali grzyby, a wy będziecie łowili ryby.*

A: We can even rent a forest cabin for the four of us. That's relatively inexpensive. We will be picking mushrooms, and you will be fishing (catching fish).

C: *Bardzo mi się ta myśl podoba. Pomówimy jeszcze o tym, a teraz czas na mnie. Jutro trzeba będzie wcześnie wstać.*

C: I like this idea very much. We'll talk about it yet, and now it's time for me. Tomorrow it'll be necessary to get up early.

A: *No, nie tak wcześnie, skoro wyjeżdżamy dopiero o ósmej.*

A: Well, not so early, since we're leaving only at eight.

C: *Tak, ale musimy jeszcze się spakować.*

C: Yes, but we still have to pack up.

B: *No to do jutra!*

B: Well then, till tomorrow!

A: *Pozdrów od nas żonę.*

A: Give our regards to your wife.

C: *Dziękuję. Do jutra!*

C: Thank you. Till tomorrow!

A: *Do jutra!*

A: Till tomorrow!

Słowniczek — Vocabulary

autostrada	expressway
dzielnica	section (of a city)
dziwny, dziwne, dziwna	strange, surprising
grzyb N. PL. **grzyby**	mushroom
kosztować (kosztuje, kosztują)	to cost
łowić ryby	to (catch) fish
nawet	even ADJ.
nigdy . . .	never . . .
obywatel	(male) citizen
obywatelka	(female) citizen
osoba	person
pojechać (pojadę, pojedzie, pojadą) PF.	to travel (to a destination)
pomówić (pomówię, pomówi, pomówią) o PF.	to talk (about)
prędko	quickly, fast ADJ.
prowadzić	to conduct, to drive
przyszły, przyszłe, przyszła	future ADJ.
stosunkowo	relatively
uczestniczyć	to participate
wcześnie	early ADV.
wstać (wstanę, wstanie, wstaną)	to get up, to rise
wyjechać (wyjadę, wyjedzie, wyjadą) PF.	to leave (by vehicle)
wynająć (wynajmę, wynajmie, wynajmą) PF.	to rent, to have rented
zabrać (zabiorę, zabierze, zabiorą) PF.	to take (along)
zajechać (zajadę, zajedzie, zajedziemy) PF.	to get somewhere (by driving)
zbierać	to pick, to gather, to be gathering
zdążyć (za)	to keep up with

Gramatyka — Grammar

1 / TRANSPOSITION OF ENDINGS IN THE PAST TENSE (IN COLLOQUIAL SPEECH) In colloquial speech, some speakers of Polish tend to transpose the personal endings of the verb in such a way that the ending is added to the personal pronoun, e.g.:

*Ty zapomniałe***ś** *Ty***ś** *zapomniał*

This transposition occurs also with such common INTERROGATIVE PRONOUNS, as *kto, co, kiedy,* as in the following examples:

*Kogo***ście** *widzieli?* (Formal: *Kogo widzieli***ście***?*) Whom did you see?
*Kiedy***ście** *wrócili?* (Formal: *Kiedy wrócili***ście***?*) When did you return?

The above phenomenon is characteristic of the PAST tense of verbs, and is a limited feature of Polish.

2 / THE FUTURE TENSE OF IMPERFECTIVE VERBS The FUTURE TENSE OF IMPERFECTIVE VERBS is a compound tense, consisting of the FUTURE TENSE OF THE VERB *być* (to be) plus forms of the 3RD PERSON SG. AND PL. OF THE PAST TENSE of the main verb. Given below is the complete FUTURE TENSE OF THE IMPERFECTIVE VERB *stać* (to stand).

SINGULAR

	MASC.	NEUT.	FEM.
1	*będę stał*		*będę stała*
2	*będziesz stał*		*będziesz stała*
3	*będzie stał*	*będzie stało*	*będzie stała*

PLURAL

	MALE PERSONS	ALL OTHERS
1	*będziemy stali*	*będziemy stały*
2	*będziecie stali*	*będziecie stały*
3	*będą stali*	*będą stały*

In the above examples, the PAST TENSE forms of the main verb *stać* are: *stał, stała, stało, stali, stały* (3RD PERSON. MASC. SING., 3RD PERSON FEM. SING., 3RD PERSON NEUT. SING., 3RD PERSON MASC. PL., 3RD PERSON FEM. PL., respectively).

Verbs with a **-ną-** infix in the INFINITIVE undergo a vowel change in the PAST TENSE, as, for example, the verb *ciągnąć* (to pull, tug; to be pulling, tugging) in which the second **ą** changes to **ę** in the following persons:

	SINGULAR NEUT.	FEM.
1		*ciągnęłam*
2	*ciągnęło*	*ciągnęłaś*
3		*ciągnęła*

PLURAL

	MASC.	FEM.
1	*ciągnęliśmy*	*ciągnęłyśmy*
2	*ciągnęliście*	*ciągnęłyście*
3	*ciągnęli*	*ciągnęły*

The **ą** does not change to **ę** in the masculine singular, which remains *ciągn***ą***łem, ciągn***ą***łeś, ciągn***ą***ł.*

3 / THE IMPERATIVE MOOD The IMPERATIVE MOOD is used in Polish to express a command, a request, or a suggestion. It is used in the following forms:

2ND PERSON SG. When addressing one person informally.

3RD PERSON SG. When addressing one person formally or suggesting that some person do something.

1ST PERSON PL. For suggestions involving the speaker.

2ND PERSON PL. When addressing two or more persons informally.

3RD PERSON PL. When addressing two or more persons formally or suggesting that some persons do something.

The IMPERATIVE of the **-a** CONJUGATION is formed as follows:

INFINITIVE: *czytać* to read PRESENT TENSE STEM: *czyta-*

SING.

2	*(ty)*	*czytaj*	read!
3	*niech (on, ono, ona, Pan, Pani)*	*czyta*	let him (etc.) read

PL.

1	*(my)*	*czytajmy*	let us read
2	*(wy)*	*czytajcie*	read!
3	*niech (oni, one, Panowie, Panie, Państwo)*	*czytają*	let them (etc.) read

The IMPERATIVE of the **-e** and **-i** CONJUGATIONS is formed as follows:

INFINITIVE: *pisać* to write PRESENT TENSE STEM: *pisz-*

SING.

2	*(ty)*	*pisz*	write!
3	*niech (on, ono, ona, Pan, Pani)*	*pisze*	let him (etc.) write

PL.

1	*(my)*	*piszmy*	let us write
2	*(wy)*	*piszcie*	write!
3	*niech (oni, one, Panowie, Panie, Państwo)*	*piszą*	let them (etc.) write

INFINITIVE: *siedzieć* to sit PRESENT TENSE STEM: *siedz-*

SING.

2	*(ty)*	*siedź*	sit!
3	*niech (on, ono, ona, Pan, Pani)*	*siedzi*	let him (etc.) sit

PL.

1	*(my)*	*siedźmy*	let us sit
2	*(wy)*	*siedźcie*	sit!
3	*niech (oni, one, Panowie, Panie, Państwo)*	*siedzą*	let them (etc.) sit

You will note immediately that in the IMPERATIVE MOOD:

(a) The 2ND PERSON SG. of **-a** CONJUGATION verbs is formed by adding **-j-** to the PRESENT TENSE STEM, while the same person of **-e** and **-i** CONJUGATION verbs is represented just by the PRESENT TENSE STEM.

(b) The word *niech* (equal to English "let") is used to form the 3RD PERSON SG. and PL. (and also 1ST SING.) of the IMPERATIVE MOOD. After *niech*, the regular PRESENT TENSE forms (3RD SING. and 3RD PL. of a given verb) are used.

(c) To form the 1ST and 2ND PERSON PL. of the IMPERATIVE MOOD, we add the regular endings of the PRESENT TENSE for these persons to the 2ND PERSON SG. form of a given verb: *czytaj***my**, **-cie**; *pisz***my**, **-cie**; *siedź***my**, **-cie**.

Listed below are the forms of the IMPERATIVE MOOD of some common Polish verbs (two of which are found in the Conversation part of this lesson).

INFINITIVE: *jeść* to eat[1] INFINITIVE: *jechać* to drive, ride[1]

SING.

2	*jedz*	*jedź*
3	*niech je*	*niech jedzie*

[1] Note the differences.

PL.

1	*jedzmy*	*jedźmy*
2	*jedzcie*	*jedźcie*
3	*niech jedzą*	*niech jadą*

INFINITIVE: *mówić* to speak[2] INFINITIVE: *wrócić* to return[2]

SING.

2	*mów*	*wróć*
3	*niech mówi*	*niech wróci*

PL.

1	*mówmy*	*wróćmy*
2	*mówcie*	*wróćcie*
3	*niech mówią*	*niech wrócą*

INFINITIVE: *pozdrowić* to greet[2] INFINITIVE: *zrobić* to do, make[2]

SING.

2	*pozdrów*	*zrób*
3	*niech pozdrowi*	*niech zrobi*

PL.

1	*pozdrówmy*	*zróbmy*
2	*pozdrówcie*	*zróbcie*
3	*niech pozdrowią*	*niech zrobią*

INFINITIVE: *kupić* (to buy)

SING.

2 *kup*
3 *niech kupi*

PL.

1 *kupmy*
2 *kupcie*
3 *niech kupią*

Note: The IMPERATIVE MOOD can be formed both from the IMPERFECTIVE and PERFECTIVE aspects of a verb:

[2] Note the similarities.

	INFINITIVE	IMPERATIVE
IMPF.	*czytać*	*czytaj!* read!
PF.	*przeczytać*	*przeczytaj!* read through!

More examples of the IMPERATIVE MOOD will be found in subsequent lessons.

LEKCJA DWUDZIESTA

TWENTIETH LESSON

Polska

1. *Czy mógłby/mogłaby Pan(i) odpowiedzieć na kilka pytań o Polsce?*
2. *Bardzo chętnie!*
3. *Gdzie leży Polska i jaka jest jej powierzchnia?*
4. *Polska leży w środku kontynentu europejskiego, a jej powierzchnia wynosi około trzystu dwunastu tysięcy kilometrów kwadratowych.*
5. *Ile Polska liczy ludności?*
6. *Polska liczy obecnie trzydzieści trzy miliony ludności.*
7. *Z jakimi państwami graniczy Polska?*
8. *Polska graniczy od zachodu z Niemcami, od południa z Czechosłowacją, a od wschodu ze Związkiem Radzieckim.*
9. *Czy Polska ma dostęp do morza?*
10. *Polska ma obecnie szeroki dostęp do Morza Bałtyckiego na przestrzeni pięciuset kilometrów.*
11. *Jakie góry są w Polsce i gdzie one się znajdują?*
12. *Na południowym zachodzie Polski znajdują się Sudety, a na południu—Karpaty. Najpiękniejszym pasmem*

Poland

1. Could you answer a few questions about Poland?
2. Very gladly!
3. Where does Poland lie (is situated) and what is her area?
4. Poland lies (is situated) in the middle of the European continent, and its area is (amounts to) about three hundred twelve thousand square kilometers (= 120,000 sq.mi.).
5. What is the population of Poland?
6. The population of Poland is at present thirty-three million.
7. On what states (countries) does Poland border (have borders with)?
8. Poland borders in the west on Germany, in the south on Czechoslovakia, and in the east on the Soviet Union.
9. Does Poland have an access to the sea?
10. Poland has at present a wide access to the Baltic Sea for a distance of five hundred kilometers (= 310 miles).
11. What mountains are (there) in Poland and where are they situated?
12. In the southwest of Poland are situated the Sudeten, and in the south the Carpathian Mts. The most beautiful mountain range

górskim w Karpatach są Tatry.	in the Carpathians are the Tatra Mts.
13. *Czy to są wysokie góry?*	13. Are these high mountains?
14. *Dosyć wysokie; najwyższy szczyt Tatr ma 2665 m. (dwa tysiące sześćset sześćdziesiąt pięć metrów) wysokości.*	14. Quite high; the highest peak of the Tatras has a height of 2665 meters (= 7995 feet).
15. *Czy są w Polsce jakieś większe rzeki?*	15. Are (there) any larger rivers in Poland?
16. *Największa z rzek polskich to Wisła (długości tysiąca stu dwudziestu pięciu kilometrów), wypływająca z Baraniej Góry na Śląsku Cieszyńskim i wpadająca do Bałtyku. Druga większa rzeka polska to Odra (dziewięćset pięć kilometrów), przepływająca przez Śląsk Cieszyński, Górny Śląsk, Dolny Śląsk, Wielkopolskę i Pomorze.*	16. The largest of the Polish rivers is the Vistula (1125 kilometers long) which flows out of Ram's Mountain in the Cieszyn Silesia and flows into the Baltic. The second largest Polish river is the Odra (905 kilometers), which flows through Cieszyn Silesia, Upper Silesia, Lower Silesia, Great Poland and Pomerania.
17. *Jakie miasta leżą nad Wisłą, a jakie nad Odrą?*	17. What cities are situated on the Vistula, and what (cities) on the Odra?
18. *Nad Wisłą leży Kraków, Sandomierz, Warszawa, Płock, Toruń i port Gdańsk. Nad Odrą leży Opole, Wrocław, a u ujścia Odry—miasto i port Szczecin.*	18. On the Vistula are situated Cracow, Sandomir, Warsaw, Plock, Torun and the port Gdansk. On the Odra is situated Opole, Wroclaw, and at the mouth of the Odra (is) the city and port (of) Szczecin.
19. *A nad jaką rzeką leży Poznań?*	19. And on what river is Poznan situated?
20. *Poznań leży nad dolną Wartą.*	20. Poznan is situated on the lower Warta (River).
21. *Czytałem (Czytałam) kiedyś o mieście, które nazywa się Częstochowa. Gdzie ono leży?*	21. I once read about the city which is called Czestochowa. Where is it situated?
22. *Częstochowa leży nad górną Wartą. Jak Panu (Pani) pewnie wiadomo, jest to miejsce pielgrzymek do obrazu Matki Boskiej Jasnogórskiej.*	22. Czestochowa is situated on the Upper Warta. As you probably know (As it's probably known to you), it is the place of pilgrimages to the icon

(shrine) of Our Lady of the Bright Mountain.

23. *Tak, czytałem (czytałam) o tym. Jeśli pojadę do Polski, to zwiedzę to miasto, oprócz tego Warszawę, Kraków, Gdańsk, Szczecin, Poznań i Wrocław.*

23. Yes, I've read about this. If I (will) go to Poland (then) I'll visit that city, (and) besides this, Warsaw, Cracow, Gdansk, Szczecin, Poznan and Wroclaw.

24. *Zapewniam Pana (Panią), że wszystkie te miasta warto zwiedzić. Proszę jednak pamiętać, że są w Polsce nie tylko góry, ale także jeziora i lasy. Dlatego radziłbym (radziłabym) Panu (Pani) wybrać się również na Pojezierze Pomorskie albo Mazurskie.*

24. I assure you that all these cities are worth visiting. However, please remember that there are in Poland not only mountains but also lakes and forests. Therefore I'd suggest (I'd advise you) that you also go and visit the Pomeranian or Masurian Lake District.

25. *Na pewno to zrobię. Dziękuję bardzo za wszystkie informacje!*

25. I'll certainly do it. Thank you very much for all the information!

Słowniczek / Vocabulary

w środku L. SG of **środek** — in the middle (of)
powierzchnia — (surface) area
ludność F. — population
graniczyć z + INSTR. — to border on
Niemcy — Germany
Związek Radziecki — Soviet Union
dostęp (do morza) — access (to sea)
szeroki, -e, szeroka — wide, broad
przestrzeń — space, distance
znajdować się (znajduje się, znajdują się) — to be situated, located
południowy zachód L. SG. **na południowym zachodzie** — southwest
najpiękniejszy, -e, -a — the most beautiful
pasmo górskie — mountain range
wysoki, -e, wysoka — high, tall
najwyższy, -e, -a — the highest, the tallest
szczyt — peak, summit
większy, -e, -a — larger

największy, -e, -a	the largest (the longest)
rzeka G. PL. **rzek**	river
wypływający, -e, -a (z)	flowing out (of)
Barania Góra	Ram Mountain
Śląsk Cieszyński	Cieszyn Silesia (a region of southern Poland)
wpadający, -e, -a (do)	falling into, flowing into
Bałtyk G. SG. **Bałtyku**	(the) Baltic (Sea)
przepływający, -e, -a (przez)	flowing through
Górny Śląsk	Upper Silesia (a region of southern Poland)
Dolny Śląsk	Lower Silesia (a region of western Poland)
Wielkopolska	Great Poland (a region of western Poland)
Pomorze	Pomerania (a region of northern Poland)
dolny, -e, -a	lower
górny, -e, -a	upper
wiadomo IMPERSONAL FORM	it's known
pielgrzymka G. PL. **pielgrzymek**	pilgrimage
obraz G. SG. **obrazu**	image, painting
Matka Boska	God's Mother, Mother of God
Jasnogórska	of the Bright Mountain
zwiedzić (zwiedzę, zwiedzi, zwiedzą) PF.	to visit (a place)
oprócz (tego) + GEN.	besides (that)
zapewniać + DAT.	to assure (someone)
warto IMPERSONAL FORM	it's worth
nie tylko . . . ale także	not only . . . but also
radzić + DAT.	to advise (someone)
wybrać się (wybiorę się, wybierze się, wybiorą się) PF.	to set out, to go and visit
Pojezierze Pomorskie	Pomeranian Lake Country
Pojezierze Mazurskie	Masurian Lake Country
na pewno	for sure, certainly

LEKCJA DWUDZIESTA PIERWSZA

TWENTY-FIRST LESSON

Na lotnisku

At the Airport

A: CELNIK/CELNICZKA
B: PODRÓŻNY/PODRÓŻNA
C: RODZINA I PRZYJACIELE

A: CUSTOMS INSPECTOR (MAN/WOMAN)
B: TRAVELER (MAN/WOMAN)
C: FAMILY AND FRIENDS

A: *Czy ma Pan(i) coś do oclenia?*	A: Do you have anything to declare?
B: *Nie, proszę Pana (Pani). Mam tylko osobiste rzeczy i upominki dla rodziny i przyjaciół.*	B: No, Sir (Madam). I only have personal things and gifts for family and friends.
A: *Czy może Pan(i) otworzyć walizkę?*	A: Can you open your suitcase?
B: *Chwileczkę, już otwieram.*	B: Just a moment, (and) I'll open it (I'm opening it already).
A: *Rzeczywiście, nie ma Pan(i) nic do oclenia. Może Pan(i) zamknąć walizkę i przejść przez te drzwi, za którymi czeka na Pana (Panią) rodzina.*	A: Indeed, you have nothing to declare. You can close your suitcase and pass through that door behind which your family is waiting for you.
B: *A gdzie mogę wymienić pieniądze?*	B: And where can I exchange (my) money?
A: *W kasie wymiany pieniędzy, po drugiej stronie poczekalni.*	A: In the money exchange cashier's office, on the other side of the waiting room.
B: *A czy mógłbym/mogłabym zostawić mój bagaż w przechowalni?*	B: And could I leave my baggage in the storage room?
A: *Oczywiście. Przechowalnia jest w hallu na lewo od głównego wyjścia.*	A: Of course. The storage room is in the lobby on the left of (from) the main exit.
C: *No, nareszcie przyjechałeś (przyjechałaś)! Jak się masz? Jaką miałeś (miałaś) podróż?*	C: Well, finally you've come! How are you? How was your trip?
B: *Dziękuję, bardzo dobrą.*	B: Thanks, (it was) very good.

C:	*Doskonale wyglądasz! Nic się nie zmieniłeś (zmieniłaś)!*	C:	You look splendid! You haven't changed at all.
B:	*Dziękuję. Ty (Wy) też nie.*	B:	Thanks. You haven't either.
C:	*My tu popilnujemy Twoich bagaży, a Ty idź wymienić pieniądze.*	C:	We will watch (for a while) your baggage here, and you go to exchange (your) money.
B:	*To potrwa niedługo. Zaraz wrócę!*	B:	That won't last long. I'll be back right away.

Słowniczek / Vocabulary

celniczka	(female) customs inspector
celnik	(male) customs inspector
do oclenia	for (customs) duty
główny, -e, -a	main ADJ.
kasa	cashier's office
kasa wymiany	(money) exchange office
osobisty, -e, -a	personal
otwierać	to open, to be opening
otworzyć	to open (up), to have opened
poczekalnia	waiting room
podróżna decl. as ADJ.	(woman) traveler
podróżny decl. as ADJ.	(man) traveler
popilnować (popilnuję, popilnuje, popilnują) PF.	to watch, to guard (for a while)
potrwać	to last (for a period of time)
przechowalnia	storage room
przechowalnia bagażu	baggage (storage) room
przejść (przez) PF.	to pass (through)
przyjaciel N. PL. **przyjaciele**	(man) friend
przyjaciele COLL. NOUN G. PL. **przyjaciół**	(men and women) friends
upominek N. PL. **upominki**	gift
walizka	suitcase

LEKCJA DWUDZIESTA DRUGA

TWENTY-SECOND LESSON

W hotelu

At a Hotel

A: PODRÓŻNY/PODRÓŻNA	A: TRAVELER (MAN/WOMAN)
B: PANI W RECEPCJI	B: (FEMALE) DESK CLERK
A: *Dwa tygodnie temu zamówiłem (zamówiłam) telegraficznie pokój jednoosobowy (dwuosobowy).*	A: Two weeks ago I reserved by telegram a single (double) room.
B: *Jak Pana (Pani) godność?*	B: What's your name (please)?
A: *Nazywam się Stanisław Nowak (Janina Kowalska).*	A: My name is Stanley Novak (Janet Kowalski).
B: *Czy mogę prosić o Pana (Pani) paszport?*	B: May I ask for your passport?
A: *Proszę bardzo.*	A: (Please) here it is.
B: *Dziękuję. Proszę wypełnić kartę meldunkową.*	B: Thank you. Please fill out a registration card.
A: *Czy płacę za pokój z góry?*	A: Do I pay for the room in advance?
B: *Jak Pan(i) woli. Może Pan(i) zapłacić przy wyjeździe.*	B: As you prefer. You can pay when you leave (i.e., at departure).
A: *Czy jest w hotelu restauracja?*	A: Is there a restaurant in the hotel?
B: *Tak, jest, na lewo od recepcji.*	B: Yes, there is, to the left of (from) the registration desk.
A: *Do której jest czynna restauracja?*	A: Until what time is the restaurant open?
B: *Jest czynna od ósmej do dwudziestej.*	B: It's open from 8 A.M. to 8 P.M.
A: *Dziękuję. Czy można zatelefonować z pokoju?*	A: Thank you. Is it possible to make a call (to telephone) from (my) room?
B: *Proszę bardzo. Tylko proszę pamiętać, że rozmowy międzymiastowe liczone są osobno.*	B: You're quite welcome (to do it). Only please remember that long-distance calls are charged (for) separately.
A: *Dziękuję za informację. Chciałbym (Chciałabym) zamówić rozmowę z Paryżem.*	A: Thanks for the information. I'd like to place (i.e., to order) a call to Paris.

B: *Centrala Pana (Panią) połączy, proszę tylko czekać na telefon w pokoju.*
B: The switchboard will connect you, only please wait for the call in (your) room.

A: *Dobrze, dziękuję.*
A: Fine, thanks.

B: *Portier zaniesie Pana (Pani) walizki do pokoju. Czy ma Pan(i) jeszcze jakieś życzenia?*
B: The porter will take your suitcases to (your) room. Do you have any other wishes?

A: *Dziękuję, to na razie wszystko.*
A: Thank you, that's all for the time being.

B: *Życzę Panu (Pani) przyjemnego pobytu w naszym mieście.*
B: I wish (to) you a pleasant stay in our city.

A: *Dziękuję bardzo. Jeśli będę jeszcze czegoś potrzebował(a), zgłoszę się do Pana (Pani).*
A: Thank you very much. If I (will) need anything else, I'll let you know.

B: *Proszę bardzo!*
B: You're very welcome (and please do).

Słowniczek — Vocabulary

centrala	(central) switchboard
czekać (na) + ACC.	to wait (for)
czynny, czynne, czynna	active, functioning; open ADJ.
godność POLITE FORM	(first and last) name
karta meldunkowa	registration card
liczony, liczone, liczona	charged (for)
międzymiastowy, -e, -a	intercity, long-distance
na razie	for the time being
osobno	separately
pobyt G. SG. **pobytu**	stay
pokój G. SG. **pokoju**	room
pokój jednoosobowy	single room
pokój dwuosobowy	double room
portier	porter
potrzebować (potrzebuję, potrzebuje, potrzebują) + GEN.	to need, to be in need of
recepcja	registration desk
wyjazd L. SG. **przy wyjeździe**	departure
zanieść (zaniosę, zaniesie, zaniosą) PF.	to carry, to take (somewhere)
zatelefonować (zatelefonuję, zatelefonuje, zatelefonują) PF.	to make a call

zgłosić się (zgłoszę się, zgłosi się, zgłoszą się)	to report (to); to come (for something)
z góry	in advance
życzenie	wish
życzyć + DAT.	to wish (to someone)

LEKCJA DWUDZIESTA TRZECIA

TWENTY-THIRD LESSON

Odwiedzamy rodzine i przyjaciół

A Visit with Family and Friends

A: PRZYJEZDNY/PRZYJEZDNA
B: RODZINA I PRZYJACIELE

A: *Dzień dobry! Jak się macie? Nareszcie się spotykamy!*

B: *Witaj! Co za gość! Nareszcie się doczekaliśmy Twoich odwiedzin. Na jak długo przyjechałeś?*

A: *Na trzy miesiące. Ależ wy świetnie wyglądacie! Zupełnie się nie zmieniliście!*

B: *Dziękujemy za komplement, ale lata robią swoje. Ty też wyglądasz doskonale, i bardzo mało się zmieniłeś (zmieniłaś).*

A: *Dziękuję! Powiedz, co u was nowego?*

B: *Zaraz Ci wszystko opowiemy, ale może najpierw chciałbyś (chciałabyś) się umyć i odświeżyć. Łazienka jest na prawo. Umyj się i odśwież, a my tymczasem nakryjemy do stołu. Po tak długiej podróży pewnie jesteś głodny (głodna).*

B: *Umyłeś się (Umyłaś się) i odświeżyłeś (odświeżyłaś)? No to prosimy do stołu!*

A: *Co za wspaniałości! Barszcz, paszteciki, szynka, kiełbasa . . . Dawno już czegoś tak dobrego nie jadłem (jadłam).*

A: NEWCOMER (MAN/WOMAN)
B: FAMILY AND FRIENDS

A: Good day (Good afternoon)! How are you (all)? Finally we're meeting (one another)!

B: Welcome! What a guest! At last, we've lived to see you pay us a visit. For how long have you come?

A: For three months. But (indeed) you look splendid! You haven't changed at all!

B: We thank you for the compliment, but the years leave their mark (do their work). You also look splendid, and you've changed very little.

A: Thanks! Tell (me), what's new with you (all)?

B: I'll tell you everything in a moment, but maybe first you'd like to wash and freshen up. The bathroom is to the right. Wash and freshen up, and we meanwhile will set the table. After such a long trip you surely must be hungry (certainly are hungry).

B: Have you washed and freshened up? Well, then please come to the table!

A: What magnificent things! Beet soup, meat rolls, ham, sausage . . . I haven't eaten anything as good in a long time.

B: *Cieszymy się, że Ci smakują polskie potrawy. Powiedz, co będziesz pił(a): kawę czy herbatę? Kieliszek wina czy koniaku?*

B: We're glad that Polish dishes taste so good to you. Tell us what you will drink: coffee or tea? A glass of wine or of cognac?

A: *Jeśli można, proszę o mocną herbatę. Z przyjemnością napiję się wina (koniaku). Doskonałe ciasto! Czy to własnej roboty?*

A: If I may, I'd like (I ask for) strong tea. I'll gladly have (a drink of) wine (cognac). Excellent cake! Is it homemade?

B: *Oczywiście, to dzieło naszej Zosi. Będzie jej miło usłyszeć taką pochwałę.*

B: Of course, that's our Sophie's work. She will be pleased (it'll be pleasant to her) to hear such praise.

A: *Co wy powiecie! Pamiętam ją jako małą dziewczynkę. Jak ten czas leci! A kim jest jej mąż?*

A: You don't say! (What will you say!) I remember her as a little girl. How time flies! And what does her husband do?

B: *Pracownikiem naukowym. Jest teraz na stypendium zagranicą, a córka pojechała do niego. Pokażemy Ci ich ślubne zdjęcia.*

B: He's a scientific worker. He's now on a fellowship (scholarship) abroad, and our daughter has gone to (see) him. We'll show (to) you their wedding pictures.

A: *Oboje bardzo ładnie wyglądają na tych zdjęciach.*

A: Both look very nice in these pictures.

B: *Jeśli chcesz, możemy Ci dać kilka ich zdjęć.*

B: If you want (it), we can give you a few of their pictures.

A: *Dziękuję wam bardzo. Będzie to dla mnie (nas) miła pamiątka.*

A: I thank you (all) very much. It'll be for me (us) a nice souvenir.

A: *No, na mnie już czas. Muszę jeszcze odwiedzić Kamińskich. Serdecznie dziękuję za tak miłe przyjęcie, i do zobaczenia.*

A: Well, it's already time for me (to go). I still have to visit the Kaminskis. Thank you kindly for such a nice welcome (reception), and I'll see you again (until seeing you).

B: *I my dziękujemy, że o nas pamiętałeś (pamiętałaś). Ale chyba jeszcze się do nas niedługo wybierzesz? W przyszłym tygodniu wracają z zagranicy nasze dzieci. Chcielibyśmy, żebyś*

B: And we also thank you for remembering us. But perhaps you will come to see us again soon? Next week our children are returning from abroad. We'd like you to meet our daughter's

poznał(a) męża naszej córki. Czy mógłbyś (mogłabyś) nas odwiedzić w niedzielę o trzeciej?	husband. Could you come to see (to visit) us on Sunday at three (o'clock)?
A: *Z prawdziwą przyjemnością.*	A: With great (i.e., real) pleasure.
B: *No to zobaczymy się w niedzielę. Do widzenia!*	B: Well, so we'll see you (i.e., one another) on Sunday. Goodbye!
A: *Do widzenia!*	A: Goodbye!

Słowniczek — Vocabulary

barszcz G. SG. **barszczu**	beet soup
dać (dam, da, dadzą) PF.	to give
doczekać się PF. + GEN.	to wait long enough; to live to see
doskonały, -e, -a	excellent ADJ.
głodny, -e, -a	hungry
herbata	tea
jeść PF. PAST: **jadł-**	to eat, to be eating
kawa	coffee
kieliszek G. SG. **kieliszka**	(liquor) glass
kiełbasa	sausage
łazienka	bathroom
mało	little ADV.
mocny, -e, -a	strong
najpierw	first (of all)
nakryć (nakryję, nakryje, nakryją) do stołu PF.	to set the table
nareszcie	finally, at last
pamiątka	souvenir
pasztecik	patty, (small) meat roll
pracownik	(male) worker, employee
prawdziwy, -e, -a	true, real
odświeżyć się PF.	to freshen up
odwiedzać (kogoś)	to visit, to be visiting (someone)
odwiedziny PLURAL only	visit
smakować + DAT.	to taste good (to someone)
spotykać się	to meet, to be meeting (one another)
szynka	ham
ślubny, -e, -a	wedding ADJ.
umyć się (umyję się, umyje się, umyją się) PF.	to wash (up)
usłyszeć	to hear

własny, -e, -a	own ADJ.
wspaniałość F.	magnificent thing
wyglądać	to look (i.e., to have an appearance)
zagranicą	in a foreign country, abroad ADV.
zmienić się	to change (appearance, looks)

LEKCJA DWUDZIESTA CZWARTA

TWENTY-FOURTH LESSON

W restauracji

A: GOŚĆ
B: KELNER/KELNERKA

A: *Czy można prosić o kartę?*
B: *Proszę bardzo!*
A: *Co by mi Pan(i) radził(a) zamówić?*
B: *Dziś mamy bardzo dobry obiad firmowy: barszcz z pasztecikiem, kotlet mielony, młode kartofle (ziemniaki), groszek z marchewką, i kompot ze śliwek.*
A: *Tak . . . A jakieś dania z karty?*
B: *Jest bardzo dobra pieczeń wołowa, albo, jeśli Pan(i) woli (Panowie/Panie/Państwo wolą) może być kotlet schabowy. Jest jeszcze doskonały befsztyk z cebulką.*
A: *A może zrazy z kaszą? Dawno ich już nie jadłem/jadłam (jedliśmy/jadłyśmy).*
B: *Zrazów niestety dzisiaj nie ma. Może będą jutro.*
A: *W takim razie proszę raz (dwa razy) kotlet schabowy (mielony), raz pieczeń wołową z ziemniakami, i do tego mizerię albo sałatkę z pomidorów.*

At a Restaurant

A: GUEST
B: WAITER/WAITRESS

A: May I have (ask for) the menu?
B: Here you are (Sir, Madam).
A: What would you suggest for me (advise me) to order?
B: Today we have a very good house-specialty lunch (dinner): beet soup with meat roll, ground beef patty, new potatoes, peas and carrots, and stewed plums.
A: Yes . . . And some à la carte entrées?
B: There's a very good roast beef, or, if you prefer (you gentlemen/ladies prefer), it can be roast joint of pork. There's also an excellent beefsteak with (fried) onions.
A: And maybe (you have) beef roullade with buckwheat? I (we) haven't eaten it in a long time.
B: I'm sorry (Unfortunately) but we don't have (there is not) beef roullade today. Perhaps we'll have it (there will be) tomorrow.
A: So (In such a case) please (give me) one (two) roast joint(s) of pork (ground beef patty), one roast beef with potatoes, and, with this (to this), sliced cucumbers with sour cream or a sliced tomato-and-onion salad.

B: *A jaką zupę Pan(i) sobie życzy (Panowie/Panie/Państwo sobie życzą)? Mamy pomidorową z ryżem, bulion z jajkiem, barszcz czerwony z pasztecikiem i chłodnik.*

B: And what kind of soup would you like (would you gentlemen/ladies like)? We have tomato soup with rice, bouillon with an egg, red beet soup with a patty, and cold soup.

A: *Proszę o barszcz czerwony z pasztecikiem.*

A: Please (bring me) red beet soup with a patty.

B: *Zaraz przyniosę.*

B: I'll bring (it) right away.

A: *Czy jest woda mineralna albo Koka-Kola (Pepsi-Kola)?*

A: Do you have (Is there) mineral water or Coca-Cola (Pepsi-Cola)?

B: *Jest tylko woda mineralna (Koka-Kola/Pepsi-Kola).*

B: We only have (There's only) mineral water (Coca-Cola/Pepsi-Cola).

A: *Proszę o jedną butelkę (dwie butelki) wody mineralnej (Koka-Koli/Pepsi-Koli).*

A: Please (bring me) one bottle (two bottles) of mineral water (Coca-Cola/Pepsi-Cola).

B: *Zaraz przyniosę.*

B: I'll bring (it) right away.

A: *A co Pan(i) radzi wziąć na deser?*

A: And what do you suggest (to take) for dessert?

B: *Jest bardzo dobry sernik; mogą być też kremówki, rurki albo lody.*

B: We have (There's) very good cheesecake; we also have (there can be also) cream puffs, pirouettes or ice cream.

A: *Proszę o sernik (dwa serniki), kremówkę (dwie kremówki), rurkę (dwie rurki) i lody. Proszę o jedną kawę/herbatę (dwie kawy/herbaty).*

A: Please (give me) cheese cake, one (two) cream puff (puffs), one (two) pirouette(s), and ice cream. Please (bring me) one coffee/tea (two coffees/teas).

B: *Proszę bardzo!*

B: Thank you.

A: *Można prosić o rachunek?*

A: May I have the bill (check), please?

B: *Proszę bardzo!* (WRĘCZA MU/JEJ RACHUNEK)

B: Here you are. (HANDS HIM/HER THE BILL)

A: *Proszę!* (PŁACI, DODAJE NAPIWEK, DOSTAJE RESZTĘ)

A: (PAYS, ADDS A TIP, RECEIVES CHANGE)

B: *Dziękuję Panu/Pani (Panom/Paniom/Państwu) uprzejmie! Polecamy się na przyszłość!*

B: Thank you (Sir/Madam/gentlemen/ladies) kindly. Come again! (We recommend ourselves [to you] for the future.)

A: *Do widzenia!*

A: Goodbye.

Słowniczek	Vocabulary
befsztyk	beefsteak
bulion G. SG. **bulionu**	bouillon, broth
cebulka (smażona)	(fried) onions
chłodnik	cold soup
jajko	egg
karta (w restauracji)	menu (in a restaurant)
kartofle (w Warszawie)	potatoes (in Warsaw)
kotlet	cutlet; chop
kremówka	whipped cream puff
lody PLURAL only	ice cream
mielony, -e, -a	ground ADJ.
mizeria	sliced cucumbers with sour cream
młody, -e, -a	young, new (vegetable)
pieczeń F.	roasted meat, roast
polecać się	to recommend (oneself)
przyszłość F.	future
rachunek	bill, check, account
rurka	(chocolate) pirouette
ryż G. SG. **ryżu**	rice
sernik	cheesecake
uprzejmie	politely; kindly
wziąć (wezmę, weźmie, wezmą) PF.	to take
zupa	soup
zupa pomidorowa	tomato soup

LEKCJA DWUDZIESTA PIĄTA

TWENTY-FIFTH LESSON

W teatrze

At the Theater

1. *No, jednak zdążyliśmy! Zostawmy płaszcze (palta, parasole) w szatni i szukajmy swoich miejsc, bo zaraz będzie dzwonek. A po dzwonku nie wpuszczą nas na salę.*
2. *Dobrze, że do szatni nie było kolejki. Teraz możemy iść na salę. Tylko sprawdźmy, czy nasze miejsca są na parterze czy na pierwszym piętrze.*
3. *Na parterze, piętnasty rząd.*
4. *Siadajmy! Zaraz podniosą kurtynę. O, już gaszą światła!*
5. *Czy to polska sztuka czy zagraniczna?*
6. *Polska, i to współczesna, napisana przez znanego dramaturga młodego pokolenia.*
7. *Czy to tragedia, komedia czy farsa?*
8. *Komedia, i to dobra.*
9. *Już podnoszą kurtynę. Jaka piękna scenografia!*

1. Well, we've arrived in time, after all. Let's leave our overcoats (topcoats, umbrellas) in the cloakroom and let's look for our seats, because in a moment the bell will ring. And after the bell they won't let us into the theater (performance hall).
2. It's good that there wasn't any line to the cloakroom. Now we can go into the theater. Only let's check if our seats are on the ground floor or on the first floor (balcony).
3. On the ground floor, fifteenth row.
4. Let's sit down. In a moment the curtain will rise (they will raise the curtain). Oh, the lights are being turned off (they're turning off the lights) already!
5. Is this a Polish or a foreign play?
6. Polish, and also contemporary, written by a well-known playwright of the young generation.
7. Is it a tragedy, a comedy, or a farce?
8. A comedy, and a good one, too.
9. The curtain is rising (They're raising the curtain) already. What beautiful stage decorations!

10. *Chodźmy do bufetu czegoś się napić.*	10. Let's go to the snack bar to (have a) drink (of) something.
11. *Chętnie. A ile mamy czasu?*	11. Gladly. And how much time do we have?
12. *Przynajmniej dziesięć minut.* (IDĄ DO BUFETU.)	12. At least ten minutes. (THEY GO TO THE SNACK BAR.)
13. *Jak się Panu (Pani) podoba sztuka?*	13. How do you like the play?
14. *Jest bardzo dobrze grana.*	14. The acting is very good. (It's very well acted.)
15. *Cieszę się, że Panu (Pani) się podoba gra naszych młodych aktorów. Ale wracajmy, bo już był dzwonek.*	15. I'm glad that you like the performance of our young actors. But let's go back because the bell has already rung.
16. *Jak też się ułożą dalsze losy bohaterów?*	16. I wonder how the fortunes of the heroes will change (in the course of the play).
17. *Proszę się nie obawiać, wszystko będzie dobrze w ostatnim akcie.*	17. Please have no fear, everything will be fine in the last act.
18. *Doskonała komedia! Pierwszorzędna obsada! Klaskałem (Klaskałam), aż mnie bolą ręce! A ile razy wywoływano aktorów przed kurtynę!*	18. An excellent comedy! A first-class cast (of actors)! I was clapping until my palms (hands) hurt! And how many times were the actors called before the curtain!
19. *Tak, Polacy bardzo lubią dobry teatr.*	19. Yes, Poles like good theater very much.
20. *A mnie się zdaje, że nie tylko Polacy, ale i goście zagraniczni, tacy jak ja.*	20. And I think (i.e., it seems to me) that (it is) not only Poles but also foreign guests, such as I.

Słowniczek / Vocabulary

antrakt G. SG. **antraktu**	intermission
bufet G. SG. **bufetu**	snack bar
dramaturg	playwright
dzwonek G. SG. **dzwonka** L. SG. **dzwonku**	bell

gasić (gaszę, gasi, gaszą)	to turn off (lights), to extinguish, to put out
gra	play, acting, performance
grany, -e, -a	played P.P.
klaskać	to clap, to applaud
kolejka	line, queue
los	fate, fortune
obawiać się	to fear, to be afraid
obsada (sztuki)	cast (in/of a play)
palto	topcoat
parasol N. PL. **parasole**	umbrella
parter L. SG. **na parterze**	ground floor
pierwszorzędny, -e, -a	first-rank, first-class ADJ.
płaszcz N. PL. **płaszcze**	(light) overcoat
podnosić (podnoszę, podnosi, podnoszą)	to raise, to lift; to be raising, lifting
pokolenie	generation
przynajmniej	at least
sala	hall, auditorium
scenografia	stage decorations
siadać	to sit down, to be sitting down
siadajmy 1ST PERS. PL. IMPERATIVE	let's sit down
sprawdzić	to check, to verify
sprawdźmy 1ST PERS. PL. IMPERATIVE	let's check, verify
szatnia	cloakroom
sztuka	play, art
szukać + GEN.	to look for
taki N. MASC. PL. **tacy**	such
ułożyć się (ułoży się, ułożą się) PF.	to be arranged
wpuścić (wpuści, wpuszczą) PF.	to let into, to let in
współczesny, -e, -a	contemporary ADJ.
wywoływać	to call out (repeatedly)
wywoływano IMPERSONAL FORM	were called out (repeatedly)
zagraniczny, -e, -a	foreign
zostawić PF.	to leave (something)

LEKCJA DWUDZIESTA SZÓSTA

TWENTY-SIXTH LESSON

W muzeum miasta Warszawy

At the Warsaw City Museum

1. *To muzeum gromadzi zbiory ukazujące rozwój Warszawy od czasów najdawniejszych do najnowszych.*	1. This museum has a collection showing the development of Warsaw from the earliest (oldest) to the most recent (newest) time(s).
2. *Czy Warszawa jest starsza od Krakowa?*	2. Is Warsaw older than Cracow?
3. *Nie, Kraków jest dużo starszy od Warszawy. Założono go w jedenastym wieku, a Warszawę dopiero w czternastym.*	3. No, Cracow is much older than Warsaw. It was founded in the eleventh century, and/but Warsaw only in the fourteenth (century).
4. *Czy Stare Miasto to właściwie dawna Warszawa?*	4. Is the Old Town, properly (speaking) old (ancient) Warsaw?
5. *Tak. Otaczały ją mury obronne, których fragmenty zachowały się do dziś.*	5. Yes. It was surrounded by defense walls, whose fragments have been preserved until today.
6. *Na tym planie jest pokazane i Stare, i Nowe Miasto.*	6. On this map (plan) is shown both the Old City and the New City.
7. *Tak, do końca osiemnastego wieku były to dwa niezależne od siebie miasta. Dopiero w roku 1792 (tysiąc siedemset dziewięćdziesiątym drugim) połączyły się w jedną całość. Zobaczy to Pan(i) na następnym planie.*	7. Yes, until the end of the eighteenth century these were two cities (which were) independent of each other. Only in the year 1792 (seventeen hundred ninety-two) were they united in one entity. This you will see on the next map (plan).
8. *Ile ludności miała Warszawa w szesnastym wieku?*	8. What was the population of Warsaw in the sixteenth century?
9. *Niewiele ponad dziesięć tysięcy. Ta liczba wzrosła mniej więcej do sześćdziesięciu tysięcy przy końcu*	9. Slightly (Not much) over ten thousand. That number increased approximately (more

osiemnastego wieku. Ale dopiero w połowie dziewiętnastego wieku zaczęła się Warszawa intensywnie rozwijać jako centrum przemysłu i handlu. Przy końcu ubiegłego wieku Warszawa liczyła ponad siedemset tysięcy mieszkańców.

or less) to sixty thousand at the end of the eighteenth century. But (it was) only in the middle of the nineteenth century (that) Warsaw began to develop intensively as a center of industry and commerce. At the end of the past century the population of Warsaw was over seven hundred thousand (inhabitants).

10. *Kiedy powstała "Wielka Warszawa"?*

10. When did "Greater Warsaw" come into being (i.e., originate)?

11. *Już w latach trzydziestych, kiedy miała ponad milion mieszkańców. W roku 1938 (tysiąc dziewięćset trzydziestym ósmym), jak wynika z tej tabeli, ludność Warszawy wynosiła milion trzysta tysięcy mieszkańców.*

11. Already in the 1930s, when it had (a population of) over a million inhabitants. In the year 1938 (nineteen hundred thirty-eight), as shown by (as follows from) this table, the population of Warsaw was (amounted to) one million three hundred thousand inhabitants.

12. *A tu mamy fotografie i statystyki z lat 1939–1945 (tysiąc dziewięćset trzydzieści dziewięć—tysiąc dziewięćset czterdzieści pięć). Czy może mi Pan(i) je objaśnić?*

12. And here we have photographs and statistics from the years 1939–1945 (nineteen hundred thirty-nine to nineteen hundred forty-five). Can you explain them to me?

13. *Tak. Proszę posłuchać! W czasie ostatniej wojny Warszawa była dwukrotnie zniszczona przez Niemców: we wrześniu 1939 (tysiąc dziewięćset trzydziestego dziewiątego) roku i podczas powstania warszawskiego w 1944 (tysiąc dziewięćset czterdziestym czwartym) roku. Miasto było niemal całkowicie zburzone; mieszkańców albo pomordowano, albo wywieziono do obozów w Niemczech. W styczniu 1945*

13. Yes. Please listen! During the last war Warsaw was twice destroyed by the Germans: in September of the year 1939 (nineteen hundred thirty-nine) and during the Warsaw Uprising in the year 1944 (nineteen hundred forty-four). The city was almost completely destroyed; the inhabitants were either (mass-) murdered or shipped to (hard labor) camps in Germany. In January of 1945

(tysiąc dziewięćset czterdziestego piątego) roku stolica Polski miała zaledwie dwieście tysięcy ludności, tj. (to jest), mniej niż jedną szóstą liczby mieszkanców przed wojny.

(nineteen hundred forty-five) the capital of Poland had (a population of) barely two hundred thousand, i.e. (that is), less than one-sixth of the number of inhabitants from before the war.

14. *Bardzo dobrze mi Pan(i) to objaśnił(a). A ile ma Warszawa ludności w tej chwili?*

14. You have explained it to me very well. And what's the population of Warsaw at this time (at this moment)?

15. *Półtora miliona, tj. (to jest), więcej niż przed wojną.*

15. One and a half million, i.e. (that is), more than before the war.

16. *A więc Warszawa dorównuje Filadelfii w Stanach pod względem liczby mieszkańców, a pewnie i obszaru.*

16. And so Warsaw equals Philadelphia in the States with respect to population and probably also area.

17. *Nie wiem, jak rozległa jest Filadelfia, ale przypuszczam, że ma przeszło trzydzieści kilometrów długości, tzn. (to znaczy), mniej więcej tyle, ile Warszawa.*

17. I don't know how far Philadelphia extends, but I suppose that it's over thirty kilometers (= 18 miles) long, i.e. (that means), approximately the same (as much) as Warsaw.

18. *W obu miastach są piękne parki, szerokie ulice, wysokie budynki biurowe i mieszkalne, jak również ciekawe muzea i zabytkowe kościoły.*

18. In both cities (there) are beautiful parks, wide streets, tall office and apartment buildings, as well as interesting museums and historical churches.

19. *Dużo się w Warszawie planuje i buduje: nowe trasy (Trasa Łazienkowska, Wisłostrada), nowe osiedla mieszkaniowe, nowe Supersamy . . . .*

19. Much is being planned and built in Warsaw: new routes (the Lazienki Route, the Vistula Expressway), new housing developments, new supermarkets . . . .

20. *Tak, rzeczywiście, i to na miarę amerykańską. Zapraszam Pana (Panią) do Filadelfii, gdzie mamy podobne muzeum ukazujące rozwój miasta.*

20. Yes, indeed, and on an American scale, too. I invite you to Philadelphia, where we have a similar museum showing the development of the city.

21. *Bardzo dziękuję za zaproszenie! Postaram się przyjechać.*

21. Thank you very much for the invitation! I'll try to come.

Słowniczek	Vocabulary
całość F.	entity
dawny, -e, -a	old, oldtime ADJ.
długość F.	length
dopiero	only; as late as ADV.
dorównywać (dorównuje, dorównują)	to equal, to match
gromadzić	to amass, to collect
handel G. SG. **handlu**	commerce
intensywny, -e, -a	intensive
jako	as
koniec G. SG. **końca** L. SG. **końcu**	end
liczba	number, quantity
mieszkaniec N. PL. **mieszkańcy** G. PL. **mieszkańców**	inhabitant
mur	wall (of an old city)
najdawniejszy, -e, -a	the oldest, the most ancient, the earliest
najnowszy, -e, -a	the newest, the most recent
następny, -e, -a	following, subsequent; next ADJ.
Niemiec N. PL. **Niemcy**	a German
Niemcy L. PL. **w Niemczech**	Germany
niezależny, -e, -a	independent
objaśnić PF. + DAT.	to explain (to someone)
obronny, -e, -a	defense; defensive ADJ.
obszar G. SG. **obszaru**	area
osiedle mieszkaniowe	housing development
otaczać	to surround
podobny, -e, -a	similar
półtora	one and a half
połączyć PF.	to unite, to join together
pomordowano IMPERSONAL FORM	were (mass-) murdered
postarać się	to try (to do one's best)
powstać PF.	to come into being, to arise
powstanie	uprising, insurrection
powstanie warszawskie	Warsaw Insurrection (August 1–October 2, 1944)
rozwój G. SG. **rozwoju**	development
ukazujący, -e, -a	demonstrating, showing
wiek G. SG. **wieku**	century
wojna G. SG. **wojny**	war

wynikać (z)	to result, to follow (from)
wzrosnąć PF. PAST TENSE **wzrósł, wzrosła, wzrośli, wzrosły**	to increase
zabytkowy, -e, -a	historical
zaledwie	barely, scarcely
zapraszać	to invite
zburzony, -e, -a	destroyed, demolished P.P.

Gramatyka — Grammar

1 / COMPARISON OF ADJECTIVES

(a) Regular Comparison The COMPARATIVE DEGREE OF ADJECTIVES in Polish is formed regularly by adding the ending **-szy** (**-sze**, **-sza**) to the stem of the POSITIVE DEGREE. If the stem ends in a hard-to-pronounce consonant cluster (eg., **dn, sn, chł**), this ending is expanded to **-ejszy** (**-ejsze, -ejsza**). At the same time changes also occur in the stem. Examples follow.

POSITIVE DEGREE	COMPARATIVE DEGREE
*młod*y young	*młod***szy** younger
*star*y old	*star***szy** older
*ciekaw*y interesting	*ciekaw***szy** more interesting
*dokładn*y exact	*dokładni***ejszy** more exact
*wczesn*y early	*wcześni***ejszy** earlier
*rychł*y prompt	*rychl***ejszy** prompter

The above examples also illustrate some common stem changes, to wit:

n → **ń** (spelled **ni** before vowels):	*dokład***ni***ejszy*
sn → **śn** (spelled **śni** before vowels):	*wcze***śni***ejszy*
ł → **l**	*mi***l***szy* (formerly *mi***l***ejszy*)
	*rych***l***ejszy*

Adjectives whose POSITIVE DEGREE ends in **-ki, -eki,** or **-oki,** drop this suffix in regular comparison, e.g.:

POSITIVE DEGREE	COMPARATIVE DEGREE
*szyb***ki** fast	*szyb***szy** faster
*dal***eki** far	*dal***szy** farther (further)
*głęb***oki** deep	*głęb***szy** deeper

(b) Irregular Comparison Some Polish adjectives have an irregular comparison (this is also true of some English adjectives). Their COMPARATIVE

DEGREE is formed in one of the following two ways:

1. Through stem changes.
2. Through the use of an altogether different form (derived from another adjective).

1

POSITIVE	COMPARATIVE
*mał***y** small	*mn***iejszy** smaller
*wiel***ki** great	*więk***szy** greater
*blisk***i**[1] near	*bliż***szy** nearer
*nisk***i**[1] low	*niż***szy** lower
*wys***oki**[1] tall, high	*wyż***szy** taller, higher
*wąs***ki**[1] narrow	*węż***szy** narrower
*drog***i** dear, expensive	*droż***szy** dearer, more expensive
*lek***ki**[1] light	*lż***ejszy** lighter

2

POSITIVE	COMPARATIVE
dobry good	*lepszy* better
zły bad	*gorszy* worse
duży big, large	*większy* bigger, larger

2 / IMPERSONAL FORMS OF THE PAST TENSE These are actually the surviving short forms of the PAST PASSIVE PARTICIPLE (see Section 3). Such forms, characterized by the **-n-** or **-t-** affix, were used in older Polish after the PRESENT TENSE (omitted) of the verb *być* (to be) as well as after the PAST TENSE of the same verb (*był, było, była, byli, były*), with proper gender endings. Nowadays, only the NEUTER gender ending **-o** is used to convey the meaning of an impersonal action, as in the following examples:

*rozszerz***ono** was/were expanded
*stworz***ono** was/were created
*wzię***to** was/were taken

To be sure, these forms are usually followed or preceded by some kind of complement (a direct object, a preposition plus a noun, etc.):

Obszar stopniowo **rozszerzono**.	The area gradually **was expanded.**
Stworzono *Warszawę dwudziestowieczną.*	Twentieth-century Warsaw **was created.**

[1] Adjectives ending in **e**, **o**, or **ki** usually drop this ending in comparison.

Dla pana Nowaka **zrobiono** *wyjątek.*	For Mr. Novak, an exception **was made.**
Teatry **zamknięto** *na czas dłuższy.*	The theaters **were closed down** for a longer time.

As seen from the above examples, the IMPERSONAL forms ending in **-no**, **-to** in Polish correspond to the forms of the PASSIVE VOICE with the PAST (or PRESENT PERFECT) TENSE of the verb "to be" in English.

3 / THE PAST PARTICIPLE The PAST PARTICIPLE exists in Polish only in its PASSIVE form, and is equivalent to the PAST PARTICIPLE in English. When used ATTRIBUTIVELY with a NOUN, it is declined like an ADJECTIVE; when used PREDICATIVELY with a VERB, usually *być* (to be) or *zostać* (to become), it is undeclinable. Examples follow.

PAST PARTICIPLE USED ATTRIBUTIVELY
(DECLINED LIKE AN ADJECTIVE)

*w zniszcz***onej** *Warszawie* in destroyed Warsaw

PAST PARTICIPLE USED PREDICATIVELY
(UNDECLINABLE)

*Warszawa była zniszcz***ona** Warsaw was destroyed

The PAST PARTICIPLE in Polish can be formed both from IMPERFECTIVE and PERFECTIVE verbs, e.g.:

	IPF.		PF.	
INFINITIVE	*znaczyć*	to mark	*wyznaczyć*	to designate
PAST PART.	*znacz***ony**	marked	*wyznacz***ony**	designated

4 / THE PRESENT PARTICIPLE Only the ACTIVE form of the PRESENT PARTICIPLE exists in Polish. It is declined like an adjective, and is characterized by the infix **-ąc-** (equivalent to the English "-ing") to which then gender and case endings are added. This can be seen in the table below (only the NOMINATIVE case is given).

SINGULAR			PLURAL	
MASC.	NEUT.	FEM.	MASC.	OTHER
*czytaj***ący** (*student*)	*czytaj***ące** (*dziecko*)	*czytaj***ąca**	*czytaj***ący**	*czytaj***ące**
*pisz***ący**	*pisz***ące**	*pisz***ąca**	*pisz***ący**	*pisz***ące**

One example of the PRESENT PARTICIPLE occurs in the Conversation part of this lesson:

*ukazuj***ące** which is showing

5 / VERBAL NOUNS AND THEIR USES Verbal nouns (ending in **-anie, -enie,** or **-cie**) are used in Polish to denote action and also state of being or becoming. They are formed both from IMPERFECTIVE and PERFECTIVE VERBS, as shown below.

IPF.	PF.
przekształcać się to be transforming INTRANS.	*przekształcić się* to become transformed
*przekształc***anie** *się* the state of being transformed	*przekształc***enie** *się* transformation (i.e., state of having been transformed)
rozpoczynać to be initiating	*rozpocząć* to initiate, have initiated
*rozpoczyn***anie** the act of initiating	*rozpoczę***cie** initiation (i.e., action of having initiated)
wyzwalać to be liberating	*wyzwolić* to liberate, have liberated
*wyzwal***anie** the act of liberating	*wyzwol***enie** liberation (an accomplished fact)

6 / CARDINAL VS. ORDINAL NUMERALS; THEIR USE WITH REFERENCE TO YEARS AND CENTURIES

(a) The Cardinal Numbers In Lesson 18, the following Polish CARDINAL NUMERALS were given: 1–7; 20, 30, 40, 50, 60; 100, 200, 300, 400, 500, 600, 700; 1000. The remaining nonrepetitive CARDINAL NUMERALS are as follows:

8	*osiem*	14	*czternaście*	70	*siedemdziesiąt*
9	*dziewięć*	15	*piętnaście*	80	*osiemdziesiąt*
10	*dziesięć*	16	*szesnaście*	90	*dziewięćdziesiąt*
11	*jedenaście*	17	*siedemnaście*	800	*osiemset*
12	*dwanaście*	18	*osiemnaście*	900	*dziewięćset*
13	*trzynaście*	19	*dziewiętnaście*		

The following combinations ought to be noted:

21 22 23 etc.	*dwadzieścia jeden dwa trzy* itd.
31 32 33 etc.	*trzydzieści jeden dwa trzy* itd.
91 92 93 etc.	*dziewięćdziesiąt jeden dwa trzy* itd.
101 102 103 etc.	*sto jeden dwa trzy* itd.
901 902 903 etc.	*dziewięćset jeden dwa trzy* itd.

All CARDINAL NUMERALS are declined; however, their declension is relatively simple (see the corresponding table in the Reference Grammar at the end of the book).

(b) The Ordinal Numerals The ORDINAL NUMERALS are formed and declined like adjectives. Their NOM. FEM. SG. form is found in the heading of each lesson (*pierwsza, druga, trzecia*). Listed below are other important non-repetitive ORDINAL NUMERALS in the NOM. MASC. SG.:

twentieth	*dwudziesty*
thirtieth	*trzydziesty*
fortieth	*czterdziesty*
fiftieth	*pięćdziesiąty*
sixtieth	*sześćdziesiąty*
seventieth	*siedemdziesiąty*
eightieth	*osiemdziesiąty*
ninetieth	*dziewięćdziesiąty*
hundredth two hundredth etc.	*setny dwóchsetny* itd.

ORDINAL NUMERALS have to be used with reference to centuries (as in English):

XV (fifteenth) century	*XV (piętnasty) wiek*
XX (twentieth) century	*XX (dwudziesty) wiek*

(c) Use of Cardinal and Ordinal Numerals with Reference to Years The use of CARDINAL and ORDINAL NUMERALS with reference to years can be illustrated by the following examples:

	CARDINAL	ORDINAL
Year 1000 (1000th)	*rok*	*tysięczny*
Year 1001 (1000-1st)	*rok tysiąc*	*pierwszy*
Year 1220 (1000-200-20th)	*rok tysiąc dwieście*	*dwudziesty*
Year 1331 (1000-300-30th-1st)	*rok tysiąc trzysta*	*trzydziesty pierwszy*
Year 1950 (1000-900-50th)	*rok tysiąc dziewięćset*	*pięćdziesiąty*
Year 1964 (1000-900-60th-4th)	*rok tysiąc dziewięćset*	*sześćdziesiąty czwarty*

When expressing years, you will note that CARDINAL NUMERALS are used to indicate the number of hundreds and/or thousands in a compound numeral of three or more digits (966: i.e., 900 plus 66; 1122: i.e., 1000 plus one hundred plus twenty-two). Note also that the Polish equivalent of "nineteen hundred," for example, is *tysiąc dziewięćset,* i.e., "(one) thousand nine hundred."

ORDINAL NUMERALS, on the other hand, are used:

1. To indicate the number of single digits or tens when the year referred to bears a number lower than 100.

2. To indicate even hundreds or thousands (round numbers).

3. To indicate the last digit or the last two digits, as the case may be, in compound numerals above 100.

Examples follow:

1

year	5	(**5th**)	*rok* **piąty**
year	15	(**15th**)	*rok* **piętnasty**
year	55	(**55th**)	*rok* **pięćdziesiąty piąty**

2

year	100	(**100th**)	*rok* **setny**
year	900	(**900th**)	*rok* **dziewięćsetny**
year	1000	(**1000th**)	*rok* **tysięczny**

3

year	120	(100 and **20th**)	*rok sto* **dwudziesty**
year	966	(900 and **60th** and **6th**)	*rok dziewięćset* **sześćdziesiąty szósty**
year	1001	(1000 and 100 and **1st**)	*rok tysiąc sto* **pierwszy**
year	1333	(1000 and 300 and **30th** and **3rd**)	*rok tysiąc trzysta* **trzydziesty trzeci**
year	1965	(1000 and 900 and **60th** and **5th**)	*rok tysiąc dziewięćset* **sześćdziesiąty piąty**

LEKCJA DWUDZIESTA SIODMA

TWENTY-SEVENTH LESSON

W bibliotece

At the Library

A: BIBLIOTEKARZ/BIBLIOTEKARKA

B: CZYTELNIK/CZYTELNICZKA

B: *Czy jest w bibliotece dział literatury pięknej?*

A: *Oczywiście. A jacy autorzy Pana (Panią) interesują?*

B: *Interesują mnie polscy autorzy dziewiętnastego i dwudziestego wieku.*

A: *Czy można wiedzieć, którzy?*

B: *Adam Mickiewicz, Juliusz Słowacki, Henryk Sienkiewicz, Bolesław Prus, Stefan Żeromski, Władysław Reymont, Zofia Nałkowska, Zofia Kossak . . .*

A. *To dość pokaźna lista. A jakie dzieła tych autorów chciałby (chciałaby) Pan(i) wypożyczyć?*

B. *Interesują mnie: "Dziady" Mickiewicza, "Beniowski" Słowackiego, "Potop" Sienkiewicza, "Lalka" Prusa, "Ludzie bezdomni" Żeromskiego, "Chłopi" Reymonta, "Kobiety" Nałkowskiej i "Krzyżowcy" Kossak.*

A. *Czy Pan(i) chce wypożyczyć te książki z biblioteki, czy czytać na miejscu?*

B. *Wolałbym (Wolałabym) je wypożyczyć, jeśli można.*

A: LIBRARIAN (MAN/WOMAN)

B: READER (MAN/WOMAN)

B: Is (there) in the library a literary fiction section?

A: Of course. And what authors are you interested in? (And what authors interest you?)

B: I'm interested in Polish authors of the nineteenth and twentieth century.

A: May I know which ones?

B: Adam Mickiewicz, Julius Slowacki, Henry Sienkiewicz, Boleslas Prus, Stephen Zeromski, Ladislas Reymont, Sophia Nalkowski, Sophia Kossak . . .

A. That's quite a respectable list. And what works of these authors would you like to check out (to borrow)?

B. I'm interested in: *Forefathers' Eve* by Mickiewicz, *Beniowski* by Slowacki, *The Deluge* by Sienkiewicz, *The Doll* by Prus, *Homeless People* by Zeromski, *The Peasants* by Reymont, *Women* by Nalkowska and *The Crusaders* by Kossak.

A. Do you want to check these books out of the library or to read them on the premises (in the place)?

B. I'd prefer to check them out, if I may.

A. *Można wypożyczyć na raz od dwóch do pięciu książek. Jakie pozycje Pan(i) sobie życzy?*

A. You may check out at one time from two to five books. What titles would you like (i.e., do you wish for yourself)?

B. *Chciałbym (Chciałabym) wziąć "Potop," "Lalkę" i "Chłopów."*

B. I'd like to take *The Deluge, The Doll,* and *The Peasants.*

A. *Proszę wypełnić rewersy na te książki. Proszę podać ich numery katalogowe, swoje imię, nazwisko i adres. Czy ma Pan(i) ze sobą dowód osobisty?*

A. Please fill out library forms for these books. Please give their catalog numbers, your first name, last name, and address. Do you have (your) identity card with you?

B. *Proszę bardzo!*

B. Here you are.

A. *W porządku. Dziękuję. Książki wypożyczamy na miesiąc.*

A. Okay. Thanks. We lend books for (one) month.

B: *A więc za miesiąc odniosę Panu (Pani) te trzy książki, i wezmę wtedy "Dziady," "Beniowskiego" i "Ludzi bezdomnych." W jakich dniach i godzinach czynna jest biblioteka?*

B: And so in a month I'll bring back to you these three books, and then I'll take *Forefathers' Eve, Beniowski,* and *Homeless People.* On what days and during what hours is the library open?

A: *Biblioteka jest czynna codziennie z wyjątkiem sobót i niedziel, od 10–tej (dziesiątej) do 20–tej (dwudziestej). A kiedy Pan(i) weźmie książki Zofii Kossak i Nałkowskiej?*

A: The library is open every day with the exception of Saturdays and Sundays, from 10 A.M. to 8 P.M. And when will you take the books by Sophie Kossak and Nalkowska?

B: *Chyba dopiero za trzy miesiące.*

B: Perhaps only in three months (from now).

A: *Życzę Panu (Pani) przyjemnej lektury.*

A: I wish you a pleasant reading.

B: *Dziękuję. Do widzenia!*

B: Thank you. Goodbye.

A: *Do widzenia!*

A: Goodbye.

Słowniczek / Vocabulary

czynny, czynne, czynna — active, functioning; open ADJ.
dowód osobisty — identity card
dział G. SG. **działu** — section, division
lektura — reading
literatura piękna — belles lettres, literary fiction
na raz — at one time

odnieść (odniosę, odniesie, odniosą) PF.	to bring back
pokaźny, pokaźne, pokaźna	respectable, fairly large
porządek G., L. SG. **porządku**	order
pozycja	(library) title; item, entry
przyjemny, przyjemne, przyjemna	pleasant
wyjątek G. SG. **wyjątku** L. SG. **wyjątkiem**	exception

LEKCJA DWUDZIESTA ÓSMA

TWENTY-EIGHTH LESSON

Zwiedzamy uniwersytet

1. *Stoimy przed głównym budynkiem uniwersytetu, w którym mieści się rektorat, kwestura i biuro administracyjne.*
2. *Jeśli się nie mylę, rektor jest najwyższą władzą uniwersytetu.*
3. *Tak, a jego zastępcami są prorektorzy.*
4. *A jakie wydziały istnieją na uniwersytecie?*
5. *Wydziałów jest bardzo dużo, tak że wymienię tylko niektóre: Wydział Filologii Polskiej, Wydział Historyczny, Matematyki, Biologii, Pedagogiki i Psychologii, Chemii, Nauk Politycznych, Geologii, itp. (i tym podobne).*
6. *Z tego widać, że na uniwersytecie nie ma wydziałów rolniczych i technicznych.*
7. *Słusznie Pan(i) to zauważył(a). W Polsce istnieją odrębne uczelnie rolnicze i techniczne. W każdym większym mieście jest Akademia Rolnicza, a często i Politechnika.*

Visiting the University

1. We're standing in front of the main building of the university in which is (are) located the president's office, the bursar's office, and the administration office.
2. If I'm correct (If I am not mistaken), the president is the highest authority of the university.
3. Yes, and his substitutes are the vice-presidents.
4. And what divisions (colleges) are there in the university?
5. There are a great many (very many) divisions (colleges), so I'll mention only some (of them): Division of Polish Philology, Division of History, (of) Mathematics, (of) Biology, (of) Pedagogy and Psychology, (of) Chemistry, (of) Political Science(s), (of) Geology, and such like.
6. From this it can be seen that at the university there aren't (any) agricultural and engineering divisions (colleges).
7. Your observation is correct (You have observed it correctly). In Poland (there) are separate agricultural and engineering institutions. In every larger city (there) is an Agricultural

University, and frequently also a Polytechnic Institute.

8. *Kto stoi na czele wydziału?*
8. Who heads a division (college)?

9. *Na czele wydziału stoi dziekan, a zastępują go prodziekani.*
9. A dean heads a division (college), and he is assisted by associate deans.

10. *Rozumiem. O, na tych drzwiach jest napis "Dziekanat wydziału filologii polskiej".*
10. I understand. Oh, on this door (there) is a sign "Office of the Dean of the Division of Polish Philology."

11. *Teraz Panu (Pani) pokażę bibliotekę uniwersytecką. Tu się mieści czytelnia ogólna, a za tymi drzwiami—czytelnia czasopism, a katalogi znajdują się piętro wyżej.*
11. Now I'll show you the university library. Here is located the general reading room, and behind this door (is) the periodical room, and the catalogs are located on the floor above.

PO ZWIEDZENIU BIBLIOTEKI

AFTER VISITING THE LIBRARY

12. *Rzeczywiście, biblioteka uniwersytecka ma bardzo bogaty księgozbiór.*
12. Really, the university library has a very fine (rich) collection of books.

13. *Tak, mamy wszystkie wydawnictwa krajowe i bardzo wiele zagranicznych. Staramy się zapewnić studentom dobre warunki studiów.*
13. Yes, we have all local (domestic) publications and a great many foreign ones. We try to provide good study conditions for our students.

14. *Ile lat trwają studia na uniwersytecie?*
14. How many years do the studies at the university last?

15. *Pięć lat do magisterium, a potem można rozpocząć studia podyplomowe, które trwają rok albo dwa lata. Istnieją także studia doktoranckie, które trwają trzy lata.*
15. Five years for the Master's degree, and then one can begin postgraduate studies which last one or two years. (There) exist also doctoral studies which last three years.

16. *To chyba dłużej niż u nas.*
16. That's probably longer than in our country.

17. *Nie wiem na pewno, ale sądzę, że tak. Zresztą po doktoracie można jeszcze zrobić pracę habilitacyjną.*
17. I don't know for sure, but I think (it is) so. Moreover, after a doctorate one still can do postdoctoral research work.

18. *A co to jest praca habilitacyjna?*	18. And what is postdoctoral research work?
19. *Praca habilitacyjna jest to praca całkowicie oryginalna, która jest poważnym osiągnięciem naukowym. Po habilitacji otrzymuje się prawo wykładania na uniwersytetach i innych wyższych uczelniach.*	19. Postdoctoral research work is a wholly original work which is a significant scholarly accomplishment. After completing postdoctoral research work one obtains the right to lecture in universities and other institutions of higher learning.
20. *To chyba nie ma odpowiednika ani w Stanach Zjednoczonych ani w Kanadzie.*	20. This probably doesn't have an equivalent either in the States or in Canada.
21. *Myślę że nie. Co jeszcze chciałby (chciałaby) Pan(i) wiedzieć o naszym uniwersytecie?*	21. I believe (think) that it doesn't. What else would you like to know about our university?
22. *Jak długo trwa rok akademicki?*	22. How long does the academic year last?
23. *Rok akademicki trwa od pierwszego października do piętnastego czerwca, i obejmuje dwa semestry.*	23. The academic year lasts from the first of October to the fifteenth of June, and (it) consists of two semesters.
24. *A kiedy są egzaminy?*	24. And when are the examinations?
25. *W czasie sesji egzaminacyjnej przy końcu każdego semestru.*	25. During the examination period at the end of each semester.
26. *Bardzo Panu (Pani) dziękuję za wszystkie informacje i za pokazanie mi uniwersytetu.*	26. Thank you very much for all the information and for showing me the university.
27. *Proszę bardzo!*	27. You're very welcome.

Słowniczek / Vocabulary

bogaty, bogate, bogata	rich
czasopismo	periodical
czytelnia	reading room
dłużej COMP. degree of **długo**	longer ADV.
doktorancki, -e, doktorancka	doctoral
dziekan N. PL. **dziekani**	dean
dziekanat G. SG. **dziekanatu**	dean's office
istnieć (istnieje, istnieją)	to exist

krajowy, krajowa, krajowe	of the country; domestic
kwestura	bursar's office
magisterium	Master's degree
nauki polityczne	political science(s)
naukowy, naukowe, naukowa	scholarly, scientific
obejmować (obejmuje, obejmują)	to encompass, to include
odpowiednik	(corresponding) equivalent
odrębny, odrębne, odrębna	separate ADJ.
ogólny, ogólne, ogólna	general ADJ.
osiągnięcie	achievement, accomplishment
podyplomowy, podyplomowe, podyplomowa	postgraduate ADJ.
poważny, poważne, poważna	serious
prodziekan N. PL. **prodziekani**	associate dean
prorektor N. PL. **prorektorzy**	(university) vice-president
rektor N. PL. **rektorzy**	(university) president
rolniczy, rolnicze, rolnicza	agricultural
stać na czele (wydziału, itd.)	to head (a division, etc.)
słusznie	rightly, correctly, justly
techniczny, techniczne, techniczna	technical, technological; engineering ADJ.
trwać (trwa, trwają)	to last
uczelnia	educational institution
wydawnictwo	publication; publisher
wydział G. SG. **wydziału**	division (of a university)
wykładanie	lecturing V.N.
zapewnić PF. + DAT.	to provide (to or for)
zastępca	substitute, deputy
zauważyć	to observe, to remark, to notice
zresztą	besides, after all
zwiedzać	to visit, to sightsee (in)

Gramatyka Grammar

1 / THE RELATIVE PRONOUN który, które, która The relative pronoun *który, które, która* (which, who) is used in Polish with reference to ANIMATE as well as INANIMATE nouns. It is declined like an adjective, and agrees in gender, number, and case[1] with the noun to which it refers. When *który,*

[1] When the part of a sentence beginning with *który, które, która,* completes the meaning of the main clause or supplies additional information, there is often no agreement in case between the relative pronoun and the noun to which it refers (although the agreement in gender and number is kept). This is seen from examples that follow.

które, która is preceded by a preposition (*od, do, na, w, za*), it takes the case required by that preposition. Examples follow.

Oto urzędnik, **który** *Pana obsłuży.*	Here's the clerk **who** will attend you.
. . . do tego miasta, **z którego** *on pisze.*	. . . to that city **from which** he writes.
. . . temu, **któremu** *dałem Pana adres.*	. . . to the one **to whom** I gave your address.
. . . tego, **którego** *mam poznać.*	. . . the one **whom** I am to meet.
. . . z tym, **którym** *się ona interesuje.*	. . . with the one in **whom** she is interested.
Dom, **do którego** *wszedłem . . .*	The house **into which** I went . . .
Las, **ku któremu** *szedłem . . .*	The forest **toward which** I was walking . . .
Rzeka, **nad którą** *stało miasto . . .*	The river **on** (i.e., over) **which** the city stood . . .
Góra, **na której** *stał zamek . . .*	The mountain **on which** the castle stood . . .

It is obvious from the above examples that *który, które, która* (with or without a preposition) connects the main clause (a complete, independent sentence) to the secondary or relative clause (an incomplete, dependent sentence or phrase). This relative pronoun, as seen above, is always preceded by a comma and is seldom used at the beginning of a sentence, except for special emphasis. The use of *Który?* (*Które? Która?*) as an introductory word in questions has been discussed earlier.

Przy Alej Niepodległości stoi duży budynek, **na którym** *widnieje napis . . .*	On Independence Avenue stands a large building, **on which** there is an inscription . . .
Oto mój brat, **którego** *dawno nie widziałem.*	Here's my brother, **whom** I haven't seen for a long time. (GEN. case is required here to indicate the direct object of a negative verb.)
Na prawo znajduje się . . . lada, **za którą** *stoi . . . waga.*	To the right is located a counter, **behind which** stands a scale.
Student, **któremu** *pożyczyłem książkę, jeszcze mi jej nie oddał.*	The student **to whom** I lent the book hasn't given it back to me yet.

LEKCJA DWUDZIESTA DZIEWIĄTA / TWENTY-NINTH LESSON

Po odczycie o bogactwach naturalnych Polski / After a Lecture About Poland's Natural Resources

1. *Słyszałem (Słyszałam), że był(a) Pan(i) na odczycie o bogactwach naturalnych Polski.*	1. I've heard that you were at a lecture about Poland's natural resources.
2. *Owszem, byłem (byłam). Bardzo mnie zainteresował. Dużo się z niego nauczyłem (nauczyłam).*	2. Why, yes, I was. It was very interesting for me. I learned much from it.
3. *Na przykład, czego się Pan(i) dowiedział(a) o węglu kamiennym?*	3. For example, what did you find out about hard coal?
4. *Węgiel kamienny ma wielkie znaczenie we współczesnej gospodarce Polski. Występuje on na Górnym i Dolnym Śląsku. W produkcji węgla Polska zajmuje czwarte miejsce na świecie.*	4. Hard coal is very important (has great significance) in the contemporary economy of Poland in the Carpathians Upper and Lower Silesia. In the production of coal Poland ranks fourth (occupies the fourth place) in the world.
5. *A czy na odczycie była mowa o ropie naftowej i gazie ziemnym?*	5. And was anything said at the lecture about crude oil and natural gas?
6. *Naturalnie. Dowiedziałem (Dowiedziałam) się, że ropa naftowa występuje w Polsce w Karpatach i na Dolnym Śląsku. Produkcja ropy naftowej jest zbyt mała na potrzeby kraju, toteż geologowie poszukują stale nowych terenów naftowych. Gaz ziemny, który występuje w sąsiedztwie terenów naftowych, jest używany w przemyśle chemicznym i w gospodarstwie domowym.*	6. Of course (Naturally). I found out that crude oil occurs in Poland in the Carpathians and in Lower Silesia. The production of crude oil is too small for the country's needs, therefore geologists are constantly searching for new oil fields. Natural gas, which occurs in the vicinity of oil fields, is used in chemical industry and in homes.

7. *A czy mówiono o rudach żelaza i innych metali?*	7. And did they say anything about iron ores and (the ores of) others metals?
8. *Tak. Ruda żelaza występuje w okolicach Zawiercia i Częstochowy oraz na Dolnym Śląsku. Ale krajowa ruda nie wystarcza na potrzeby przemysłu ciężkiego i musi on jeszcze importować rudę ze Związku Radzieckiego i Szwecji. Za to w Polsce znajdują się bogate złoża rudy miedzi. Odkryto je niedawno na Dolnym Śląsku.*	8. Yes. Iron ore occurs in the vicinity (environs) of Zawiercie and Czestochowa and also in Lower Silesia. But the domestic ore is not sufficient (does not suffice) for the needs of the heavy industry and it (the latter) still has to import ore from the Soviet Union and Sweden. On the other hand, in Poland there are (found) rich copper ore deposits. They were discovered recently in Lower Silesia.
9. *O jakich jeszcze bogactwach naturalnych mówił prelegent?*	9. What other natural resources did the lecturer speak (was speaking) about?
10. *Mówił o soli kuchennej, którą wydobywają w okolicach Krakowa, i o źródłach mineralnych, występujących w całej Polsce i wyzyskiwanych dla celów leczniczych.*	10. He spoke (was speaking) about table salt which is being mined in the vicinity of Cracow, and about mineral springs which are (found) all over Poland and are utilized for therapeutic purposes.
11. *Teraz Pan(i) wie, że Polska ma dużo bogactw naturalnych.*	11. Now you know that Poland has many natural resources.
12. *Tak, i opowiem o tym moim przyjaciołom w Ameryce i innych krajach.*	12. Yes, and I'll tell my friends in America and other countries about it.

Słowniczek / Vocabulary

bogactwa naturalne PL. only	natural resources
bogactwo	wealth
cel G. PL. **celów**	purpose
gaz G. SG. **gazu**	gas
gaz ziemny	natural gas
gospodarka D., L. SG. **gospodarce**	economy
leczniczy, -e, -a	medicinal, therapeutic

okolica N. PL. **okolice**	vicinity, environs
poszukiwać (poszukuje, poszukują) + GEN.	to search, to be searching (for)
potrzeba N., A. PL. **potrzeby**	need, necessity
przemysł chemiczny	chemical industry
przemysł ciężki G. SG. **przemysłu ciężkiego**	heavy industry
ropa naftowa	crude oil
ruda G. PL. **rud**	ore
ruda żelaza PL. **rudy żelaza**	iron ore
sąsiedztwo L. SG. **w sąsiedztwie**	vicinity, neighborhood
stale	constantly
sól G. SG. **soli**	salt
sól kuchenna	common salt, table salt
Szwecja	Sweden
tereny naftowe	oil fields
używany, -e, -a (do)	used (for)
węgiel G. SG. **węgla**	coal
węgiel kamienny	hard coal
współczesny, -e, -a	present-day; contemporary ADJ.
wydobywać	to extract, to producc
występować (występuje, występują)	to appear, to occur
Zawiercie	Zawiercie (city in Poland)
żelazo	iron
złoża rudy miedzi	copper ore deposits
znaczenie	significance, importance

Gramatyka — Grammar

1 / CONSTRUCTIONS USED WITH EXPRESSIONS OF QUANTITY IN POLISH The Polish equivalent of the English "how much, how many" is *ile* or *ilu*. The two forms are used in the following fashion:

(a) *Ile* with the GEN. SG. corresponds to "how much" and is used in asking about the quantity of some material or something that is not counted, e.g.

Ile *materiał***u***?* How **much** (What quantity of) **material/cloth**?
Ile *chleb***a***?* How **much** (What quantity of) **bread**?
Ile *czas***u***?* How **much** (What amount of) **time**?

(b) *Ilu, ile* with the GEN. PL. corresponds to "how many" and is used as follows:

Ilu With reference to nouns indicating MASCULINE PERSONS
Ile With reference to other nouns

Examples follow:

MASC. PERSONS	OTHER
Ilu *studentów?* How **many** (What number of) **students**?	**Ile** *studentek?* How **many** (What number of) **co-eds**?
Ilu *nauczycieli?* How **many** (What number of) **teachers**?	**Ile** *kobiet?* How **many** (What number of) **women**?
Ilu *badaczy?* How **many** (What number of) **researchers**?	**Ile** *stołów* How **many** (What number of) **tables**?
Ilu *uczonych?* How **many** (What number of) **scientists**?	**Ile** *koni?* How **many** (What number of) **horses**?
	Ile *dzieci?* How **many** (What number of) **children**?

The same rules will, of course, govern the use of *wiele*, *wielu* (much, many), *tyle*, *tylu* (so much, so many), as well as of CARDINAL NUMERALS 2, 3, 4, 5.

Examples of the use of CARDINAL NUMERALS with nouns referring to persons are given below in the NOMINATIVE case, together with their English equivalents.

dwóch studentów two students	*pięć kobiet* five women
pięciu nauczycieli five teachers	*sześć studentek* six co-eds
pięcioro dzieci five children	

Quantities of nouns (persons, animals, things) beyond one, are regarded as groups or units, and require the verb following them to be in the 3RD PERSON SINGULAR.

(c) The singular verb is not used after 2, 3, 4 when reference is to NON-MASCULINE persons. Thus we must say: *dwie studentki* **idą** *do kina, dwa konie* **stoją** *w stajni.* The same holds true for the past tense: *dwie studentki* **szły** *do kina, dwa konie* **stały** *w stajni.*

(d) The singular verb, when used in the PAST TENSE, takes the form of the 3RD PERSON NEUT. SG. (*szło, grało, siedziało, stało*).

(e) After numerals beyond 4 (i.e., 5, 6, 7, etc.), the use of the singular form of the verb is obligatory. This is also seen in the examples which follow.

PRESENT TENSE

Dwóch studentów **idzie** *do kina.*	Two students **are going** to a movie. i.e., (A group of) two students **is going** . . .
Pięciu nauczycieli **poprawia** *zadania.*	(A group of) five teachers **is correcting** exercises.
Pięcioro dzieci **gra** *w piłkę.*	(A group of) five children **is playing** ball.
Pięć kobiet **siedzi** *na plaży.*	(A group of) five women **is sitting** on the beach.
Pięć koni **stoi** *w stajni.*	(A string of) five horses **is standing** in the stable.
Sześć studentek **kończy** *egzamin.*	(A group of) six co-eds **is finishing** the examination.

PAST TENSE

Dwóch studentów **szło** *do kina.*	(A group of) two students **was going** to a movie.
Pięciu nauczycieli **poprawiało** *zadania.*	(A group of) five teachers **was correcting** exercises.
Pięcioro dzieci **grało** *w piłkę.*	(A group of) five children **was playing** ball.
Pięć kobiet **siedziało** *na plaży.*	(A group of) five women **was sitting** on the beach.
Pięć koni **stało** *w stajni.*	(A string of) five horses **was standing** in the stable.
Sześć studentek **kończyło** *egzamin.*	(A group of) six co-eds **was finishing** the examination.

2 / FORMS OF THE PRESENT AND PAST TENSE OF THE VERB USED WITH EXPRESSIONS OF QUANTITY IN POLISH When adjectives (or adjectival participles) are used with numerals and nouns in Polish, it is the numeral that determines whether the form of the verb to be used with them will be singular or plural. Actually, the choice is only between the THIRD PERSON SINGULAR (*jest, ma, jedzie, widzi, leczy; było, miało, jechało, widziało, leczyło)* and the THIRD PERSON PLURAL (*są, mają, jadą, widzą, leczą; byli, były; mieli, miały*; *jechali, jechały*; *widzieli, widziały*; *leczyli, leczyły*). This will be seen in the examples which follow.

PRESENT TENSE

SINGULAR (FIVE OR MORE)

W klasie **jest** *pięć (sześć, dziesięć) nowych pulpitów.*	In the classroom there **are** five (six, ten) new desks.
W Polsce **jest** *czynnych 80 kopalni węgla.*	In Poland there **are** 80 operating coal mines.
Na drzewie **siedzi** *12 czarnych ptaków.*	On a tree **sit** twelve black birds.
Pięćdziesięciu młodych robotników **jedzie** *na wczasy.*	Fifty young workers **are going** for a vacation.
Nas **widzi** *tylko pięć nieznanych osób.*	Only five unknown persons **see** us.
Pacjentów **leczy** *pięciu młodych lekarzy.*	Five young physicians **treat** the patients.

PLURAL (TWO, THREE, FOUR)

W klasie **są** *dwa (trzy, cztery) nowe stoły.*	In the classroom there **are** two (three, four) new tables.
W pokoju **siedzą** *dwaj młodzi studenci/ dwie młode studentki.*	In the room **sit** two young students/ two young co-eds.
W tramwaju **jadą** *dwadzieścia dwie wesołe uczennice.*	In the streetcar **ride** twenty-two happy girl pupils.
Psa **widzą** *czterej mali chłopcy.*	Four little boys **see** the dog.
Pacjentów **leczą** *trzej znani lekarze.*	Three well-known physicians **treat** the patients.

PAST TENSE

SINGULAR (FIVE OR MORE)

W klasie **było** *pięć (sześć, dziesięć) nowych pulpitów.*	In the classroom there **were** five (six, ten) new desks.
W Polsce **było** *czynnych 80 kopalni węgla.*	Eighty coal mines **were** operating in Poland.
Na drzewie **siedziało** *12 czarnych ptaków.*	On a tree **sat** twelve black birds.
Pięćdziesięciu młodych robotników **jechało** *na wczasy.*	Fifty young workers **were going** for a vacation.
Nas **widziało** *tylko pięć nieznanych osób.*	Only five unknown persons **saw** us.
Pacjentów **leczyło** *pięciu młodych lekarzy.*	Five young physicians **treated** the patients.

PLURAL (TWO, THREE, FOUR)

W klasie **były** *dwa (trzy, cztery) nowe stoły.*	In the classroom there **were** two (three, four) new tables.
W pokoju **siedzieli** *dwaj młodzi studenci*/**siedziały** *dwie młode studentki.*	In the room **sat** two young students/ two young co-eds.
W tramwaju **jechały** *dwadzieścia dwie wesołe uczennice.*	In the streetcar **rode** twenty-two happy girl pupils.
Pacjentów **leczyli** *trzej znani lekarze.*	Three well-known physicians **treated** the patients.
Psa **widziały** *trzy małe dziewczynki.*	Three little girls **saw** the dog.

With expressions of quantity involving MALE PERSONS, it is also possible to use the following constructions:

SINGULAR (TWO, THREE, FOUR)

PRESENT TENSE

W pokoju **siedzi** *dwóch młodych studentów.*	In the room **sit** two young (male) students.
W tym szpitalu **pracuje** *trzech znanych lekarzy.*	In this hospital **work** three well-known physicians.

PAST TENSE

W pokoju **siedziało** *dwóch młodych studentów.*	In the room **sat** two young (male) students.
W szpitalu **pracowało** *trzech znanych lekarzy.*	In the hospital **worked** three well-known physicians.

From the foregoing examples, the following conclusions can be drawn:

(a) The SINGULAR form of the verb (*jest, ma, widzi; było, miało, widziało*) must be used after numerals beyond 4, except those compound numerals (beyond 20) which end in 2, 3, 4.

(b) Either the SINGULAR or the PLURAL form of the verb may be used after 2, 3, 4 in expressions of quantity involving MALE PERSONS. However, note the difference in the case of the subject: it is the NOM. PL. case (*dw***aj** *młod***zi** *studen***ci**) with the PLURAL form of the verb, but the GEN. PL. case (*dw***óch** *młod***ych** *studen***tów**) with the SINGULAR form of the verb.

(c) After 2, 3, 4 (and those compound numerals beyond 20 which end in 2, 3, 4) the PLURAL form of the verb must be used except with expressions of quantity involving MALE PERSONS (where there is a choice between the SINGULAR and the PLURAL form of the verb).

(d) The adjective stands in the NOMINATIVE PLURAL (*młode, nowe, wesołe, tanie*) after 2, 3, 4 (and those compound numerals beyond 20 which end in 2, 3, 4), and in the GENITIVE PLURAL after 5, 6, 7 (except those compound numerals beyond 20 which end in 2, 3, 4). In expressions of quantity involving MALE PERSONS, either NOM. PL. or GEN. PL. may be used. (See **(b)** above.) Note, however, the special form of the adjective, for the NOM. PL. only, which has to be used with MALE PERSONS (*młodzi, nowi, weseli, znani*).

LEKCJA TRZYDZIESTA — THIRTIETH LESSON

W urzedzie pocztowym — At the Post Office

A: KLIENT/KLIENTKA
B: URZĘDNIK/URZĘDNICZKA

A: PATRON (MAN/WOMAN)
B: CLERK (MAN/WOMAN)

A: *Czy tu można kupić znaczki do listów?*
B: *Tak. Jakie znaczki są Panu (Pani) potrzebne?*
A: *Na list zwykły krajowy, na kartkę pocztową krajową, na list lotniczy zagraniczny i na kartkę lotniczą zagraniczną.*
B: *List zwykły krajowy kosztuje 1 zł. 50 gr. (jeden złoty pięćdziesiąt groszy), kartka pocztowa krajowa 1 zł. (jeden złoty), list lotniczy zagraniczny 6 zł. 50 gr. (sześć złotych pięćdziesiąt groszy), a kartka lotnicza zagraniczna 4 zł. (cztery złote).*
A: *To proszę mi dać 10 (dziesięć) znaczków po 1 zł. 50 gr. (jeden złoty pięćdziesiąt), 10 (dziesięć) po 1 zł. (jeden złoty), dwa po 6 zł. 50 gr. (sześć złotych pięćdziesiąt) i pięć po 4 zł. (cztery złote).*
B: *Proszę. To będzie razem 58 zł. (pięćdziesiąt osiem złotych).*
A: *Czy może Pan(i) rozmienić sto złotych?*
B: *Proszę. Należy się Panu (Pani) 42 zł. (czterdzieści dwa złote) reszty.*
A: *Dziękuję. Czy w tym okienku mogę nadać list polecony?*
B: *Listy polecone przyjmują w okienkach 16 (szesnaście) i 17 (siedemnaście), na prawo.*

A: Can one buy stamps for letters here?
B: Yes. What kind of stamps do you need?
A: For an ordinary domestic letter, for a domestic postal card, for a foreign airmail letter, and for a foreign airmail postal card.
B: An ordinary domestic letter costs 1 zl. 50 gr. (one zloty fifty groszy), a domestic postal card 1 zl. (one zloty), a foreign airmail letter 6 zl. 50 gr. (six zlotys fifty groszy), and a foreign airmail postal card 4 zl. (four zlotys).
A: Then please give me 10 (ten) stamps at 1 zl. 50 gr. (one zloty fifty groszy), 10 (ten) at 1 zl. (one zloty), two at 6 zl. 50 gr. (six zlotys fifty groszy), and five at 4 zl. (four zlotys).
B: Here you are. This will be a total (of) 58 zl. (fifty-eight zlotys).
A: Can you change (a) hundred zloty(s) bill?
B: Sure. Here's your 42 zl. (forty-two zlotys) change.
A: Thank you. Can I mail a registered letter at (from) this windo[w]
B: Registered letters are accepted at (in) windows 16 (sixteen) and 17 (seventeen), to (your) right.

A: *A gdzie przyjmują paczki?*	A: And where do they accept parcels (packages)?
B: *Po przeciwnej stronie, gdzie są napisy* PACZKI KRAJOWE *i* PACZKI ZAGRANICZNE.	B: On the opposite side, where (there) are signs DOMESTIC PARCELS and FOREIGN PARCELS.
A: *Jeszcze chciałem (chciałam) się dowiedzieć, jak się przesyła pieniądze przekazem pocztowym.*	A: I still would like to find out how one sends money by postal money order.
B: *Pójdzie Pan(i) do okienka z napisem* WPŁATY I WYPŁATY NA PRZEKAZY POCZTOWE, *wypełni Pan(i) przekaz i wpłaci pieniądze.*	B: You will go to a window with the sign MONEY ORDERS SOLD AND CASHED, you will fill out a money order form and pay (in) the money.
A: *Dziękuję bardzo!*	A: Thank you very much.
B: *Proszę bardzo!*	B: You're very welcome.

Przy okienku z napisem PACZKI ZAGRANICZNE	At the window with the sign FOREIGN PARCELS
A: *Chciałbym (Chciałabym) wysłać te książki do Stanów Zjednoczonych.*	A: I'd like to send these books to the United States.
B: *Zwykłą pocztą czy lotniczą?*	B: By ordinary mail or by air mail?
A: *Lotnicza drogo kosztuje, więc chyba je wyślę zwykłą. Czy trzeba wypełnić deklarację celną?*	A: Air mail is expensive (costs a lot), so probably I'll send them by ordinary mail. Is it necessary to fill out a customs declaration?
B: *Nie, wystarczy wypełnić do każdej paczki formularz "Adres pomocniczy." Proszę zapakować każdą ksiażkę osobno i nie zaklejać paczki, tylko obwinąć ją sznurkiem. Na paczce proszę napisać* DRUK, *imię i nazwisko adresata. Imię i nazwisko nadawcy proszę napisać na odwrocie paczki.*	B: No, it'll be sufficient to fill out for each parcel the "Auxiliary Address" form. Please wrap each book separately and do not seal the parcel but only put string around it. On the parcel please write PRINTED MATTER, the first and last name of the addressee. Please write the first and last name of the sender on the reverse (side) of the parcel.
A: *A ile kosztuje przesyłka książek jako* DRUKÓW?	A: And how much does it cost to send books as PRINTED MATTER pieces?
B: *Kosztuje 12 zł. 50 gr. (dwanaście złotych pięćdziesiąt groszy) za każdą paczkę.*	B: It costs 12 zl. 50 gr. (twelve zlotys fifty groszy) for each parcel.

A: *Dziękuję bardzo za informację.*

B: *Proszę bardzo!*

A: Thank you very much for the information.

B: You're very welcome.

Przy okienku z napisem PRZYJMOWANIE TELEGRAMÓW

At the window with the sign TELEGRAMS ACCEPTED

A: *Chciałbym (Chciałabym) nadać telegram.*

B: *Na zwykłym blankiecie czy na ozdobnym?*

A: *Na zwykłym. A kiedy się używa ozdobne?*

B: *Kiedy się przesyła życzenia gratulacje itp. (i tym podobne).*

A: *Teraz rozumiem. Ile się płaci za każde słowo w telegramie do Ameryki?*

B: *Za każde słowo, nawet w adresie i podpisie, płaci się 24 zł. (dwadzieścia cztery złote).*

A: *Czy telegram może być po angielsku, czy tylko po polsku?*

B: *Może być albo po angielsku, albo po polsku.*

A: (WRĘCZA TELEGRAM) *Proszę!*

B: *Dziesięć słów. To będzie 240 zł. (dwieście czterdzieści złotych).*

A: *Proszę!* (WRĘCZA PIENIĄDZE)

B: *Dziękuję!*

A: I'd like to send a telegram.

B: On a regular blank or on an ornamental one?

A: On a regular one. And when do you use ornamental ones?

B: When you send greetings, congratulations, and such like.

A: Now I understand. How much does one pay for each word in a telegram to America?

B: For each word, even in the address and (in the) signature, one pays 24 zl. (twenty-four zlotys).

A: Can the telegram be in English, or (must it be) only in Polish?

B: It can be either in English or in Polish.

A: (HANDS THE TELEGRAM) Here you are.

B: Ten words. That'll be 240 zl. (two hundred forty zlotys).

A: Here you are. (HANDS THE MONEY)

B: Thank you.

Zamawianie rozmowy międzymiastowej na poczcie (Urząd Pocztowo-Telekomunikacyjny)

A: TELEFONUJĄCY/TELEFONUJĄCA

B: TELEFONISTKA

C: ROZMÓWCA/ROZMÓWCZYNI

A: *Proszę o warszawską książkę telefoniczną.*

B: *Proszę uprzejmie.*

Placing a long-distance call from the post office (Post-Telegraph-and Telephone Office)

A: THE PERSON PLACING THE CALL

B: TELEPHONE OPERATOR

C: THE PERSON RECEIVING THE CALL

A: May I have (Please give me) the Warsaw telephone directory.

B: Here you are (Sir, Madam).

A: *Chciałbym (Chciałabym) zamówić rozmowę z Warszawą, numer 31–27–52 (trzydzieści jeden–dwadzieścia siedem–pięćdziesiąt dwa). Jak długo muszę czekać na połączenie?*	A: I'd like to place a call to Warsaw, number 31–27–52 (thirty one–twenty seven–fifty two). How long do I have to wait for the connection?
B: *Przykro mi, ale połączenie z Warszawą jest aktualnie przerwane. Musiałby (Musiałaby) Pan(i) czekać około pół godziny.*	B: I'm sorry, but the connection with Warsaw (the line to Warsaw) is presently interrupted (out of order). You would have to wait about half an hour.
A: *Dziękuję, poczekam.*	A: Thanks, I'll wait.
Po pół godzinie:	After half an hour
B: *Warszawa—numer 31–27–52 nie odpowiada (nie zgłasza się)!*	B: Warsaw—number 31–27–52 does not answer!
A: *Proszę próbować ponownie za chwilę. Będę czekać.*	A: Please try again in a moment. I'll be waiting.
B: *Warszawa—numer 31–27–52—kabina numer trzy—proszę mówić!*	B: Warsaw—number 31–27–52—booth number three—go ahead (please speak)!
A: (Z KABINY NUMER TRZY) *Proszę Pani, nic nie słyszę!*	A: (FROM BOOTH NUMBER THREE) Madam, I don't hear anything!
B: *Proszę chwileczkę poczekać. Spróbuję Pana (Panią) połączyć jeszcze raz.*	B: Please wait a minute (a little while). I'll try to connect you again (once more).
A: *Dziękuję bardzo.*	A: Thank you very much.
B: *Proszę mówić!*	B: Go ahead (please speak)!
A: *Dziękuję.—Halo, tu mówi Jan Nowak (Krystyna Kowalska).*	A: Thank you.—Hello, here's John Novak (Christine Kowalski) speaking.
C: *Nie słyszę Pana (Pani). Proszę mowić głośniej!*	C: I don't hear you. Please speak louder (more loudly).
A: *Halo, czy mogę prosić pana Jana (panią Zofię)?*	A: Hello, may I speak to (Mr.) John/(Miss/Mrs.) Sophie?
C: *Niestety, nie ma go (jej). Czy mam przekazać jakąś wiadomość?*	C: I'm sorry, he (she) isn't in. May I take a message?
A: *Proszę przekazać, że zadzwonię do niego (niej) jutro o godzinie dwunastej.*	A: Please give (him/her) the message that I'll call him (her) tomorrow at twelve o'clock (noon).

C: *Dobrze, przekażę.* — C: Fine, I'll give (him/her) the message.

A: *Dziękuję, do widzenia.* — A: Thank you, goodbye.

C: *Do widzenia.* — C: Goodbye.

A: *Ile płacę za rozmowę?* — A: How much do I owe (do I pay) for the call?

B: *Piętnaście złotych.* — B: Fifteen zlotys.

A: *Proszę* (WRĘCZA PIENIĄDZE), *dziękuję, do widzenia.* — A: Here you are (HANDS OVER THE MONEY), thank you, (and) goodbye.

LEKCJA TRZYDZIESTA PIERWSZA

THIRTY-FIRST LESSON

W sklepie spożywczym

A: KUPUJĄCY/KUPUJĄCA
B: SPRZEDAWCA/SPRZEDAWCZYNI
C: KASJER/KASJERKA

A: *Dzień dobry! Ile kosztuje kilogram tej kiełbasy?*

B: *54 zł. (Pięćdziesiąt cztery złote).*

A: *A jaki to gatunek?*

B: *Ta na ladzie to jałowcowa, a ta, co wisi, to szynkowa.*

A: *Proszę mi dać pół kilograma szynkowej. Tylko proszę mi cienko pokroić.*

B: *Proszę!*

A: *Proszę butelkę mleka.*

B: *A ma Pan(i) pustą butelkę?*

A: *Nie mam.*

B: *To za butelkę będzie zastaw. Jak Pan(i) przyniesie butelkę, to zwrócimy Panu (Pani) pieniądze. A jakie mleko Pan(i) sobie życzy: zwykłe czy pełne?*

A: *Proszę o butelkę zwykłego. Czy jest biały ser?*

B: *Chudy czy tłusty? A może Pan(i) weźmie twarożek za osiem złotych? Mamy też świeży żółty ser.*

In a Grocery Store

A: CUSTOMER (MAN/WOMAN)
B: SALES CLERK (MAN/WOMAN)
C: CHECKOUT CLERK (MAN/WOMAN)

A: Good morning. How much is a kilogram (= 2.2 lbs.) of this sausage?

B: 54 zl. (fifty-four zlotys).

A: And what brand is that?

B: That one on the counter is the juniper-smoked (one), and/but the one that's hanging is the ham sausage.

A: Please give me half a kilogram (1.1 lbs.) of ham sausage. Only please slice (it) thin for me.

B: Here you are.

A: Please (give me) a bottle of milk.

B: And do you have an empty bottle?

A: I don't (have).

B: Then for the bottle there'll be a deposit. When you (will) bring the bottle, (then) we'll refund (to) you the money. And what kind of milk would you like: regular or whole?

A: Please (give me) a bottle of regular (milk). Do you have (Is there) white cheese?

B: Made from skim milk or (from) regular milk? Or perhaps you will take cottage cheese at eight zlotys (a kilogram)? We also have fresh yellow cheese.

A: *Dziękuję bardzo! Czy dostanę tylżycki?*
A: Thanks a lot (for telling me). Can I (Will I) get Tilsit cheese?

B: *Proszę bardzo. W kawałku czy pokroić?*
B: Yes, of course. In (one) piece, or (shall I) slice (it)?

A: *W kawałku.*
A: In (one) piece.

A: *Po ile pomarańcze?*
A: How much are the oranges?

B: *Czterdzieści złotych kilo.*
B: Forty zlotys a kilo(gram).

A: *Proszę mi dać kilo ładnych pomarańcz. A czy nie ma truskawek?*
A: Please give me a kilo(gram) of nice oranges. And don't you have (aren't there) any strawberries?

B: *Jeszcze nie przywieźli. Proszę zajrzeć koło jedenastej, na pewno już będą. A czy może być więcej pomarańcz? Za czterdzieści dwa złote.*
B: They still haven't brought them. Please drop in (look in) around eleven (o'clock), we'll certainly have them (they'll be already here for sure). And can I give you (can there be) more oranges? For forty-two zlotys.

A: *Proszę bardzo!*
A: Of course you can.

C: *Miał(a) Pan(i) butelkę?*
C: Did you have (an empty) bottle?

A: *Nie miałem (miałam).*
A: I didn't (have).

C: *Za butelkę będzie zastaw. Jak Pan(i) przyniesie pustą butelkę, to się Panu (Pani) odliczy. Razem 90 zł. 50 gr. (dziewięćdziesiąt złotych pięćdziesiąt groszy). Może Pan(i) ma pięćdziesiąt groszy?*
C: For the bottle there'll be a deposit. When you (will) bring an empty bottle, you'll get credit for it (they'll deduct it for you). All together (it is) 90 zl. 50 gr. (ninety zlotys fifty groszy). Perhaps you have fifty groszy?

A: *Proszę!*
A: Here you are.

C: *Dziękuję. Do widzenia!*
C: Thank you. Goodbye.

A: *Do widzenia.*
A: Goodbye.

LEKCJA TRZYDZIESTA DRUGA

THIRTY-SECOND LESSON

W domu towarowym

A: KUPUJĄCY/KUPUJĄCA
B: SPRZEDAWCA/SPRZEDAWCZYNI
C: PANI Z INFORMACJI

A: *Czy jest woda kolońska? (Czy są perfumy?)*
B: *Jest. Jaką Pan sobie życzy, krajową czy zagraniczną? (Są. Jakie Pani sobie życzy, krajowe czy zagraniczne?)*
A: *A jaką (jakie) by mi Pan(i) radził(a) wziąć?*
B: *Mamy bardzo dobre zagraniczne wody kolońskie (perfumy). Ale ja bym Panu (Pani) proponowała krajowe; mają bardzo przyjemny i delikatny zapach.*
A: *Ile kosztuje woda kolońska "Lechia"? (Ile kosztują perfumy "Być może"?)*
B: *Dwadzieścia dwa złote. (Pięćdziesiąt złotych).*
A: *Proszę mi dać jedną butelkę wody kolońskiej (jeden flakonik perfum).*

A: *Gdzie jest dział obuwia męskiego (damskiego)?*
C: *Na pierwszym piętrze.*
A: *A dział konfekcji męskiej (damskiej)?*
C: *Na drugim piętrze.*
A: *Dziękuję!*

A: *Czy dostanę półbuty zamszowe ciemnobrązowe, rozmiar 32*

In a Department Store

A: CUSTOMER (MAN/WOMAN)
B: SALES CLERK (MAN/WOMAN)
C: A LADY IN CHARGE OF THE INFORMATION DESK

A: Do you have cologne? (Do you have perfume?)
B: We do (have). What kind would you like (Sir, Madam), domestic or foreign?
A: And what kind would you suggest to me to take?
B: We have very good foreign colognes (perfume). But I'd suggest (to you) domestic ones; they have a very pleasant and delicate fragrance (scent).
A: How much is the "Lechia" cologne? (How much is the perfume "Maybe"?)
B: Twenty-two zlotys (Fifty zlotys.)
A: Please give me one bottle of cologne (one small bottle of perfume).

A: Where's the men's (women's) footwear department?
C: On the first floor.
A: And the men's (women's) ready-made wear department?
C: On the second floor.
A: Thank you!

A: Do you have (Can I get) dark brown suede oxfords, size 32?

(trzydzieści dwa)? (ZASIĘGNĄĆ WIADOMOŚCI NA MIEJSCU O POLSKICH ROZMIARACH OBUWIA)	(INQUIRE LOCALLY ABOUT POLISH SHOE SIZES)
B: *Ten rozmiar mamy tylko w kolorze szarym. Ale proszę się dowiedzieć w następnym stoisku.*	B: This size we have in gray (color) only. But please inquire at the next counter (stand).
A: *A może przymierzyłbym te czarne?*	A: Or perhaps I should (would) try on these black ones?
B: *Proszę bardzo. Tu jest łyżka do butów.*	B: Of course. Here's a shoe horn.
A: *Bardzo, żałuję, ale są na mnie trochę za ciasne.*	A: I'm very sorry, but they're a bit too tight for me.
B: *Proszę przyjść za kilka dni. Będziemy mieli nowe fasony.*	B: Please come in a few days. We'll have new styles.
A: *Dziękuję, spróbuję przyjść.*	A: Thank you, I'll try to come.
A: *Czy dostanę garnitur (garsonkę, sukienkę) na mój rozmiar?*	A: Can I get a (man's) suit (a woman's tailored suit, a dress) in my size?
B: *A w jakim kolorze?*	B: And in what color?
A: *Może być popielaty, stalowy, brązowy, a w ostateczności czarny. (Może być zielona, niebieska, żółta, pomarańczowa, albo fioletowa.)*	A: It can be ash-colored, steel-gray, brown, and, as a last choice, black. (It can be green, blue, yellow, orange, or violet.)
B: *Ten garnitur (Ta garsonka) ma bardzo dobry krój. Na pewno będzie w nim (niej) Panu (Pani) do twarzy.*	B: This (man's/woman's) suit has a very good fit (is well made). Certainly you'll look very well in it.
A: *Wydaje mi się, że materiał jest szorstki i trochę się gniecie!*	A: It seems to me that the material (cloth) is rough and (it) rumples a bit.
B: *Proszę jeszcze obejrzeć ten gładki, szary i ten w ciemne paski (tę gładką, niebieską, i tę zieloną w paski). Są z miękkiego materiału i zupełnie nie trzeba ich prasować.*	B: Please still look over (examine) that smooth (plain), gray one, and that one with dark stripes (that plain, blue one, and that green striped one). They're (made) of soft material and it isn't necessary at all to iron them.
A: *Czy można go (ją) przymierzyć?*	A: May I try it on?
B: *Oczywiście. Proszę iść do*	B: Of course. Please go to the men's

przymierzalni dla panów (pań). Tam jest wielkie lustro, tak że może się Pan(i) od razu przejrzeć.

(women's) fitting room. There's a large mirror there, so that you can see yourself right away.

A: *Ten garnitur jest za szeroki w ramionach. (Ta garsonka jest za szczupła/za luźna w talii).*

A: This (man's) suit is too wide at the shoulders. (That [woman's] suit is too narrow/too wide at the waist.)

B: *Zaraz wyszukamy inny (inną). Ten garnitur (Ta garsonka) będzie na pewno w sam raz. Rzeczywiście, świetnie na Panu (Pani) leży.*

B: We'll find a different one (another one). This (man's/woman's) suit will surely be just right (for you). Indeed, it fits you very well (excellently).

A: *Wezmę go (ją).*

A: I'll take it.

B: *Proszę pójść z tą kartką do kasy i zapłacić, a ja tymczasem zapakuję Pana garnitur (Pani garsonkę).*

B: Please go with this slip (of paper) to the cashier('s office) and pay, and meanwhile I will wrap up your suit.

A: *W jakiej cenie są parasole męskie (parasolki damskie)?*

A: How much are men's (women's) umbrellas?

B: *Od trzystu do czterystu złotych.*

B: From three hundred to four hundred zlotys.

A: *A czy ten parasol (ta parasolka) jest składany (składana)?*

A: And is this a folding umbrella? (Is this umbrella a folding one?)

B: *Oczywiście.*

B: Of course.

A: *Wolałbym (Wolałabym) inny kolor.*

A: I'd prefer another color.

B: *Niestety, mamy tylko te.*

B: I'm sorry, these are the only ones we have (we have only these).

A: *No cóż, wezmę ten (tę). Ile płacę?*

A: Well, why, I'll take this one. How much do I owe you (do I pay)?

B: *Czterysta złotych.*

B: Four hundred zlotys.

A: *Proszę!*

A: Here you are.

A: *Czy może mi Pani doradzić, jaki materiał kupić dla matki na imieniny?* (UWAGA: W POLSCE NIE OBCHODZI SIĘ URODZIN.)

A: Can you suggest (to me) what (dress) material I should buy for my mother for her nameday? (NOTE: BIRTHDAYS ARE NOT CELEBRATED IN POLAND.)

B: *A czy Pana (Pani) mama nosi*

B: And does your mother dress in

jasne, czy ciemne kolory? I czy to ma być wełna, czy jedwab? — light or in dark colors? And should it be wool or silk?

A: *Mama ubiera się raczej ciemno. Nie lubi jaskrawych kolorów. Chciałbym (Chciałabym) jej kupić wełnę na garsonkę.*

A: (My) mother dresses rather in dark colors. She doesn't like bright colors. I'd like to buy (for) her (some) wool material for a (tailor-made) suit.

B: *Może ta wełna będzie się Panu (Pani) podobała? Nie kurczy się w praniu, jest w ładnym kolorze i w dobrym gatunku.*

B: Perhaps you would like this wool material? It doesn't shrink in washing, it has a nice color and (is) of good quality.

A: *Ile metrów muszę wziąć na garsonkę?*

A: How many meters (= yards) do I need to take for a (tailor-made) suit?

B: *Jeśli mama nie jest bardzo wysoka, wystarczy dwa metry. Czy zmierzyć?*

B: If (your) mother is not very tall, two meters (= yards) will be enough. Shall I measure (it) out?

A: *Proszę bardzo. Jaka szkoda, że nie wziąłem (nie wzięłam) z sobą siatki na zakupy!*

A: Please do. What a pity that I didn't take with me (my) shopping bag (net)!

B: *Zaraz obok wejścia jest stoisko z torbami plastykowymi.*

B: Right next to thc entrance there's a counter with plastic shopping bags.

A: *Właśnie taka torba mi jest potrzebna! Dziękuję Pani bardzo!*

A: That's just the kind of shopping bag I need! Thank you very much!

LEKCJA TRZYDZIESTA TRZECIA

THIRTY-THIRD LESSON

U lekarza

At the Doctor's Office

A: LEKARZ/LEKARKA
B: CHORY/CHORA

A: PHYSICIAN (MAN/WOMAN)
B: PATIENT (MAN/WOMAN)

B: *Dzień dobry, panie doktorze (pani doktor)!*
A: *Dzień dobry! Co Panu (Pani) dolega?*
B: *Boli mnie głowa (gardło, serce) i trochę kaszlę.*
A: *Czy ma Pan(i) temperaturę?*
B: *Wczoraj mierzyłem (mierzyłam). Mam prawie trzydzieści osiem stopni.*
A: *A jak z Pana (Pani) apetytem?*
B: *Nie mam zupełnie apetytu.*
A: *Zaraz Panu (Pani) zmierzymy ciśnienie. Rzeczywiście, jest trochę podwyższone. Czy bierze Pan(i) jakieś tabletki?*
B: *Ostatnio nic nie brałem (brałam).*
A: *Muszę Pana (Panią) zbadać. Proszę się rozebrać do połowy. Puls Pana (Pani) jest trochę przyspieszony.*
B: *Czy to źle?*
A: *Nie, to nic poważnego. Proszę teraz otworzyć usta i powiedzieć "aaa."*
B: *Aaa . . .*
A: *Ma Pan(i) obłożony język i zaczerwienione gardło.*
B: *Czy to coś poważnego?*

B: Good morning (Good afternoon), doctor.
A: Good morning (Good afternoon). What's the trouble (with you)?
B: My head aches (I have a sore throat, heart pain), and I cough a bit.
A: Do you have a temperature?
B: I took (measured) it yesterday. I have almost thirty-eight degrees (Centigrade = over 100 F.).
A: And how's your appetite?
B: I don't have (any) appetite at all.
A: We'll check (measure) your blood pressure. As a matter of fact, it's a bit higher. Are you taking any tablets?
B: Recently I wasn't taking anything.
A: I have to examine you. Please undress to the waist. Your pulse is a bit quicker.
B: Is that bad?
A: No, that's nothing serious. Now please open your mouth and say "aah."
B: Aah . . .
A: You have a coated tongue and a reddened throat.
B: Is that something serious?

A: *Proszę się nie obawiać, to lekkie przeziębienie. Zapiszę Panu (Pani) to lekarstwo. Proszę je brać trzy razy dziennie, po łyżce stołowej przed posiłkiem. A tu jest syrop od kaszlu. Jak Pan(i) przyjdzie do domu, proszę się zaraz położyć do łóżka. Ma Pan(i) trochę gorączki.*

A: Please have no fear, that's a slight cold. I will prescribe (will give you a prescription for) this medicine. Please take it three times a day, a tablespoonful before each meal. And here's cough syrup. When you get home, please go to bed at once. You have a bit of fever.

B: *Ile dni mam leżeć w łóżku?*

B: How many days do I have to stay in bed?

A: *Dzień lub dwa, dopóki nie spadnie temperatura. Jak się Pan(i) poczuje lepiej, proszę znowu przyjść do mnie. Zbadam wtedy dokładniej Pana (Pani) serce. Może trzeba będzie zrobić jakieś analizy albo elektrokardiogram.*

A: A day or two, until the temperature goes (will go) down. When you (will) begin to feel better, please come (and see me) again. I will then examine your heart more thoroughly. Perhaps it'll be necessary to do some tests or an electrocardiogram.

B: *Dziękuję bardzo, panie doktorze (pani doktor)! Przyjdę na pewno. Do widzenia!*

B: Thank you very much, doctor. I'll certainly come. Goodbye!

A: *Do widzenia! Życzę Panu (Pani) powrotu do zdrowia.*

A: Goodbye. I wish you a (quick) recovery (return to health).

LEKCJA TRZYDZIESTA CZWARTA

THIRTY-FOURTH LESSON

Na wycieczce

On an Outing

1. *Dziś jest ładna pogoda. Może pojedziemy za miasto?*
2. *Bardzo chętnie. A dokąd się wybierzemy?*
3. *Pojedziemy na południe, bo tam jest rzeka i las.*
4. *Widzę, że już wyjechaliśmy za miasto, bo domów coraz mniej.*
5. *Tak, już minęliśmy przedmieścia, i jedziemy teraz przez osiedla podmiejskie, gdzie ludzie mieszkają przeważnie w domkach jednorodzinnych.*
6. *To tak, jak w Ameryce. Tylko, że u nas przy takich domkach są garaże.*
7. *Tu też kiedyś tak będzie, ale na razie większość ludzi jeździ do pracy pociągiem, autobusem, a nawet czasem motocyklem.*
8. *Widzę las na horyzoncie . . . Ach, jak tu pięknie! Co za powietrze!*
9. *Tak, powietrze tu dużo zdrowsze i czystsze niż w mieście.*
10. *A za tym lasem jest rzeka, prawda?*
11. *Tak, zaraz za tym zakrętem szosy zobaczy Pan(i) most przez rzekę. A za mostem zatrzymamy*

1. Today the weather is nice. How about taking (Perhaps we can take) a drive into the country?
2. With great pleasure (Very gladly). And where shall we go?
3. We'll drive south because there is a river and a forest.
4. I see that we've already driven out of the city because there are fewer and fewer houses.
5. Yes, we've already passed the suburbs, and we're driving now through suburban residential sections, where people live mostly in one-family homes.
6. That's the same as in America. Only that in our country there are garages next to such homes.
7. One day it'll be so here, too, but for the time being most people go (commute) to work by train, by bus, or even at times by motorcycle.
8. I see a forest on the horizon . . . Oh, how beautiful (it is) here! What air!
9. Yes, the air here is much healthier and cleaner than in the city.
10. And beyond that forest (there) is a river, isn't it?
11. Yes, right after that highway bend you will see a bridge across the river. And beyond

się i trochę odpoczniemy. — the bridge we'll stop and (we'll) rest a bit.

12. *Ta rzeka wydaje mi się dość głęboka. Czy pływają po niej statki?* — 12. This river seems to me (to be) quite deep. Do any (river) boats navigate (on) it?

13. *Nie, ta rzeka jest za płytka dla statków. Pływają po niej tylko niewielkie motorówki, i to nie bardzo regularnie—w zależności od tego, czy mają pasażerów. Najczęściej wożą wczasowiczów.* — 13. No, this river is too shallow for (river) boats. Only fairly small motorboats operate on it, and not very regularly at that, depending on whether they have passengers. Most frequently they carry vacationers.

14. *Czy to tu przyjeżdżają ludzie na wczasy?* — 14. Is it here that people come for (their) vacation(s)?

15. *Tak, i to nie tylko z naszego miasta, ale i z dalszych okolic.* — 15. Yes, and it's not only from our city but also from more remote areas.

16. *Już przejechaliśmy przez most. Gdzie się zatrzymamy?* — 16. We've already driven across the bridge. Where will we stop?

17. *O, choćby tutaj. Wysiądźmy. Tu jest bardzo ładnie.* — 17. Oh, right here. Let's get off. Here it's very pretty.

18. *Rzeczywiście. Co za widok na rzekę i las!* — 18. Really (it is). What a view of the river and (of) the forest!

19. *W tym lesie są różne zwierzęta, na przykład sarny, zające i dziki. Poza tym w lecie jest tu mnóstwo jagód i grzybów.* — 19. In this forest (there) are various animals, for example, (roe) deer, wild rabbits and boars. Besides (that), in the summer (there) are plenty of berries and mushrooms here.

20. *Trochę wieje od rzeki. Może już wrócimy?* — 20. (There is) some cold breeze blowing from the river. Perhaps we should go back

21. *Zgoda, wracajmy. Zresztą już czas na kolację.* — 21. Fine, let's go back. Besides, it's already time for supper.

22. *Jak się zrobi cieplej, może się wybierzemy wcześnie rano na grzyby?* — 22. When it warms (will warm) up, perhaps we can (will) go mushroom-picking early in the morning?

23. *Doskonale. Postaram się z Panem (Panią) umówić telefonicznie.* — 23. Splendid. I'll try to call you and make arrangements.

24. *Jak szybko przyjechaliśmy z* — 24. How quickly have we driven

powrotem! Oto i hotel, w którym się zatrzymałem (zatrzymałam). Dziękuję Panu (Pani) za tak miłą wycieczkę!

back! And here's the hotel in which I've been staying. I thank you for such a pleasant outing!

25. *Było mi bardzo przyjemnie. A więc do zobaczenia!*

25. It was a real pleasure (It was very pleasant) for me. And so, until we see each other again!

LEKCJA TRZYDZIESTA PIĄTA

THIRTY-FIFTH LESSON

Zwiedzamy Kraków

1. *Od czego zaczniemy zwiedzanie Krakowa?*
2. *Może najpierw pójdziemy na Rynek. Zobaczymy tam wiele zabytkowych budowli.*
3. *Jakie zabytkowe budowle znajdują się w Rynku?*
4. *W północno-wschodniej części Rynku jest piękny, gotycki Kościół Mariacki, w którym znajduje się wielki ołtarz główny. Wykonał go słynny rzeźbiarz Wit Stwosz w XV (piętnastym) wieku. Na środku Rynku znajdują się Sukiennice, a obok nich stoi wieża ratuszowa.*
5. *A co to są Sukiennice?*
6. *Sukiennice to średniowieczna hala targowa. Nazwa Sukiennic pochodzi od sukna, które tam niegdyś sprzedawano.*
7. *Co się teraz mieści w Sukiennicach?*
8. *W Sukiennicach na parterze mieszczą się sklepy dla turystów, na przykład "Cepelia." Sprzedają one pamiątki i wyroby sztuki ludowej. Na pierwszym piętrze Sukiennic znajduje się Galeria Muzeum Narodowego.*

Sightseeing in Cracow

1. From what (point) will we begin sightseeing in Cracow?
2. Perhaps we'll first go to the (Main) Square. We'll see there many historical buildings.
3. What historical buildings are located in the (Main) Square?
4. In the northeast part of the (Main) Square is the beautiful, gothic St. Mary's Church in which is found a great main altar. It was made by the famous sculptor Wit Stwosz in the 15th (fifteenth) century. In the middle of the (Main) Square are the Cloth Halls, and next to them stands the city hall tower.
5. And what are the Cloth Halls?
6. The Cloth Halls are a medieval roofed market. The name Cloth Halls is derived (comes) from the cloth which once (upon a time) was being sold there.
7. What is now located in the Cloth Halls?
8. In the Cloth Halls on the ground floor are located stores for tourists, for example, "Cepelia" (Center of Folk and Artistic Industry). On the second floor of the Cloth Halls is located the National Museum Gallery.

9.	*A co można zobaczyć w Galerii Muzeum Narodowego?*	9.	And what can one see in the National Museum Gallery?
10.	*Znajdują się tam obrazy znanych malarzy polskich: Jana Matejki, Józefa Chełmońskiego, Jacka Malczewskiego, Artura Grottgera i innych.*	10.	Paintings by well-known Polish painters are found there: (those) by Jan Matejko, Joseph Chelmonski, Jacek Malczewski, Arthur Grottger and (by) others.
11.	*A w jakie dni jest otwarta Galeria?*	11.	And on what days is the Gallery open?
12.	*Galeria jest otwarta od wtorku do niedzieli włącznie.*	12.	The Gallery is open from Tuesday through Sunday.
13.	*Dokąd pójdziemy z Rynku?*	13.	Where (to) will we go from the (Main) Square?
14.	*Z Rynku pójdziemy na Wawel.*	14.	From the (Main) Square we'll go to Wawel.
15.	*Co to jest Wawel?*	15.	What is Wawel?
16.	*Wawel jest to zamek królewski; stoi na wzgórzu nad Wisłą.*	16.	Wawel is the royal castle; (it) stands on a hill by the Vistula.
17.	*Czy jest to bardzo stary zamek?*	17.	Is that a very old castle?
18.	*Tak, jego początki sięgają dziesiątego wieku.*	18.	Yes, its origins go back to (as far as) the tenth century.
19.	*W jakim stylu był zbudowany zamek?*	19.	In what style was the castle built?
20.	*Zamek zbudowano najpierw w stylu gotyckim, ale w wieku XVI (szesnastym) został całkowicie przebudowany w stylu renesansowym.*	20.	The castle was first built in the Gothic style, but in the 16th (sixteenth) century it was completely rebuilt in the Renaissance style.
21.	*Czy na Wawelu są jakieś kościoły?*	21.	Are there any churches in the Wawel (castle)?
22.	*Na Wawelu jest kilka kościołów. Największy z nich to Katedra. W Katedrze i jej podziemach znajdują się grobowce królów polskich, bohaterów narodowych i dwóch największych poetów polskich—Adama Mickiewicza i Juliusza Słowackiego.*	22.	In the Wawel (castle) there are several churches. The largest of them is the Cathedral. In the Cathedral and its underground (crypt) are the tombs of the Polish kings, (of) the national heroes and (of) the two greatest Polish poets—Adam Mickiewicz and Juliusz Slowacki.
23.	*To bardzo interesujące. A ile jest*	23.	That's very interesting. And

kościołów w całym Krakowie?	how many churches are there in all Cracow?
24. *W Krakowie jest 65 (sześćdziesiąt pięć) starych zabytkowych kościołów. Dlatego Kraków nazywają polskim Rzymem.*	24. In Cracow there are 65 (sixty-five) old historical churches. Therefore (That's why) Cracow is called the Polish Rome.
25. *Z którego wieku pochodzą te kościoły?*	25. What century do these churches date (come) from?
26. *Niektóre z nich pochodzą z XI (jedenastego) i XII (dwunastego) wieku.*	26. Some of them date (come) from the 11th (eleventh) and 12th (twelfth) centuries.
27. *A którędy pójdziemy na Wawel?*	27. And by which way will we go to Wawel?
28. *Pójdziemy Plantami.*	28. We'll go by the way of the Planty (Public Gardens).
29. *Co to są Planty?*	29. What are the Planty?
30. *Planty to szeroki i długi ogród otaczający stare miasto. Planty są na miejscu starych murów obronnych.*	30. The Planty is a wide and long garden surrounding the old city. The Planty gardens are in the place of the old defense walls.
31. *Czy dużo miast Europy ma takie ogrody?*	31. Do many cities in Europe have such gardens?
32. *Ogrody tego rodzaju ma zaledwie kilka miast Europy.*	32. Only a few cities in Europe have gardens of this kind.
33. *A gdzie znajduje się Uniwersytet Jagielloński?*	33. And where is the Jagellonian University located?
34. *Niedaleko Rynku, przy ulicy św. (świętej) Anny.*	34. Not far from the (Main) Square, on St. Anna's Street.
35. *W którym wieku był założony Uniwersytet Jagielloński?*	35. In what century was the Jagellonian University founded?
36. *Uniwersytet był założony w drugiej połowie XIV (czternastego) wieku przez króla Kazimierza Wielkiego, a na początku XV (piętnastego) wieku rozbudowali go królowa Jadwiga i jej mąż Władysław Jagiełło.*	36. The University was founded in the second half of the 14th (fourteenth) century by King Casimir the Great, and at the beginning of the 15th (fifteenth) century it was expanded by Queen Jadwiga and her husband Ladislas Jagello.
37. *Jest to więc chyba najstarszy uniwersytet w Polsce.*	37. So it is probably the oldest university in Poland.
38. *Tak, i jeden z najstarszych w Europie.*	38. Yes, and one of the oldest in Europe.

39. *Kiedy możemy zacząć zwiedzać Kraków?*	39. When can we begin sightseeing in Cracow?
40. *Choćby jutro, jeśli będzie ładna pogoda. Jestem do Pana (Pani) dyspozycji.*	40. Even tomorrow, if the weather is (will be) nice. I'm at your disposal.
41. *Bardzo dziękuję. Do jutra więc!*	41. Many thanks. So, till tomorrow!
42. *Do jutra!*	42. Till tomorrow!

LEKCJA TRZYDZIESTA SZÓSTA

THIRTY-SIXTH LESSON

Zwiedzamy okolice Krakowa

Sightseeing in the Vicinity of Cracow

1. *Dziś zaczniemy zwiedzać okolice Krakowa.*
   Today we'll begin sightseeing in the vicinity of Cracow.
2. *Dobrze, a dokąd najpierw pojedziemy?*
   Fine, and where (to) will we go (travel) first?
3. *Najpierw pojedziemy na południowy wschód, do Wieliczki.*
   First we'll go (travel) southeast, to Wieliczka.
4. *Co się znajduje w Wieliczce?*
   What can be found in Wieliczka?
5. *W Wieliczce znajduje się najstarsza w Polsce kopalnia soli. Wydobywano z niej sól już w IX (dziewiątym) wieku.*
   In Wieliczka is located the oldest salt mine in Poland. Salt was mined from it as early as the 9th (ninth) century.
6. *A jak zwiedzimy kopalnię soli w Wieliczce, to dokąd pojedziemy?*
   And when we've visited (we'll have visited) the Wieliczka salt mine, where will we go (travel)?
7. *Możemy pojechać na północny zachód, do Ojcowa i Pieskowej Skały.*
   We can drive northwest, to Ojcow and Pieskowa Skala.
8. *Gdzie są te miejscowości?*
   Where are these places (localities)?
9. *Obie leżą w malowniczej dolinie rzeczki Prądnik.*
   Both lie (are situated) in the picturesque valley of the (little) Pradnik River.
10. *Jakie zabytki są w Ojcowie i Pieskowej Skale?*
    What historical relics (monuments) are (there) in Ojcow and (in) Pieskowa Skala?
11. *Niedaleko Ojcowa, w Ojcowskim Parku Narodowym, są słynne jaskinie, w których niegdyś ukrywał się przed wrogami król Władysław Łokietek. W Pieskowej Skale jest zamek zbudowany przez Kazimierza Wielkiego.*
    Not far from Ojcow, in the Ojcow National Park, (there) are the famous caves in which once (upon a time) King Ladislas the Short was hiding from (his) enemies. In Pieskowa Skala (there) is a castle, built by Casimir the Great.

	Polish		English
12.	*Bardzo bym chciał(a) zwiedzić i jaskinie, i zamek.*	12.	I'd very much like to visit both the caves and the castle.
13.	*Najlepiej to zrobić z przewodnikiem, który zna historię tych zabytków i wiele może opowiedzieć i objaśnić zwiedzającym.*	13.	It's best to do it with a guide, who knows the history of these relics (monuments) and (who) can tell and explain many things to the visitors.
14.	*Doskonale! Tak właśnie zrobimy.*	14.	Excellent! We'll do just that.
15.	*W powrotnej drodze można by pojechać do Lasku Wolskiego i wejść na kopiec Kościuszki.*	15.	On the way back we could drive to Lasek Wolski (Wola Woods) and climb the Kosciuszko Mound.
16.	*Proszę mi powiedzieć kilka słów o kopcu Kościuszki.*	16.	Please tell me a few words about the Kosciuszko Mound.
17.	*Bardzo chętnie. Kopiec usypali mieszkańcy Krakowa w latach 1820–1823 (tysiąc osiemset dwadzieścia–tysiąc osiemset dwadzieścia trzy) Tadeuszowi Kościuszce, polskiemu bohaterowi narodowemu.*	17.	I'll be very glad to. The mound was raised by the inhabitants of Cracow in the years 1820–1823 (eighteen hundred twenty–eighteen hundred twenty-three) for Thaddeus Kosciuszko, the Polish national hero.
18.	*Czy to ten sam Tadeusz Kościuszko, który walczył o wolność Stanów Zjednoczonych?*	18.	Is this the same Thaddeus Kosciuszko who fought (was fighting) for the freedom of the United States?
19.	*Tak jest. Jego imieniem nazwano Fundację Kościuszkowską w Nowym Jorku.*	19.	Yes, indeed. The Kosciuszko Foundation in New York is (was) named after him.
20.	*Czy są jeszcze jakieś zabytki w okolicach Krakowa?*	20.	Are there still some (other) historical relics (monuments) in the vicinity of Cracow?
21.	*Tak. W Tyńcu, po prawej stronie Wisły, znajduje się stare opactwo Benedyktynów.*	21.	Yes. In Tyniec, on the right bank (side) of the Vistula, is located an old Benedictine abbey.
22.	*Czy jest tam i kościół?*	22.	Is (there) also a church there?
23.	*Tak, teraz można zwiedzać i kościół, i opactwo.*	23.	Yes, now it's possible to visit both the church and the abbey.
24.	*Czy trudno jest się dostać do Tyńca?*	24.	Is it difficult to get to Tyniec?
25.	*Nietrudno. Można dojechać samochodem z Krakowa albo*	25.	It isn't difficult. One can drive there in a car or go there on

dojść pieszo (10 km. = dziesięć kilometrów).	foot (10 kms. = ten kilometers).
26. *Doskonale! Może Pan(i) sam(a) wybierze trasę. Ja kupię mapę turystyczną okolic Krakowa i zabiorę ze sobą kamerę.*	26. Excellent! Perhaps you yourself (will) select the route. I will buy a tourist map of the Cracow area (vicinity) and (I will) take my camera with me.
27. *Mapy turystyczne najlepiej dostać w kioskach "Ruchu." Za dwie godziny wyruszamy. Będę na Pana (Pania) czekać przed hotelem "Cracovia." Tylko bardzo proszę się nie spóźnić.*	27. It's best to buy tourist maps at the "Ruch" stands. We're starting out in two hours. I'll be waiting for you in front of the Cracovia Hotel. Only please (I very much ask you), don't be late.
28. *Proszę się nie obawiać! Będę na czas.*	28. Don't worry (Please have no fear)! I'll be on time.

LEKCJA TRZYDZIESTA SIÓDMA

Zwiedzamy Poznań

1. *Jesteśmy teraz na Starym Rynku. Proszę zwrócić uwagę na piękny Ratusz, zbudowany w XIV (czternastym), a rozbudowany w XVI (szesnastym) wieku.*
2. *A od którego wieku istnieje Poznań?*
3. *Poznań istnieje mniej więcej od połowy IX (dziewiątego) wieku.*
4. *Czy Poznań był niegdyś stolicą Polski?*
5. *Poznań był obok Gniezna na przełomie IX (dziewiątego) i X (dziesiątego) wieku siedzibą księcia, a potem króla. Tutaj też założono pierwsze biskupstwo w Polsce.*
6. *Czy są jakieś zabytkowe kościoły w starej części Poznania?*
7. *Tak, w starej części Poznania jest kilka pięknych gotyckich i barokowych kościołów. Niestety nie będziemy mogli ich zwiedzić, bo za chwilę pojedziemy na Ostrów Tumski.*
8. *A co zobaczymy na Ostrowiu Tumskim?*
9. *Zobaczymy tam katedrę z X (dziesiątego) wieku, w której znajduje się grobowiec Mieszka I (Pierwszego).*

THIRTY-SEVENTH LESSON

Sightseeing in Poznan

1. We're now in the Old (Market) Square. Please notice the beautiful City Hall, built in the 14th (fourteenth) century, and enlarged in the 16th (sixteenth) century.
2. And since what century does Poznan exist (has Poznan existed)?
3. Poznan exists (has existed) approximately since the middle of the 9th (ninth) century.
4. Was Poznan once (upon a time) the capital of Poland?
5. Poznan was, besides Gniezno, at the turn of the 9th (ninth) [and the 10th (tenth)] century the place of residence of the prince, and then of the king. It was here also that the first bishopric was founded in Poland.
6. Are there any historical churches in the old part of
7. Yes, in the old part of Poznan there are several beautiful Gothic and Baroque churches. Unfortunately we won't be able to visit them because in a Poznan? moment we'll drive to Cathedral Island.
8. And what will we see on Cathedral Island?
9. We'll see there a 10th (tenth) century cathedral in which the tomb of Mieszko I (the First) is located.

10. *A kim był Mieszko I (Pierwszy)?*	10. And who was Mieszko I (the First)?
11. *To pierwszy historyczny książę Polski.*	11. That's (He was) the first historical prince of Poland.
12. *A dokąd pojedziemy z Ostrowia Tumskiego?*	12. And where (to) will we go (drive) from Cathedral Island?
13. *Pojedziemy do centrum miasta, gdzie zjemy obiad w hotelu.*	13. We'll drive to the center of the city where we'll have (eat) dinner in a hotel.
14. *Dobrze, a potem?*	14. Fine, and then?
15. *Potem możemy zwiedzić Uniwersytet Poznański, a wieczorem pójść do Opery albo do Filharmonii.*	15. Then we can visit the Poznan University, and in the evening (we can) go to the Opera or to the Philharmonic (Concert Hall).
16. *Bardzo chętnie. A co zwiedzimy jutro?*	16. With great pleasure. And what will we visit tomorrow?
17. *Jutro możemy zwiedzić jeden z zakładów przemysłowych i pójść na Targi Poznańskie.*	17. Tomorrow we can visit one of the industrial plants and go to the Poznan Trade Fair.
18. *Słyszałem (Słyszałam) o Targach Poznańskich. Jak często się odbywają?*	18. I've heard about the Poznan Trade Fair. How often is it held?
19. *Odbywają się dwa razy do roku: w lecie i jesienią.*	19. It's held twice a year: in summer and in fall.
20. *Co można zobaczyć na Targach Poznańskich?*	20. What can one see at the Poznan Trade Fair?
21. *Ponieważ są to targi międzynarodowe, można na nich zobaczyć maszyny i wytwory przemysłowe wszystkich ważniejszych państw świata: Stanów Zjednoczonych, Kanady, Związku Radzieckiego, RFN, NRD, Francji, Anglii, Szwecji, Holandii, Belgii, Włoch i wielu innych.*	21. Since it is an international trade fair, one can see there (at it) machines and industrial products of all the most important countries of the world: (of) the United States, Canada, the Soviet Union, German Federal Republic, German Democratic Republic, France, England, Sweden, Holland, Belgium, Italy, and many others.
22. *A czy Polska bierze udział w Targach?*	22. And does Poland take part in the Trade Fair?
23. *Oczywiście. Polskie maszyny i*	23. Of course. Polish machines

wytwory przemysłowe zajmują kilkanaście oddzielnych pawilonów.

and industrial products occupy between ten and twenty separate pavilions.

24. *Bardzo to wszystko ciekawe. Teraz rozumiem, że Poznań jest nie tylko bardzo ważnym ośrodkiem kulturalnym, ale i centrum przemysłowym. Musi Pan(i) być dumny (dumna) ze swojego miasta.*

24. That's all very interesting. Now I understand that Poznan is not only a very important cultural center but also an industrial center. You must be proud of your (own) city.

25. *Ma Pan(i) słuszność. Tak, jestem dumny (dumna) z tego, ze mieszkam w Poznaniu. I bardzo mi będzie przyjemnie pokazać Panu (Pani) wszystko, co warto zwiedzić w tym mieście.*

25. You are right. Yes, I'm very proud (of the fact) that I live in Poznan. And it'll be a great pleasure for me to show you everything that's worth seeing in this city.

26. *Jest Pan(i) bardzo uprzejmy (uprzejma). W Pana (Pani) towarzystwie z przyjemnością zwiedzę Poznań.*

26. You are very kind. I'll enjoy sightseeing in Poznan in your company.

27. *Dziękuję za tak miłe słowa! Będę więc Pana (Pani) przewodnikiem (przewodniczką) i dziś, i jutro.*

27. Thank you for such nice (kind) words! So I'll be your guide both today and tomorrow.

Gramatyka / Grammar

1 / WORD ORDER IN DESCRIPTIVE AND NARRATIVE SENTENCES In narrative and descriptive sentences, it is possible to reverse the order of certain elements such as demonstrative adjectives, personal pronouns. Examples follow:

Jezior **tych** *jest okolo trzech tysięcy.* — There are about three thousand of **these** lakes.

Występuje **on** *w Zagłębiu Górnośląskim.* — **It** appears in the Upper Silesian Mining Region.

Występują **one** *w okolicach Zawiercia.* — **They** appear in the vicinity of Zawiercie.

Ma **on** *dwie nierówne wieże.* — **It** has two unequal towers.

Pamiętają **one** *bardzo dawne crasy.* — **They** hark back to very old times.

Wiodą **one** *przez wzgórza i lasy.* — **They** lead through hills and forests.

W targach **tych** *uczestniczą państwa pięciu kontynentów.* — In **this** fair participate countries from five continents.

We will note, however, that such a reverse word order (the verb before the subject, or a demonstrative pronoun after a noun) is used only when reference is made to a subject already mentioned in a preceding sentence.

This kind of reverse word order is a feature of formal usage, both in written and spoken Polish. Its use is rather limited.

LEKCJA TRZYDZIESTA ÓSMA

THIRTY-EIGHTH LESSON

Zwiedzamy Wrocław

1. *Często mówią o Poznaniu i o Wrocławiu "stary gród piastowsk." Co to znaczy?*
2. *Poznań i Wrocław były niegdyś siedzibą książąt piastowskich. Dynastia Piastów, jak Panu (Pani) pewnie wiadomo, rządziła Polską w latach 963–1370 (dziewięćset sześćdziesiąt trzy–tysiąc trzysta siedemdziesiąt).*
3. *Czy Wrocław zawsze należał do Polski?*
4. *Wrocław należał do Polski już w X (dziesiątym) wieku. W XIV (czternastym) wieku miasto dostało się pod panowanie Czech, a od XVIII (osiemnastego) wieku należało do Prus. W roku 1945 (tysiąc dziewięćset czterdziestym piątym) wrócilo do Polski.*
5. *Czy są jakieś polskie zabytki we Wrocławiu i na Śląsku?*
6. *W wielu miastach śląskich znajdują się liczne zabytki architektury, a szczególnie kościoły i grobowce polskich książąt z rodu Piastów, z herbami książęcymi i orłami polskimi.*
7. *Czy jest we Wrocławiu muzeum?*

Sightseeing in Wroclaw

1. Often they speak about Poznan and about Wroclaw (as) "an old (walled) city of the Piasts." What does it mean?
2. Poznan and Wroclaw were once (upon a time) the place of residence of the Piast princes. The Piast dynasty, as is probably known to you, ruled (was ruling) Poland in the years 963–1370 (nine hundred sixty-three–thirteen hundred seventy).
3. Has Wroclaw always belonged to Poland?
4. Wroclaw belonged to Poland as early as the 10th (tenth) century. In the 14th (fourteenth) century the city fell under the rule of Bohemia, and from the 18th (eighteenth) century (on) it belonged to Prussia. In the year 1945 (nineteen hundred forty-five) it went back to Poland.
5. Are there any Polish historical monuments in Wroclaw and in Silesia?
6. In many Silesian cities are found numerous monuments of architecture, (and) especially churches and tombs of Polish princes of the Piast dynasty, with princely coats of arms and Polish eagles.
7. Is there a museum in Wroclaw?

8. *We Wrocławiu jest kilka muzeów. Najciekawsze z nich to Muzeum Śląskie, które ma bogate zbiory średniowiecznego malarstwa, rzeźby i sztuki ludowej.*

   In Wroclaw there are several museums. The most interesting of them is the Silesian Museum which has fine (rich) collections of medieval painting(s), and (of) folk sculpture and art.

9. *Co jeszcze warto zobaczyć w starej części Wrocławia?*

   What else is worth seeing in the old part of Wroclaw?

10. *Trzeba przede wszystkim zobaczyć zabytkowe śródmieście, które szczęśliwie ocalało w czasie ostatniej wojny: barokowe kamieniczki, piękny, gotycki ratusz i zabytkowe kościoły z XIII (trzynastego), XIV (czternastego) i XV (piętnastego) wieku.*

    One ought to see, first of all, the historical center of the city which fortunately escaped the damage during the last war: Baroque (multi-storied) stone houses, the beautiful city hall, and historical churches from the 13th (thirteenth), 14th (fourteenth) and 15th (fifteenth) century.

11. *Czy Wrocław był bardzo zniszczony w czasie ostatniej wojny?*

    Was Wroclaw much destroyed during the last war?

12. *Tak, było zniszczonych ponad 70% (siedemdziesiąt procent) budynków i fabryk.*

    Yes, over 70% (seventy percent) (of) the buildings and factories were destroyed.

13. *Ile ludności liczył Wrocław przed wojną, a ile (liczy) teraz?*

    What was the population of Wroclaw before the war, and what is it now?

14. *O ile wiem, to przed wojną mieszkało we Wrocławiu ponad 700 tys. (siedemset tysięcy) ludzi. Dzisiejszy Wrocław, z przedmieściami, ma już chyba tyle samo mieszkańców.*

    As far as I know, before the war (there) lived in Wroclaw over 700 (seven hundred) thousand people. Present-day Wroclaw, with the suburbs, probably has (just) as many inhabitants.

15. *Tak wielkie miasto musi mieć dużo fabryk. W przemyśle pracuje na pewno wiele ludzi.*

    Such a large city must have many factories. Many people are certainly (must be) employed in (its) industry.

16. *W przemyśle wrocławskim pracuje około 100 tys. (stu tysięcy) ludzi. Najważniejsza z fabryk to "Pafawag," Państwowa*

    About 100 (one hundred) thousand people are employed (are working) in Wroclaw industry. The most important

Fabryka Wagonów. Wyrabia ona wagony osobowe, towarowe i inne. Polska eksportuje je do wielu krajów.

of the factories is the "Pafawag," State Railroad Car Factory. It makes passenger, freight, and other railroad cars. Poland exports them to many countries.

17. *Ile wyższych uczelni jest we Wrocławiu?*

17. How many higher educational institutions are there in Wroclaw?

18. *We Wrocławiu jest osiem wyższych uczelni. Najważniejsza z nich to Uniwersytet Wrocławski. Wrocław jest—obok Warszawy, Krakowa i Poznania—wielkim ośrodkiem naukowym w Polsce.*

18. In Wroclaw there are eight higher educational institutions. The most important of them is the Wroclaw University. Wroclaw is, next to Warsaw, Cracow and Poznan, a large scientific center in Poland.

19. *Czy dziś wieczorem będziemy mogli pójść na koncert albo do teatru?*

19. Will we be able to go to a concert or to the theater tonight (this evening)?

20. *Oczywiście. We Wrocławiu jest Opera, Operetka i kilka teatrów dramatycznych.*

20. Of course. In Wroclaw there is (are) an Opera, an Operetta (Theater), and several drama theaters.

21. *W takim razie może dziś wieczorem pójdziemy na koncert, a jutro do teatru. Dobrze?*

21. If it's so (In such a case), perhaps we will go to a concert tonight, and to the theater tomorrow. All right?

22. *Dobrze! A jutro rano zwiedzimy jeszcze Stadion Olimpijski, Ogród Zoologiczny i Ogród Botaniczny.*

22. All right! And tomorrow we'll still visit the Olympic Stadium, the Zoological Garden and the Botanical Garden.

Gramatyka Grammar

1 / THE PLURAL OF NOUNS WHOSE SINGULAR FORM ENDS IN -um There are a number of Polish NEUTER nouns (of Latin origin) whose singular form ends in **-um**: *muze***um**, *laboratori***um**, *konserwatori***um**, *centr***um**, *absolutori***um** (admission to degree candidacy). Such nouns take no declensional endings in the singular; in the PLURAL, however, they change the **-um** to **-a** in the NOMINATIVE case and take other case endings, added to what may be regarded as their stem (after the ending **-um** is removed), i.e., *muze-*, *laboratori-*, *centr-*. Thus, their declension in the PLURAL looks like this:

N., A.	*muze***a**	*laboratori***a**	*centr***a**
G.	*muze***ów**	*laboratori***ów**	*centr***ów**
D.	*muze***om**	*laboratori***om**	*centr***om**
I.	*muze***ami**	*laboratori***ami**	*centr***ami**
L.	*muze***ach**	*laboratori***ach**	*centr***ach**

2 / THE PLURAL OF NOUNS WHOSE SINGULAR FORM ENDS IN -ę Nouns whose NOMINATIVE case ends in -ę are (grammatically speaking) NEUTER in gender, but (in a limited number of instances) they can be also used to denote either the MASCULINE or the FEMININE gender. Thus, we have *imię* (first name), *ramię* (shoulder), *plemię* (tribe) (NEUTER); *książę* (MASC.); *dziewczę* (girl, maid, FEM.). The stems of these nouns in the PLURAL are *imio***n-**, *ramio***n-**, *plemio***n-** (sometimes referred to as **n**-stems) and *książe***t**-/*książą***t**, *dziewczę***t**-/*dziewczą***t** (sometimes referred to as **t**-stems). The complete declension of these nouns in the PLURAL is given below.

	n- STEMS			**t**- STEMS	
		NEUT.		MASC.	FEM.
N.	*imion***a**	*ramion***a**	*plemion***a**	*książę***ta**	*dziewczę***ta**
A.	*imion***a**	*ramion***a**	*plemion***a**	*książąt*	*dziewczę***ta**
G.	*imion*	*ramion*	*plemion*	*książąt*	*dziewcząt*
D.	*imion***om**	*ramion***om**	*plemion***om**	*książęt***om**	*dziewczęt***om**
I.	*imion***ami**	*ramion***ami**	*plemion***ami**	*książęt***ami**	*dziewczęt***ami**
L.	*imion***ach**	*ramion***ach**	*plemion***ach**	*książęt***ach**	*dziewczęt***ach**

LEKCJA TRZYDZIESTA DZIEWIĄTA

THIRTY-NINTH LESSON

Nad polskim morzem

By the Polish Seaside

A: MAŁGORZATA
B: STANISŁAW
C: JANEK

A: MARGARET
B: STANLEY
C: JOHN

A: *To Gdańsk Główny! Wysiadajmy! Gdzie moja torba podróżna? A duża walizka? Nie zapomnij parasola!*

B: *Dobrze, dobrze, wysiadaj, bo pociąg za chwilę ruszy!*

A: That's the Gdansk Main Station! Let's get off! Where's my travel bag? And the big suitcase? Don't forget the umbrella!

B: All right, all right, get off, because the train will start moving in a minute!

A: *Musimy zanieść bagaże do przechowalni, a potem pójdziemy na postój taksówek.*

A: We have to take our baggage (pieces of baggage) to the (baggage) storage room, and then we'll go to a taxi stand.

B: (DO TAKSÓWKARZA) *Proszę nas zawieźć do Sopot na plażę. Chcielibyśmy obejrzeć molo.*

B: (TO TAXI DRIVER) Please take us to the beach at Sopot. We'd like to have a look at the pier.

A: *Jaki piękny jest Bałtyk!*

B: *Właściwie to Zatoka Pucka, bo Morze Bałtyckie jest dopiero za półwyspem Helskim.*

A: How beautiful is the Baltic!

B: Properly (speaking), it's the Bay of Puck, because the Baltic Sea is only beyond the Hel Peninsula.

A: *Co teraz robimy?*

B: *Teraz jedziemy do Gdyni zwiedzić port.*

A: What shall we do now?

B: Now we'll go (we're going) to Gdynia to visit the port.

A: *A co to za wielki statek, tam, daleko?*

B: *To polski statek pasażerski "Stefan Batory," w drodze do Montrealu.*

A: *Jaki to piękny statek! Chciałabym*

A: And what's that big ship, (over) there, far away?

B: That's the Polish passenger ship "Stefan Batory," on (its) way to Montreal.

A: What a beautiful ship is that!

	nim kiedyś popłynąć.		I'd like to sail on it (travel by it) some day.
B:	*Może się kiedyś nim wybierzesz, bo "Batory" pływa regularnie co miesiąc między Gdynią a Montrealem.*	B:	Perhaps one day you'll go by it, because the "Batory" sails (operates) regularly every month between Gdynia and Montreal.
A:	*A czy czasem odpływa z Nowego Jorku?*	A:	And does it ever sail (leave) from New York?
B:	*Tak, ale tylko w miesiącach zimowych.*	B:	Yes, but only during the winter months.
A:	*Pamiętaj, że na piątą umówiliśmy się z Jankiem. Obiecał nas zabrać samochodem gdzieś nad pełne morze.*	A:	Remember that we've agreed to meet with John at five (o'clock). He promised to take us by automobile somewhere by the open sea.
B:	*Mamy mnóstwo czasu. Dopiero druga. Zdążymy jeszcze zjeść. Zapraszam Cię do tej dobrej restauracji niedaleko portu.*	B:	We've plenty of time. It's only two (o'clock). We'll still have time to eat (a meal). I'm inviting you to that good restaurant near the port.
A:	*Przyjmuję zaproszenie, ale pod warunkiem, że Ci się zrewanżuję.*	A:	I accept the invitation, but on condition that I'll reciprocate (for it to you).
B:	*Zgoda! Idziemy!*	B:	Fine! Let's go!
A:	*To był naprawdę dobry obiad! Ryba smażona, młode ziemniaki, kalafior . . . Tylko szkoda, że nie było słynnej gdańskiej wódki!*	A:	That was really a good lunch (dinner)! Fried fish, new potatoes, cauliflower . . . Only it's a pity that there wasn't any (of) the famous Gdansk vodka!
B:	*Nie pomyśleliśmy o tym! Ale może wypijemy po kieliszku przed wyjazdem. Ale oto i Janek!*	B:	We didn't think about it! But perhaps we'll each drink a glass before departure. But here's John!
C:	*Witajcie, wsiadajcie, i od razu ruszamy.*	C:	Greetings (Welcome), get in, and we'll start moving right away.
A:	*Przejechaliśmy już chyba ze trzydzieści kilometrów. Już widać*	A:	We must have driven (probably) some thirty kilometers (18

morze. Co to za miejscowość?	miles). One can see the sea already. What place (locality) is this?
C: *To Władysławowo, miejscowość letniskowa.*	C: This is Wladyslawowo (or Ladislas Town), a (summer) vacation place.
A: *Stańmy tu na chwilę. Chcę popatrzeć z bliska na Bałtyk.*	A: Let's stop here for a moment. I want to take a close look at the Baltic.
C: *Dobrze, przejdziemy się po plaży, a potem pojedziemy dalej.*	C: Fine, we'll take a walk along the beach, and then we'll drive on (farther).
A: *Piękne jest Morze Bałtyckie! A fale na nim dziś prawie tak wysokie, jak na Atlantyku.*	A: The Baltic Sea is beautiful! And the waves today are almost as high as on the Atlantic.
B: *Tak, polskie morze jest czasem wzburzone. Ale zwykle nie ma takich dużych fal, i można się kąpać, tylko że woda jest dość zimna. Lepiej jest siedzieć na plaży i opalać się.*	B: Yes, the Polish sea is at times rough (i.e., agitated). But usually there aren't such big waves and it's possible to bathe (swim), only (that) the water is fairly cold. It's better to sit on the beach and get (be getting) a sun tan.
A: *Zrobiłam parę zdjęć. Będę miała pamiątkę z mojego pobytu nad polskim morzem.*	A: I've taken a few pictures. I'll have a souvenir of (from) my stay by the Polish sea.
B: *Mam nadzieję, że przyślesz mi odbitki.*	B: I hope that you will send me (some) prints.
A: *Oczywiście, tylko daj mi swój adres.*	A: Of course, but (only) give me your address.
B: *Proszę!*	B: Here it is!
A: *Dziękuję! Po powrocie do Stanów napiszę do Ciebie i wyślę obiecane zdjęcia. Żeby się tylko udały!*	A: Thanks! After (my) return to the States I'll write to you and I'll send (you) the promised pictures. Only if they turned out right!
B: *Na pewno się udadzą! Przecież bardzo dobrze fotografujesz.*	B: They'll turn out right for sure! Indeed, you take very good pictures.
A: *Nie jestem tego pewna. Teraz ja*	A: I'm not sure of this. Now I am

Cię zapraszam na kolację w tej dobrej restauracji w Gdańsku. — inviting you to have dinner (supper) in that good restaurant in Gdansk.

B: *Świetnie! Pójdę z przyjemnością, bo jestem głodny jak wilk.* — B: Splendid! I'll go (there) with pleasure, because I'm (as) hungry as a wolf.

A: *Jedźmy więc, aby zdążyć przed zmrokiem.* — A: So let's go (drive), in order to get there (on time) before dark (i.e., nightfall).

LEKCJA CZTERDZIESTA

FORTIETH LESSON

Pożegnanie

A: ODJEŻDŻAJĄCY/ODJEŻDŻAJĄCA

B: RODZINA I PRZYJACIELE

A: *Tak mi było u was dobrze! Jaka szkoda, że już muszę odjeżdżać!*

B: *My też bardzo żałujemy. Nie wszystko zdążyliśmy Ci pokazać. Za mało było czasu. Ale chyba w przyszłym roku znów do nas przyjedziesz. Pamiętaj, że Cię serdecznie zapraszamy i czekamy Twoich odwiedzin. I nie zapomnij o nas, napisz czasem, co u Ciebie słychać.*

A: *Dobrze, na pewno napiszę. Pozdrówcie ode mnie jeszcze raz naszych wspólnych znajomych i podziękujcie im ode mnie za gościnność. Nie wszystkich zdążyłem (zdążyłam) sam(a) pożegnać. A teraz wybaczcie, muszę już iść, bo trzeba stanąć w kolejce do kontroli celno-paszportowej. Jeszcze raz serdecznie wam dziękuję za wszystko!*

B: *I my Ci dziękujemy! Szczęśliwej drogi! Pozdrów od nas Kamińskich. I od razu napisz, jak tylko będziesz na miejscu.*

Farewell

A: THE DEPARTING VISITOR (MAN/WOMAN)

B: FAMILY AND FRIENDS

A: I had it so good here with you! What a pity that I already have to leave!

B: We're also very sorry. We haven't had time to show you everything. There hasn't been enough time. But perhaps you will come to (see) us again next year. Remember that we cordially invite you and (that) we await your visit. And don't forget (about) us, write sometimes (about) what's new with you.

A: Certainly I'll write. Give my regards once more to our mutual friends and thank them from me for (their) hospitality. I myself haven't been able to say goodbye to everyone. And now excuse (me), I must go already because it's necessary to stand in line for customs and passport inspection. Again (Once more) I cordially (from the heart) thank you for everything!

B: And we also thank you! Have a good (safe) trip! Give our regards to the Kaminskis. And write (us) at once, as soon as you arrive at your destination (as soon as you are/will be in your place).

REFERENCE GRAMMAR

In Polish (as in most Slavic languages) there is no article, that is, no equivalent of the English "a (an)" or "the." Thus, for example, *dom* may mean "a house," "the house," or simply "house." However, it is always clear from the context of a Polish sentence whether "a house," "the house," or just "house" is meant.

Nouns

In Polish (as in most other languages) NOUNS are words which stand for things, persons, animals, places, ideas, etc. Examples: *ołówek* (pencil), *student* (student), *pies* (dog), *dom* (house), *myśl* (thought).

1 / GENDER There are three GENDERS in Polish: MASCULINE, FEMININE, and NEUTER. Unlike English, the gender of a noun in Polish is determined by the ENDING which that noun has in its basic or dictionary form (also known as the NOMINATIVE case). Accordingly, MASCULINE nouns are those which end in a CONSONANT: *studen***t** (student), *pie***s** (dog), *dzie***ń** (day), *ki***j** (stick), *pta***k** (bird)[1]. FEMININE nouns are those which end in **-a** or **-i**: *kred***a** (chalk), *studentk***a** (co-ed), *krow***a** (cow), *gospodyn***i** (hostess).[2] NEUTER nouns are those which end in **-e** or **-o**: *pol***e** (field), *zdrowi***e** (health), *dzieck***o** (child), *okn***o** (window).

2 / DECLENSION In Polish, nouns (as well as other segments of grammar) are DECLINED, that is, they take on different ENDINGS, or undergo other changes, according to what they are supposed to express in a given sentence. The process of adding different endings, or changing the structure of a noun (or of some other segment of grammar) is called DECLENSION. This word also denotes the group to which a noun belongs.

3 / NUMBER In Polish, as in English, there are two numbers: SINGULAR and PLURAL, as seen in the following table:

LICZBA POJEDYŃCZA	SINGULAR
dom	house
LICZBA MNOGA	PLURAL
domy	houses

[1] There are some MASCULINE nouns (denoting persons) which end in **-a**: *mężczyzn***a**, *sędzi***a**, *radc***a** (man) (judge) (counselor).

[2] Some FEMININE nouns may also end in a consonant, e.g., *no***c**, *dło***ń**, *kole***j** (night) (palm of the hand) (railroad).

4 / CASE In Polish a noun (or some other segment of grammar) appears in several forms, known as CASES. Each CASE (usually identifiable in Polish by its ENDING) expresses a certain definite relation of one word to another in a sentence or a group of words. The general meanings of the cases are given below.

Nominative (N.): denotes the SUBJECT of a sentence (e.g., **Dom** *stoi.* The **house** stands.).

Accusative (A.): denotes the DIRECT OBJECT of a transitive verb (e.g., *Widzę* **dom**. I see the **house.** *Znam* **pana Nowaka.** I know **Mr. Novak.**).

Genitive (G.): denotes CLOSE RELATIONSHIP between two or more persons or things (e.g., *cena* **domu,** the price **of the house**; *dom* **pana Nowaka, Mr. Novak's** house/the house **of Mr. Novak**; *żona* **pana Nowaka**, **Mr. Novak's** wife/the wife **of Mr. Novak**.).

Dative (D.): denotes the INDIRECT OBJECT of a transitive verb or a RECIPIENT of something (e.g., *Daj to* **panu Nowakowi!** Give this **to Mr. Novak!**).

Instrumental (I.): denotes an AGENT or an INSTRUMENT involved in some action. In this meaning, it is used in Polish mostly after certain verbs (e.g., *Piszę* **ołówkiem**. I write **with a pencil.**).

Locative (L.): is used mostly to denote LOCATION. It is never used without a preposition (e.g., *w* **domu**, in **the house**/at **home**; *na* **mapie**, on **the map**), and is often called the PREPOSITIONAL CASE.

5 / PATTERNS OF DECLENSIONS Following are some typical REGULAR patterns of Polish noun declensions. The order of presentation is MASC., NEUT., FEM., so that the existing similarities in the declension of masculine and neuter nouns may be brought into sharper focus.

	MASC.					NEUT.		
	ANIMATE				INANIMATE			
	MALE PERSONS		OTHER					
	SINGULAR							
N.	pan	student[1]	kot	koń	dom[2]	pole[3]	okno[3]	zadanie[3]
A.	pana[4]	studenta[4]	kota[4]	konia[4]	dom[2]	pole[3]	okno[3]	zadanie[3]
G.	pana[4]	studenta[4]	kota[4]	konia[4]	domu	pola	okna	zadania
D.	panu	studentowi	kotu	koniowi	domowi	polu	oknu	zadaniu
I.	panem	studentem	kotem	koniem	domem	polem	oknem	zadaniem
L.	panu	studencie[1]	kocie	koniu	domu	polu	oknie	zadaniu
	PLURAL							
N.	panowie	studenci[1]	koty[6]	konie[6]	domy[6]	pola	okna	zadania
A.	panów[5]	studentów[5]	koty[6]	konie[6]	domy[6]	pola	okna	zadania
G.	panów[5]	studentów[5]	kotów	koni	domów	pól	okien	zadań
D.[7]	panom	studentom	kotom	koniom	domom	polom	oknom	zadaniom
I.	panami	studentami	kotami	końmi	domami	polami	oknami	zadaniami
L.[7]	panach	studentach	kotach	koniach	domach	polach	oknach	zadaniach

			FEM.			
			SINGULAR			
N.	*żon***a**	*matk***a**	*kuchn***ia**	*prac***a**	*stacj***a**	*pan***i**
A.	*żon***ę**	*matk***ę**	*kuchn***ię**	*prac***ę**	*stacj***ę**	*pan***ią**
G.	*żon***y**	*matk***i**	*kuchn***i**	*prac***y**	*stacj***i**	*pan***i**
D. L.[8]	*żon***ie**	*matc***e**[9]	*kuchn***i**	*prac***y**	*stacj***i**	*pan***i**
I.	*żon***ą**	*matk***ą**	*kuchn***ią**	*prac***ą**	*stacj***ą**	*pan***ią**
			PLURAL			
N. A.[10]	*żon***y**	*matk***i**	*kuchn***ie**	*prac***e**	*stacj***e**	*pan***ie**
G.	*żon*	*mat***e***k*	*kuchn***i**	*prac*	*stacj***i**	*pań*
D.[11]	*żon***om**	*matk***om**	*kuchn***iom**	*prac***om**	*stacj***om**	*pan***iom**
I.[11]	*żon***ami**	*matk***ami**	*kuchn***iami**	*prac***ami**	*stacj***ami**	*pan***iami**
L.[11]	*żon***ach**	*matk***ach**	*kuchn***iach**	*prac***ach**	*stacj***ach**	*pan***iach**

[1] A consonant change may take place in the STEM of some nouns before the vowel ending **-e** or **-i**. This change usually takes place in nouns denoting **MALE PERSONS**, as in *student*, *studencie*, *studenci*, above.
[2] The Nom. and Acc. Sing. of INANIMATE MASC. nouns (*dom*) are identical.
[3] The Nom. and Acc. Sing. of all NEUTER nouns are identical.
[4] The Gen. and Acc. Sing. of MASC. ANIMATE nouns (*pan, kot, koń*) are identical.
[5] The Gen. and Acc. Pl. of MALE PERSONS are identical.
[6] The Nom. and Acc. Pl. of ALL OTHER NOUNS (both INANIMATE and ANIMATE) are identical.
[7] The endings of Dat., Instr., and Loc. Pl. are respectively, **-om**, **-ami**, **-ach** for all three genders. A shortened ending of the Instr. Pl., **-mi** as in *koń***mi** above, is added to a few nouns (other examples being *dzieć***mi**, *ludź***mi**).
[8] The Dat. and Loc. Sing. of FEMININE nouns are identical.
[9] A consonant change takes place in the STEM of some FEMININE nouns before the **-e** ending (see *ma***t***ka*, *ma***t***ce*, above).
[10] The Nom. and Acc. Pl. of FEMININE nouns are identical.
[11] The endings of Dat., Instr., and Loc. Pl. are, respectively, **-om, -ami, -ach,** just as in the Masc. and Neut. genders.
There is still another case, called Vocative (Voc.), but it is seldom used, except when a person is addressed directly: *Pani***e** *Prezydenci***e***!* (Mr. President!), *pani***e** *profesorz***e***!* (Mr. Professor!). This case is going out of use, being replaced by polite forms with *Proszę* (Please), except in a few isolated cases, some of which are given earlier in this text.

6 / STEM CHANGES IN THE DECLENSION OF NOUNS Stem changes occur quite frequently in the declension of Polish nouns, both in the singular and in the plural. They affect vowels as well as consonants.

(a) Stem VOWEL changes:

a → e	**ó → o**
*l***a***to* → *l***e***cie*	*st***ó***ł* → *st***o***łu*
*mi***a***sto* → *mi***e***ście*	

(b) Stem CONSONANT changes: **b, d, f, ł, m, n, p, r, s, t, w, z** change to **bi, dzi, fi, l, mi, ni, pi, rz, si, ci, wi, zi** before the -e ending in all three genders.

The following stem consonant changes before the -e ending occur only in nouns belonging to the FEMININE gender:

ch → sz	**g → d**	**k → c**
*pończo***ch***a* → *pończo***sz***e*	*podło***g***a* → *podło***dz***e*	*mat***k***a* → *mat***c***e*

The following stem consonant changes before the **-i/-y** ending occur only in nouns denoting MALE PERSONS:

ch → si		k → c		r → rz	
Włoch → *Włosi*	Italians	*Polak* → *Polacy*	Poles	*dyrektor* → *dyrektorzy*	directors
t → ci		z → zi			
student → *studenci*	students	*Francuz* → *Francuzi*	Frenchmen		

Pronouns

1 / PERSONAL PRONOUNS Personal pronouns are declined as follows:

	SINGULAR				
	1st Person	**2nd Person**	**3rd Person**		
			MASC.	NEUT.	FEM.
N.	*ja* I	*ty* you/thou	*on* he	*ono* it	*ona* she
A.	*mnie*	*ciebie, cię*	*jego, go*	*je*	*ją*
G.	*mnie*	*ciebie*	*jego, go*	*jego, go*	*jej*
D.	*mnie, mi*	*tobie, ci*	*jemu, mu*	*jemu, mu*	*jej*
I.	*mną*	*tobą*	*nim*[1]	*nim*[1]	*nią*[1]
L.	*mnie*	*tobie*	*nim*[1]	*nim*[1]	*niej*[1]
			PLURAL		
			MASC.		FEM.
N.	*my* we	*wy* you	*oni* they		*one* they
A.	*nas*	*was*	*ich*		*je*
G.	*nas*	*was*	*ich*		*ich*
D.	*nam*	*wam*	*im*		*im*
I.	*nami*	*wami*	*nimi*[1]		*nimi*[1]
L.	*nas*	*was*	*nich*[1]		*nich*[1]

[1] An **n-** prefix is added to the INSTR. and LOC. of the 3RD PERS. SING. and PLURAL.

2 / INTERROGATIVE PRONOUNS

N.	*co* what	*kto* who
A.	*co*[1]	*kogo*
G.	*czego*	*kogo*
D.	*czemu*	*komu*
I.	*czym*	*kim*
L.	*czym*	*kim*

[1] The NOM. and ACC.SG. form of *co* are the same.

3 / INDEFINITE PRONOUNS

N.	*nic*	nothing	*nikt*	nobody
A.	*nic*[1]		*nikogo*	
G.	*niczego*		*nikogo*	
D.	*niczemu*		*nikomu*	
I.	*niczym*		*nikim*	
L.	*niczym*		*nikim*	

[1] The NOM. and ACC.SG. forms of *nic* are the same.

Adjectives

In Polish, adjectives (and all other modifiers) must agree in GENDER, NUMBER, and CASE with the noun or nouns to which they refer (for examples, see Lesson 1, Grammar).

1 / DESCRIPTIVE ADJECTIVES

	MASC.			
	ANIMATE			INANIMATE
	MALE PERSONS		OTHER	
	SINGULAR			
N.	*dobr*y	*drog*i	*dobr*y	*drog*i
A.	*dobr*ego[2]	*drog*iego[2]	*dobr*ego[2]	*drog*iego[2]
G.	*dobr*ego[2]	*drog*iego[2]	*dobr*ego[2]	*drog*iego[2]
D.	*dobr*emu	*drog*iemu	*dobr*emu	*drog*iemu
I.	*dobr*ym	*drog*im	*dobr*ym	*drog*im
L.	*dobr*ym	*drog*im	*dobr*ym	*drog*im
	PLURAL			
N.	*dobr*zy	*drod*zy	*dobr*e	*drog*ie
A.	*dobr*ych[4]	*drog*ich[4]	*dobr*e	*drog*ie
G.	*dobr*ych[4]	*drog*ich[4]	*dobr*ych	*drog*ich
D.	*dobr*ym	*drog*im	*dobr*ym	*drog*im
I.	*dobr*ymi	*drog*imi	*dobr*ymi	*drog*imi
L.	*dobr*ych	*drog*ich	*dobr*ych	*drog*ich

NEUT.		FEM.	
SINGULAR			
*dobr*e[1]	*drog*ie[1]	*dobr*a	*drog*a
*dobr*e[1]	*drog*ie[1]	*dobr*ą	*drog*ą
*dobr*ego	*drog*iego	*dobr*ej[3]	*drog*iej[3]
*dobr*emu	*drog*iemu	*dobr*ej[3]	*drog*iej[3]
*dobr*ym	*drog*im	*dobr*ą	*drog*ą
*dobr*ym	*drog*im	*dobr*ej[3]	*drog*iej[3]

PLURAL			
*dobr***e**	*drogi***e**	*dobr***e**	*drogi***e**
*dobr***e**	*drogi***e**	*dobr***e**	*drogi***e**
*dobr***ych**	*drog***ich**	*dobr***ych**	*drog***ich**
*dobr***ym**	*drog***im**	*dobr***ym**	*drog***im**
*dobr***ymi**	*drog***imi**	*dobr***ymi**	*drog***imi**
*dobr***ych**	*drog***ich**	*dobr***ych**	*drog***ich**

[1] The NOM. and ACC. SING. of adjectives modifying MASC. INANIMATE nouns and of all adjectives referring to NEUTER nouns are identical.
[2] The GEN. and ACC. SING. of adjectives referring to MASC. ANIMATE nouns are identical.
[3] The ending of the FEM. form of an adjective in GEN., DAT., and LOC. SING. is **-ej**.
[4] The GEN. and ACC. PLURAL of adjectives referring to MALE PERSONS end in **-ich/-ych**.

2 / POSSESSIVE ADJECTIVES

1st Person Singular

	MASC.			NEUT.	FEM.
	ANIMATE		INANIMATE		
	MALE PERSONS	OTHER			
	SINGULAR				
N.	*mój*		*mój*	*moj***e**	*moj***a**
A.	*moj***ego**		*mój*	*moj***e**	*moj***ą**
G.	*moj***ego**		*moj***ego**	*moj***ego**	*moj***ej**
D.	*moj***emu**		*moj***emu**	*moj***emu**	*moj***ej**
I.	*mo***im**		*mo***im**	*mo***im**	*moj***ą**
L.	*mo***im**		*mo***im**	*mo***im**	*moj***ej**

	PLURAL			
N.	*mo***i**	*moj***e**	*moj***e**	*moj***e**
A.	*mo***ich**	*moj***e**	*moj***e**	*moj***e**
G.	*mo***ich**	*mo***ich**	*mo***ich**	*mo***ich**
D.	*mo***im**	*mo***im**	*mo***im**	*mo***im**
I.	*mo***imi**	*mo***imi**	*mo***imi**	*mo***imi**
L.	*mo***ich**	*mo***ich**	*mo***ich**	*mo***ich**

2nd Person Singular

MASC.		NEUT.	FEM.
ANIMATE	INANIMATE		
MALE PERSONS	OTHER		
SINGULAR			
twój	*twój*	*twoj*e	*twoj*a
*twoj*ego	*twój*	*twoj*e	*twoj*ą
*twoj*ego	*twoj*ego	*twoj*ego	*twoj*ej
*twoj*emu	*twoj*emu	*twoj*emu	*twoj*ej
*two*im	*two*im	*two*im	*twoj*ą
*two*im	*two*im	*two*im	*twoj*ej
PLURAL			
*two*i	*twoj*e	*twoj*e	*twoj*e
*two*ich	*twoj*e	*twoj*e	*twoj*e
*two*ich	*two*ich	*two*ich	*two*ich
*two*im	*two*im	*two*im	*two*im
*two*imi	*two*imi	*two*imi	*two*imi
*two*ich	*two*ich	*two*ich	*two*ich

3rd Person Singular[1]

MASC.	NEUT.	FEM.
SINGULAR		
jego	*jego*	*jej*
PLURAL		
ich	*ich*	*ich*

[1] The possessive adjectives of the 3RD PERS. SING. and PL. are not declined.

1st Person Plural

	MASC.		NEUT.	FEM.
	ANIMATE	INANIMATE		
	MALE PERSONS	OTHER		
	SINGULAR			
N.	*nasz*	*nasz*	*nasz*e	*nasz*a
A.	*nasz*ego	*nasz*	*nasz*e	*nasz*ą
G.	*nasz*ego	*nasz*ego	*nasz*ego	*nasz*ej
D.	*nasz*emu	*nasz*emu	*nasz*emu	*nasz*ej
I.	*nasz*ym	*nasz*ym	*nasz*ym	*nasz*ą
L.	*nasz*ym	*nasz*ym	*nasz*ym	*nasz*ej

		PLURAL		
N.	*nas*i	*nasz*e	*nasz*e	*nasz*e
A.	*nasz*ych	*nasz*e	*nasz*e	*nasz*e
G.	*nasz*ych	*nasz*ych	*nasz*ych	*nasz*ych
D.	*nasz*ym	*nasz*ym	*nasz*ym	*nasz*ym
I.	*nasz*ymi	*nasz*ymi	*nasz*ymi	*nasz*ymi
L.	*nasz*ych	*nasz*ych	*nasz*ych	*nasz*ych

2nd Person Plural

MASC.		NEUT.	FEM.
ANIMATE	INANIMATE		
MALE PERSONS / OTHER			
	SINGULAR		
wasz	*wasz*	*wasz*e	*wasz*a
*wasz*ego	*wasz*	*wasz*e	*wasz*ą
*wasz*ego	*wasz*ego	*wasz*ego	*wasz*ej
*wasz*emu	*wasz*emu	*wasz*emu	*wasz*ej
*wasz*ym	*wasz*ym	*wasz*ym	*wasz*ą
*wasz*ym	*wasz*ym	*wasz*ym	*wasz*ej
	PLURAL		
*was*i	*wasz*e	*wasz*e	*wasz*e
*wasz*ych	*wasz*e	*wasz*e	*wasz*e
*wasz*ych	*wasz*ych	*wasz*ych	*wasz*ych
*wasz*ym	*wasz*ym	*wasz*ym	*wasz*ym
*wasz*ymi	*wasz*ymi	*wasz*ymi	*wasz*ymi
*wasz*ych	*wasz*ych	*wasz*ych	*wasz*ych

The special possessive adjective *swój, swoje, swoja* (one's own), not used in the NOM. case, is declined like *mój, moje, moja.*

3 / DEMONSTRATIVE ADJECTIVES

***t*en** this

	MASC.		NEUT.	FEM.
	ANIMATE	INANIMATE		
	MALE PERSONS / OTHER			
		SINGULAR		
N.	*t*en	*t*en	*t*o	*t*a
A.	*t*ego	*t*en	*t*o	*t*ą[1]
G.	*t*ego	*t*ego	*t*ego	*t*ej
D.	*t*emu	*t*emu	*t*emu	*t*ej
I.	*t*ym	*t*ym	*t*ym	*t*ą
L.	*t*ym	*t*ym	*t*ym	*t*ej

PLURAL

N.	ci	te	te	te
A.	tych	te	te	te
G.	tych	tych	tych	tych
D.	tym	tym	tym	tym
I.	tymi	tymi	tymi	tymi
L.	tych	tych	tych	tych

*tamt***en** that

SINGULAR

N.	tamten	tamten	tamto	tamta
A.	tamtego	tamten	tamto	tamtą
G.	tamtego	tamtego	tamtego	tamtej
D.	tamtemu	tamtemu	tamtemu	tamtej
I.	tamtym	tamtym	tamtym	tamtą
L.	tamtym	tamtym	tamtym	tamtej

PLURAL

N.	tamci	tamte	tamte	tamte
A.	tamtych	tamte	tamte	tamte
G.	tamtych	tamtych	tamtych	tamtych
D.	tamtym	tamtym	tamtym	tamtym
I.	tamtymi	tamtymi	tamtymi	tamtymi
L.	tamtych	tamtych	tamtych	tamtych

[1] The form *tę* is still used for the ACC. SING. of *ta* (FEM.).

Numerals

1 / CARDINAL NUMERALS Cardinal numerals are declined in Polish as follows:

1 *jeden, jedno, jedna* **G.** *jednego, jednej* **D.** *jednemu, jednej* etc.
2 *dwa, dwie* **G.** *dwóch, dwu* **D.** *dwom, dwu* **I.** *dwoma, dwiema*
3 *trzy* **G.** *trzech* **D.** *trzem* **I.** *trzema*
4 *cztery* **G.** *czterech* **D.** *czterem* **I.** *czterema*
5 *pięć* **G.,D.,I.,L.** *pięciu* **A.** *pięciu* or *pięć*
6 *sześć* Declined like *pięć*, as are 7, 8, 9, 10 (*siedem, osiem, dziewięć, dziesięć*)
11 *jedenaście* **G., D., I., L.** *jedenastu* **A.** *jedenastu* or *jedenaście*
12 *dwanaście* **G., D., I., L.** *dwunastu* **A.** *dwunastu* or *dwanaście*
13 *trzynaście* Declined like *jedenaście*, as are 14, 15, 16, 17, 18, 19 (*czternaście, piętnaście, szesnaście, siedemnaście, osiemnaście, dziewiętnaście*)
20 *dwadzieścia* Declined like *dwanaście*, above
30 *trzydzieści* Declined like *trzynaście*, as is 40 (*czterdzieści*)
50 *pięćdziesiąt* **G., D., I., L.** *pięćdziesięciu* **A.** *pięćdziesięciu* or *pięćdziesiąt*
60 *sześćdziesiąt* Declined like *pięćdziesiąt*, as are 70, 80, 90 (*siedemdziesiąt, osiemdziesiąt, dziewięćdziesiąt*)
100 *sto* **G., D., I., L.** *stu* **A.** *stu* or *sto*
200 *dwieście* **G., D., I., L.** *dwustu* **A.** *dwustu* or *dwieście*
300 *trzysta* **G., D., I., L.** *trzystu* **A.** *trzystu* or *trzysta*
400 *czterysta* Declined like *trzysta*, above

500	*pięćset* **G., D., I., L.** *pięciu*set **A.** *pięciuset* or *pięćset*
600	*sześćset* Declined like *pięćset*, as are 700, 800, 900 (*siedemset, osiemset, dziewięćset*)
1000	*tysiąc* **A.** *tysiąc* **G.** *tysiąca* **D.** *tysiąc***owi** **I.** *tysiąc***em**
2000	*dwa tysiące* **A.** *dwa tysiące* **G.** *dwu tysięcy* **D.** *dwom* or *dwu tysiącom* **I.** *dwoma tysiącami* **L.** *dwu tysiącach*
Million	*milion* **A.** *milion* **G.** *miliona* **D.** *milion***owi** **I.** *milion***em** **L.** *milionie*

2 / ORDINAL NUMERALS Ordinal numerals are declined in Polish like ADJECTIVES. Examples follow:

First	*pierwszy, pierwsze, pierwsza* **G.** *pierwszego, pierwszej* **D.** *pierwszemu, pierwszej* etc.
Second	*drugi, drugie, druga* **G.** *drugiego, drugiej* **D.** *drugiemu, drugiej* etc.
Third	*trzeci, trzecie, trzecia* **G.** *trzeciego, trzeciej* **D.** *trzeciemu, trzeciej* etc.
Fourth	*czwarty, czwarte, czwarta* **G.** *czwartego, czwartej* **D.** *czwartemu, czwartej* etc.
Fifth	*piąty, piąte, piąta* Declined like *czwarty*, above
Sixth	*szósty, szóste, szósta* See *piąty*
Seventh	*siódmy, siódme, siódma* **G.** *siódmego, siódmej* **D.** *siódmemu, siódmej* etc.
Eighth	*ósmy, ósme, ósma* Declined like *siódmy*, above
Ninth	*dziewiąty*, etc. Declined like *piąty*, as is 10th (*dziesiąty*)
11th	*jedenasty*, etc. **G.** *jedenastego, jedenastej* **D.** *jedenastemu, jedenastej* etc.
12th	*dwunasty*, etc. **G.** *dwunastego, dwunastej* **D.** *dwunastemu, dwunastej* etc.
13th	*trzynasty*, etc. **G.** *trzynastego, trzynastej* **D.** *trzynastemu, trzynastej* etc.
14th	*czternasty*, etc. **G.** *czternastego, czternastej* **D.** *czternastemu, czternastej* etc.
15th	*piętnasty*, etc. **G.** *piętnastego, piętnastej* **D.** *piętnastemu, piętnastej* etc.
16th	*szesnasty*, etc. Declined like *piętnasty*, above
17th	*siedemnasty*, etc. **G.** *siedemnastego, siedemnastej* **D.** *siedemnastemu, siedemnastej* etc.
18th	*osiemnasty*, etc. Declined like *siedemnasty*, above
19th	*dziewiętnasty*, etc. **G.** *dziewiętnastego, dziewiętnastej*. etc.
20th	*dwudziesty*, etc. Declined like *dwunasty*, above
30th	*trzydziesty*, etc. Declined like *trzynasty*, above
40th	*czterdziesty*, etc. Declined like *czternasty*, above
50th	*pięćdziesiąty*, etc. **G.** *pięćdziesiątego, pięćdziesiątej* etc.
60th	*sześćdziesiąty*, etc. Declined like *pięćdziesiąty*, above, as are 70th, 80th, 90th (*siedemdziesiąty, osiemdziesiąty, dziewięćdziesiąty*)
100th	*setny*, etc. **G.** *setnego, setnej* **D.** *setnemu, setnej* etc.
200th	*dwusetny*, etc. Declined like *setny*, above
300th	*trzechsetny*, etc. **G.** *trzechsetnego, trzechsetnej* **D.** *trzechsetnemu, trzechsetnej* etc.
400th	*czterechsetny*, etc. **G.** *czterechsetnego, czterechsetnej* etc.
500th	*pięćsetny*, etc. **G.** *pięćsetnego, pięćsetnej* **D.** *pięćsetnemu, pięćsetnej* etc.
600th	*sześćsetny*, etc. Declined like *pięćsetny*, above, as are 700th, 800th, 900th (*siedemsetny, osiemsetny, dziewięćsetny*)
1000th	*tysięczny*, etc. **G.** *tysięcznego, tysięcznej* **D.** *tysięcznemu, tysięcznej* etc.
2000th	*dwutysięczny*, etc. Declined like *tysięczny*, above
Millionth	*milionowy*, etc. **G.** *milionowego, milionowej* **D.** *milionowemu, milionowej* etc.

Verbs

Verbs are used to denote action, condition, state of being, etc. In Polish, they usually occur in two aspects: **Imperfective** (IPF.) and **Perfective** (PF.).

The **Imperfective Aspect** denotes **(a)** an action which is (was, or will be) habitual or frequent, **(b)** an action which is (was, will be) in progress. As such, it has three tenses: PAST, PRESENT, and FUTURE.

The **Perfective Aspect** describes an action which was, has been, or will be (will have been) completed. As such, it has only two tenses: PAST and FUTURE. (There is no Present Tense in the Perfective Aspect.)

Both aspects have also their distinctive **Conditional Mood, Imperative Mood, Participle,** and **Gerund** (see later in this section).

Some Polish verbs, especially verbs of motion, have two sub-aspects in the **Imperfective.** These sub-aspects are usually called **Indeterminate** and **Determinate,** and their functions are as follows:

Indeterminate: describes a habitual or repeated action, an action which involves going somewhere and returning (one or several times), and also an action which has no definite direction (for example, "around and around, back and forth").

Determinate: is used to describe an on-going action, a motion in progress toward a goal or destination (but without any suggestion of completing or finishing such an action or motion).

1 / CONJUGATION The process of adding different endings to the stem of a verb to describe an action taking place at different times or an action being performed or completed by some agent, is called Conjugation.[3] This term is also used in reference to the group to which a given verb belongs.

There are three verb conjugations in Polish, each one named after the vowel ending (**-a**, **-e**, or **-i**) of the THIRD PERSON SINGULAR OF THE PRESENT TENSE. They are known, respectively, as the **-a Conjugation,** the **-e Conjugation,** and the **-i Conjugation.**

-a CONJUGATION

Imperfective Aspect	Perfective Aspect
Infinitive	
czytać to read, to be reading	*przeczytać* to have read, to finish reading

Indicative Mood

Present Tense

SINGULAR

1 *czyt***am**
2 *czyt***asz**
3 *czyt***a**

PLURAL

1 *czyt***amy**
2 *czyt***acie**
3 *czyt***ają**

Past Tense

SINGULAR

	MASC.	NEUT.	FEM.	MASC.	NEUT.	FEM.
1	*czyt***ałem**		*czyt***ałam**	*przeczyt***ałem**		*przeczyt***ałam**
2	*czyt***ałeś**		*czyt***ałaś**	*przeczyt***ałeś**		*przeczyt***ałaś**
3	*czyt***ał**	*czyt***ało**	*czyt***ała**	*przeczyt***ał**	*przeczyt***ało**	*przeczyt***ała**

PLURAL

	MEN	WOMEN, ET AL.	MEN	WOMEN, ET AL.
1	*czyt***aliśmy**	*czyt***ałyśmy**	*przeczyt***aliśmy**	*przeczyt***ałyśmy**
2	*czyt***aliście**	*czyt***ałyście**	*przeczyt***aliście**	*przeczyt***ałyście**
3	*czyt***ali**	*czyt***ały**	*przeczyt***ali**	*przeczyt***ały**

[3] In addition, a condition or a state of being is also expressed through some verb conjugations.

IMPERSONAL FORM

*czyt***ano** *przeczyt***ano**

Future Tense

SINGULAR

	MASC.	NEUT.	FEM.	ALL GENDERS
1	*będ***ę** *czyt***ał**		*będ***ę** *czyt***ała**	*przeczyt***am**
2	*będz***iesz** *czyt***ał**		*będz***iesz** *czyt***ała**	*przeczyt***asz**
3	*będz***ie** *czyt***ał**	*będz***ie** *czyt***ało**	*będz***ie** *czyt***ała**	*przeczyt***a**

PLURAL

	MEN	WOMEN, ET AL.	ALL GENDERS
1	*będz***iemy** *czyt***ali**	*będz***iemy** *czyt***ały**	*przeczyt***amy**
2	*będz***iecie** *czyt***ali**	*będz***iecie** *czyt***ały**	*przeczyt***acie**
3	*będ***ą** *czyt***ali**	*będ***ą** *czyt***ały**	*przeczyt***ają**

Conditional Mood

SINGULAR

	MASC.	NEUT.	FEM.	MASC.	NEUT.	FEM.
1	*czyt***ałbym**		*czyt***ałabym**	*przeczyt***ałbym**		*przeczyt***ałabym**
2	*czyt***ałbyś**		*czyt***ałabyś**	*przeczyt***ałbyś**		*przeczyt***ałabyś**
3	*czyt***ałby**	*czyt***ałoby**	*czyt***ałaby**	*przeczyt***ałby**	*przeczyt***ałoby**	*przeczyt***ałaby**

PLURAL

	MEN	WOMEN, ET AL.	MEN	WOMEN, ET AL.
1	*czyt***alibyśmy**	*czyt***ałybyśmy**	*przeczyt***alibyśmy**	*przeczyt***ałybyśmy**
2	*czyt***alibyście**	*czyt***ałybyście**	*przeczyt***alibyście**	*przeczyt***ałybyście**
3	*czyt***aliby**	*czyt***ałyby**	*przeczyt***aliby**	*przeczyt***ałyby**

IMPERSONAL FORM

Imperfective	Perfective
*czyt***anoby**	*przeczyt***anoby**

Imperative Mood

	Imperfective	Perfective
SINGULAR		
1		
2	*czyt***aj***!*	*przeczyt***aj***!*
3	*niech czyt***a**	*niech przeczyt***a**
PLURAL		
1	*czyt***ajmy***!*	*przeczyt***ajmy***!*
2	*czyt***ajcie***!*	*przeczyt***ajcie***!*
3	*niech czyt***ają**	*niech przeczyt***ają**

Participle[1]

Present Active

*czyt***ający** *czyt***ające** *czyt***ająca**

Past Passive

*czyt***any** *czyt***ane** *czyt***ana** *przeczyt***any** *przeczyt***ane** *przeczyt***ana**

Gerund[2]

Present

*czyt***ając**

Past

*przeczyt***awszy**

[1] Declined like an ADJECTIVE.
[2] Not declined.

-e CONJUGATION

Imperfective Aspect	Perfective Aspect

Infinitive

pisać to write, to be writing — *napisać* to have written, to finish writing

Indicative Mood

Present Tense

SINGULAR

1 *pisz***e**
2 *pisz***esz**
3 *pisz***e**

PLURAL

1 *pisz***emy**
2 *pisz***ecie**
3 *pisz***ą**

Past Tense

SINGULAR

	MASC.	NEUT.	FEM.	MASC.	NEUT.	FEM.
1	pisałem		pisałam	napisałem		napisałam
2	pisałeś		pisałaś	napisałeś		napisałaś
3	pisał	pisało	pisała	napisał	napisało	napisała

PLURAL

	MEN	WOMEN, ET AL.	MEN	WOMEN, ET AL.
1	pisaliśmy	pisałyśmy	napisaliśmy	napisałyśmy
2	pisaliście	pisałyście	napisaliście	napisałyście
3	pisali	pisały	napisali	napisały

IMPERSONAL FORM

pisano	napisano

Future Tense

SINGULAR

	MASC.	NEUT.	FEM.	ALL GENDERS
1	będę pisał		będę pisała	napiszę
2	będziesz pisał		będziesz pisała	napiszesz
3	będzie pisał	będzie pisalo	będzie pisała	napisze

PLURAL

	MEN	WOMEN, ET AL.	ALL GENDERS
1	będziemy pisali	będziemy pisały	napiszemy
2	będziecie pisali	będziecie pisały	napiszecie
3	będą pisali	będą pisały	napiszą

Conditional Mood

SINGULAR

	MASC.	NEUT.	FEM.	MASC.	NEUT.	FEM.
1	pisałbym		pisałabym	napisałbym		napisałabym
2	pisałbyś		pisałabyś	napisałbyś		napisałabyś
3	pisałby	pisałoby	pisałaby	napisałby	napisałoby	napisałaby

PLURAL

	MEN	WOMEN, ET AL.	MEN	WOMEN, ET AL.
1	pisalibyśmy	pisałybyśmy	napisalibyśmy	napisałybyśmy
2	pisalibyście	pisałybyście	napisalibyście	napisałybyście
3	pisaliby	pisałyby	napisaliby	napisałyby

IMPERSONAL FORM

pisanoby	napisanoby

Imperative Mood

SINGULAR

Imperfective	Perfective
1	1
2 *pisz!*	2 *napisz!*
3 *niech pisz***e**	3 *niech napisz***e**

PLURAL

Imperfective	Perfective
1 *pisz***my***!*	1 *napisz***my***!*
2 *pisz***cie***!*	2 *napisz***cie***!*
3 *niech pisz***ą**	3 *niech napisz***ą**

Participle[1]

Present

*pisz***ący** *pisz***ące** *pisz***ąca**

Past

*pis***any** *pis***ane** *pis***ana** *napis***any** *napis***ane** *napis***ana**

Gerund[2]

Present

*pisz***ąc**

Past

*napis***awszy**

[1] Declined like an ADJECTIVE.
[2] Not declined.

-i CONJUGATION

Imperfective Aspect	Perfective Aspect

Infinitive

robić to do; to be doing, making — *zrobić* to have done; to make; to finish doing, making

Indicative Mood

Present Tense

SINGULAR

1 *rob***ię**
2 *rob***isz**
3 *rob***i**

PLURAL

1 *rob***imy**
2 *rob***icie**
3 *rob***ią**

Past Tense

SINGULAR

	MASC.	NEUT.	FEM.	MASC.	NEUT.	FEM.
1	robiłem		robiłam	zrobiłem		zrobiłam
2	robiłeś		robiłaś	zrobiłeś		zrobiłaś
3	robił	robiło	robiła	zrobił	zrobiło	zrobiła

PLURAL

	MEN	WOMEN, ET AL.	MEN	WOMEN, ET AL.
1	robiliśmy	robiłyśmy	zrobiliśmy	zrobiłyśmy
2	robiliście	robiłyście	zrobiliście	zrobiłyście
3	robili	robiły	zrobili	zrobiły

IMPERSONAL FORM

robiono   zrobiono

Future Tense

SINGULAR

	MASC.	NEUT.	FEM.	ALL GENDERS
1	będę robił		będę robiła	zrobię
2	będziesz robił		będziesz robiła	zrobisz
3	będzie robił	będzie robiło	będzie robiła	zrobi

PLURAL

	MEN	WOMEN, ET AL.	ALL GENDERS
1	będziemy robili	będziemy robiły	zrobimy
2	będziesz robił	będziecie robiły	zrobicie
3	będą robili	będą robiły	zrobią

Conditional Mood

SINGULAR

	MASC.	NEUT.	FEM.	MASC.	NEUT.	FEM.
1	robiłbym		robiłabym	zrobiłbym		zrobiłabym
2	robiłbyś		robiłabyś	zrobiłbyś		zrobiłabyś
3	robiłby	robiłoby	robiłaby	zrobiłby	zrobiłoby	zrobiłaby

PLURAL

	MEN	WOMEN, ET AL.	MEN	WOMEN, ET AL.
1	robilibyśmy	robiłybyśmy	zrobilibyśmy	zrobiłybyśmy
2	robilibyście	robiłybyście	zrobilibyście	zrobiłabyś
3	robiliby	robiłyby	zrobiliby	zrobiłyby

IMPERSONAL FORM

robionoby   zrobionoby

Imperative Mood

SINGULAR

1	1
2 *rób!*	2 *zrób!*
3 *niech rob***i**	3 *niech zrob***i**

PLURAL

1 *rób***my***!*	1 *zrób***my***!*
2 *rób***cie***!*	2 *zrób***cie**
3 *niech rob***ią**	3 *niech zrob***ią**

Participle[1]

Present Active

*rob***iący** *rob***iące** *rob***iąca**

Past Passive

*rob***iony** *rob***ione** *rob***iona** *zrob***iony** *zrob***ione** *zrob***iona**

Gerund[2]

Present

*rob***iąc**

Past

*zrob***iwszy**

[1] Declined like an adjective.
[2] Not declined.

2 / IRREGULAR VERBS*

* Only the most important forms are given.

Imperfective Aspect

Infinitive

być to be

Indicative Mood

Present Tense

SINGULAR

1 *jest***em**
2 *jest***eś**
3 *jest*

PLURAL

1 *jest***eśmy**
2 *jest***eście**
3 *są*

Past Tense

SINGULAR

	MASC.	NEUT.	FEM.
1	*był***em**		*był***am**
2	*był***eś**		*był***aś**
3	*był*	*był***o**	*był***a**

PLURAL

	MEN	WOMEN, ET AL.
1	*bysl***iśmy**	*był***yśmy**

Future Tense

SINGULAR

1	*będ***ę**
2	*będz***iesz**
3	*będz***ie**

PLURAL

1	*będz***iemy**
2	*będz***iecie**
3	*będ***ą**

Conditional Mood

SINGULAR

	MASC.	NEUT.	FEM.
1	*był***bym**		*był***abym**
2	*był***byś**		*był***abyś**
3	*był***by**	*był***oby**	*był***aby**

PLURAL

	MEN	WOMEN, ET AL.
1	*byl***ibyśmy**	*był***ybyśmy**

Imperative Mood

SINGULAR

1	
2	*bądź!*
3	*niech będz***ie**

PLURAL

1	*bądź***my***!*
2	*bądź***cie***!*
3	*niech będ***ą**

Participle[1]

Present Active

*będ***ący** *będ***ące** *będ***ąca**

Gerund[2]

Present

*będ***ąc**

[1] Declined like an ADJECTIVE.
[2] Not declined.

Imperfective Aspect[1]

Infinitive

mieć to have

Indicative Mood

Present Tense

SINGULAR

1	*ma***m**
2	*ma***sz**
3	*ma*

PLURAL

1	*ma***my**
2	*ma***cie**
3	*ma***ją**

Past Tense

SINGULAR

	MASC.	NEUT.	FEM.
1	*miał***em**		*miał***am**
2	*miał***eś**		*miał***aś**
3	*miał*	*miał***o**	*miał***a**

PLURAL

	MEN	WOMEN, ET AL.
1	*miel***iśmy**	*miał***yśmy**

Future Tense

SINGULAR

	MASC.	NEUT.	FEM.
1	*będ***ę** *miał*		*będ***ę** *miał***a**
2	*będ***ziesz** *miał*		*będ***ziesz** *miał***a**
3	*będ***zie** *miał*	*będ***zie** *miał***o**	*będ***zie** *miał***a**

PLURAL

	MEN	WOMEN, ET AL.
1	*będz***iemy** *mieli*	*będz***iemy** *miały*

Conditional Mood

SINGULAR

	MASC.	NEUT.	FEM.
1	*miał***bym**		*miał***abym**
2	*miał***byś**		*miał***abyś**
3	*miał***by**	*miał***oby**	*miał***aby**

PLURAL

	MEN	WOMEN, ET AL.
1	*miel***ibyśmy**	*miał***ybyśmy**

Participle

Present Active

*maj***ący** *maj***ące** *maj***ąca**

Gerund

Present

*maj***ąc**

Imperfective Aspect

Infinitive

móc to be able to

Indicative Mood

Present Tense

SINGULAR

1 *mog***ę**
2 *moż***esz**
3 *moż***e**

PLURAL

1 *moż***emy**
2 *moż***ecie**
3 *mog***ą**

Past Tense

SINGULAR

	MASC.	NEUT.	FEM.
1	*mogł***em**		*mogł***am**
2	*mogł***eś**		*mogł***aś**
3	*mógł*	*mogł***o**	*mogł***a**

PLURAL

	MEN	WOMEN, ET AL.
1	*mogl***iśmy**	*mogł***yśmy**

Future Tense

SINGULAR

	MASC.	NEUT.	FEM.
1	*będ***ę** *mógł*		*będ***ę** *mogł***a**
2	*będz***iesz** *mógł*		*będz***iesz** *mogł***a**
3	*będz***ie** *mógł*	*będz***ie** *mogł***o**	*będz***ie** *mogł***a**

PLURAL

	MEN	WOMEN, ET AL.
1	*będz***iemy** *mogl***i**	*będz***iemy** *mogł***y**

Conditional Mood

SINGULAR

	MASC.	NEUT.	FEM.
1	*mógł***bym**		*mogł***abym**
2	*mógł***byś**		*mogł***abyś**
3	*mógł***by**	*mogł***oby**	*mogł***aby**

PLURAL

	MEN	WOMEN, ET AL.
1	*mogl***ibyśmy**	*mogł***ybyśmy**

Participle

Present Active

*mog***ący** *mog***ące** *mog***ąca**

Gerund

Present

*mog***ąc**

Imperfective Aspect		Perfective Aspect
Indeterminate		Determinate

Infinitive

chodzić to go to frequently	*iść* to be going	*pójść* to go somewhere

Indicative Mood

Present Tense

SINGULAR

1	*chodz*ę	*id*ę
2	*chodz*isz	*idz*iesz
3	*chodz*i	*idz*ie

PLURAL

1	*chodz*imy	*idz*iemy
2	*chodz*icie	*idz*iecie
3	*chodz*ą	*id*ą

Past Tense

SINGULAR

MASC.

1	*chodzi*łem	*szed*łem	*poszed*łem
2	*chodzi*łeś	*szed*łeś	*poszed*łeś
3	*chodzi*ł	*szed*ł	*poszed*ł

NEUT.

3	*chodzi*ło	*sz*ło	*posz*ło

FEM.

1	*chodzi*łam	*sz*łam	*posz*łam
2	*chodzi*łaś	*sz*łaś	*posz*łaś
3	*chodzi*ła	*sz*ła	*posz*ła

PLURAL

MEN

1	*chodz*iliśmy	*sz*liśmy	*posz*liśmy
2	*chodz*iliście	*sz*liście	*posz*liście
3	*chodz*ili	*sz*li	*posz*li

WOMEN, ET AL.

1	*chodzi*łyśmy	*sz*łyśmy	*posz*łyśmy
2	*chodzi*łyście	*sz*łyście	*posz*łyście
3	*chodzi*ły	*sz*ły	*posz*ły

IMPERSONAL FORM

*chodz*ono

Future Tense

SINGULAR

MASC.

1	*będ***ę** *chodzi***ł**	*będ***ę** *sze***dł**	*pójd***ę**
2	*będz***iesz** *chodzi***ł**	*będz***iesz** *sze***dł**	*pójdz***iesz**
3	*będz***ie** *chodzi***ł**	*będz***ie** *sze***dł**	*pójdz***ie**

NEUT.

3	*będz***ie** *chodzi***ło**	*będz***ie** *sz***ło**	*pójdzie*

FEM.

1	*będ***ę** *chodzi***ła**	*będ***ę** *szł***a**	*pójd***ę**
2	*będz***iesz** *chodzi***ła**	*będz***iesz** *szła*	*pójdz***iesz**
3	*będz***ie** *chodzi***ła**	*będz***ie** *szła*	*pójdz***ie**

PLURAL

MEN

1	*będz***iemy** *chodz***ili**	*będz***iemy** *sz***li**	*pójdz***iemy**
2	*będz***iecie** *chodz***ili**	*będz***iecie** *sz***li**	*pójdz***iecie**
3	*będ***ą** *chodz***ili**	*będ***ą** *sz***li**	*pójd***ą**

WOMEN, ET AL.

1	*będz***iemy** *chodzi***ły**	*będz***iemy** *sz***ły**	*pójdz***iemy**
2	*będz***iecie** *chodzi***ły**	*będz***iecie** *sz***ły**	*pójdz***iecie**
3	*będ***ą** *chodzi***ły**	*będ***ą** *sz***ły**	*pójd***ą**

Conditional Mood

SINGULAR

MASC.

1	*chodzi***łbym**	*sze***dłbym**	*posze***dłbym**
2	*chodzi***łbyś**	*sze***dłbyś**	*posze***dłbyś**
3	*chodzi***łby**	*sze***dłby**	*posze***dłby**

NEUT.

3	*chodzi***łoby**	*sz***łoby**	*posz***łoby**

FEM.

1	*chodzi***łabym**	*sz***łabym**	*posz***łabym**
2	*chodzi***łabyś**	*sz***łabyś**	*posz***łabyś**
3	*chodzi***łaby**	*sz***łaby**	*posz***łaby**

PLURAL

MEN

1	*chodz***ilibyśmy**	*sz***libyśmy**	*posz***libyśmy**
2	*chodz***ilibyście**	*sz***libyście**	*posz***libyście**
3	*chodz***iliby**	*sz***liby**	*posz***liby**

WOMEN, ET AL.

1	*chodzi***łybyśmy**	*sz***łybyśmy**	*posz***łybyśmy**
2	*chodzi***łybyście**	*sz***łybyście**	*posz***libyście**
3	*chodzi***łyby**	*sz***łyby**	*posz***łyby**

IMPERSONAL FORM

*chodz***onoby**

Imperative Mood

SINGULAR

1			
2	*chodź!*	*idź!*	*pójdź!*
3	*niech chodz***i**	*niech idz***ie**	*niech pójdz***ie**

PLURAL

1	*chodź***my***!*	*idź***my***!*	*pójdź***my***!*
2	*chodź***cie***!*	*idź***cie***!*	*pójdź***cie!**
3	*niech chodz***ą**	*niech id***ą**	*niech pójd***ą**

Participle

Present Active

*chodz***ący**	*chodz***ące**	*chodz***ąca**	*id***ący**	*id***ące**	*id***ąca**

Gerund

Present

*chodz***ąc**	*id***ąc**	

Past

		*poszed***łszy**

Imperfective Aspect		Perfective Aspect
Indeterminate		Determinate

Infinitive

jeździć to drive, to travel	*jechać* to be driving, traveling	*pojechać* to drive, to travel somewhere

---

Indicative Mood

Present Tense

SINGULAR

1	*jeżdż***ę**	*jad***ę**
2	*jeźdz***isz**	*jedz***iesz**
3	*jeźdz***i**	*jedz***ie**

PLURAL

1	*jeźdz*imy	*jedz*iemy
2	*jeźdz*icie	*jedz*iecie
3	*jeźdż*ą	*jad*ą

Past Tense

SINGULAR

MASC.

1	*jeźdz*iłem	*jech*ałem	*pojech*ałem
2	*jeźdz*iłeś	*jech*ałeś	*pojech*ałeś
3	*jeźdz*ił	*jech*ał	*pojech*ał

FEM.

1	*jeźdz*iłam	*jech*ałam	*pojech*ałam
2	*jeźdz*iłaś	*jech*ałaś	*pojech*ałaś
3	*jeźdz*iła	*jech*ała	*pojech*ała

NEUT.

3	*jeźdz*iło	*jech*ało	*pojech*ało

PLURAL

MEN

1	*jeźdz*iliśmy	*jech*aliśmy	*pojech*aliśmy
2	*jeźdz*iliście	*jech*aliście	*pojech*aliście
3	*jeźdz*ili	*jech*ali	*pojech*ali

WOMEN, ET AL.

1	*jeźdz*iłyśmy	*jech*ałyśmy	*pojech*ałyśmy
2	*jeźdz*iłyście	*jech*ałyście	*pojech*ałyście
3	*jeźdz*iły	*jech*ały	*pojech*ały

IMPERSONAL FORM

	*jeźdż*ono	*jech*ano

Future Tense

SINGULAR

MASC.

1	*będ*ę *jeźdz*ił	*będ*ę *jech*ał	*pojad*ę
2	*będz*iesz *jeźdz*ił	*będz*iesz *jech*ał	*pojedz*iesz
3	*będz*ie *jeźdz*ił	*będz*ie *jech*ał	*pojedz*ie

FEM.

1	*będ*ę *jeź*dził	*będ*ę *jech*ała	*pojad*ę
2	*będz*iesz *jeźdz*iła	*będz*iesz *jech*ała	*pojedz*iesz
3	*będz*ie *jeźdz*iła	*będz*ie *jech*ała	*pojedz*ie

NEUT.

3	*będz*ie *jeźdz*iło	*będz*ie *jech*ało	*pojedz*ie

PLURAL

MEN

1	będziemy jeździli	będziemy jechali	pojedziemy
2	będziecie jeździli	będziecie jechali	pojedziecie
3	będą jeździli	będą jechali	pojadą

WOMEN, ET AL.

1	będziemy jeździły	będziemy jechały	pojedziemy
2	będziecie jeździły	będziecie jechały	pojedziecie
3	będą jeździły	będą jechały	pojadą

Conditional Mood

SINGULAR

MASC.

1	jeździłbym	jechałbym	pojechałbym
2	jeździłbyś	jechałbyś	pojechałbyś
3	jeździłby	jechałby	pojechałby

FEM.

1	jeździłabym	jechałabym	pojechałabym
2	jeździłabyś	jechałabyś	pojechałabyś
3	jeździłaby	jechałaby	pojechałaby

NEUT.

3	jeździłoby	jechałoby	pojechałoby

PLURAL

MEN

1	jeździlibyśmy	jechalibyśmy	pojechalibyśmy
2	jeździlibyście	jechalibyście	pojechalibyście
3	jeździliby	jechaliby	pojechaliby

WOMEN, ET AL.

1	jeździłybyśmy	jechałybyśmy	pojechałybyśmy
2	jeździłybyście	jechałybyście	pojechałybyście
3	jeździłyby	jechałyby	pojechałyby

IMPERSONAL FORM

	jeżdżonoby	jechanoby	

Imperative Mood

SINGULAR

2	jeźdź!	jedź!	pojedź!
3	niech jeździ	niech jedzie	niech pojedzie

PLURAL

1	*jeźdź***my***!*	*jedź***my***!*	*pojedź***my***!*
2	*jeźdź***cie***!*	*jedź***cie***!*	*pojedź***cie***!*
3	*niech jeżdżą*	*niech jadą*	*niech pojadą*

Participle

Present Active

*jeżdż***ący** *jeżdż***ące** *jeżdż***ąca** *jad***ący** *jad***ące** *jad***ąca**

Gerund

Present

*jeżdż***ąc** *jad***ąc**

Past

*pojech***awszy**

2 / WORD DIVISION When dividing words in Polish, one should observe the following rules:

(a) One-syllable words are never divided: *stół, most, pies, kraj, dzwon, wieś, wsi, gór, miast,* etc.

(b) Words of two or more syllables are divided in one of the following ways:

1. According to the number of syllables (a syllable can consist of a vowel and two or more consonants, or just of a vowel): *wo-da, książ-ka, i-de-a, ćwi-cze-nie, na-u-ka, bio-lo-gia, ge-o-lo-gia, ma-te-ma-ty-ka, kla-sy-fi-ka-cja, me-te-o-ro-lo-gia,* etc.
2. Separating the prefix (usually a preposition) from the word itself and then dividing the word into syllables: **dla**-*cze-go,* **od**-*po-wiedź,* **bez**-*ro-bo-cie,* **po**-*wie-dzia-łem,* **na**-*pi-sa-łem,* **od**-*po-wie-dzia-łem,* **prze**-*po-wied-nia* (or: **prze**-*po-wie-dnia*), etc.

NOTE When dividing a word into syllables, we try to avoid leaving consonant groups at the beginning of a syllable, especially in the middle of a word: *dok-tór, jed-ne-go, Bał-tyc-ki, pięć-dzie-siąt,* etc. This is not always possible when a word contains multiple consonant groups: *sio-stra, do-bra-noc, je-de-na-ście, je-szcze,* etc.

(c) Suffixes are never separated from the stem to which they are added but are divided according to the rule stated under **(b)** 1. Examples: *czy-t***a-nie,** *koń-c***ówka**, *skoń-cz***y-li**, etc. (Compare these with the English read-**ing**, end-**ing**, finish-**ed**, etc.)

POLISH-ENGLISH VOCABULARY

The Vocabulary lists nearly all of the high-frequency words appearing in Lessons 1 through 40. The following principles are followed throughout (space permitting):

For nouns, the most frequently used cases are given; these are indicated by endings following a dash (-), implying that the endings given have to be added to the dictionary form appearing at the left. When a certain case differs from the expected regular form, it is given in full. Example: **błąd (błędu, błędem, błędzie; błędy, błędów)**.[1] Furthermore, identical endings used for two or more different cases are not repeated. Example: **kraj (-u, -em)**: this means that the **-u** is used for both GEN. and LOC. case, i.e., the form will be **kraju** in both cases; **matka, matki, matce, matkę, matką:** this means that the form **matce,** not repeated in the listing, is used for both DAT. and LOC. case. When a noun is used mostly in the singular, the plural is not given; likewise, when a noun is used mostly in the plural, the case endings for the singular are not given. Even for regular nouns, only two case endings for the plural are usually listed, i.e., the NOM. and the GEN. ending, respectively (due to space limitations). The users of the Vocabulary should consult the Subject Index in order to find a fuller treatment of the declension of nouns.

With regard to verbs, the usual forms given in the parentheses are the FIRST and THIRD PERSON SINGULAR and the THIRD PERSON PLURAL of the PRESENT TENSE of an IMPERFECTIVE verb, while the same three persons are given for the FUTURE TENSE of a PERFECTIVE verb (since the latter has no present tense). Occasionally, other forms, such as the irregular past tense of certain verbs, are also included. The users of the Vocabulary are urged to consult the Subject Index to find a fuller treatment of the conjugation of verbs.

As far as adjectives (including numerals) are concerned, the listing usually includes all three forms of the NOM. SG. case, in the following order: MASC., NEUT., FEM., e.g., **nowy,-e,-a** (which should be read **nowy, nowe, nowa**). When not all the endings can be added to the stem because of certain spelling peculiarities, the irregular form is given in full: **lekki, -e, lekka; długi, -e, długa.**

Explanatory remarks in parentheses have been provided wherever a non-annotated listing is likely to confuse the users of the Vocabulary. For the meaning of abbreviations, consult the list preceding the Introduction in this textbook.

[1] The semicolon is used to separate the singular forms from the plural.

A

a and, but (indicates contrast)
ale but
angielski,-e, angielska ADJ. English; the English language; **po angielsku** in English
ani . . . ani . . . neither . . . nor . . .
autobus (-u, -em, -ie; -y, ów) bus
autostrada (I. SG. **autostradą)** expressway

B

babka (babki, babce, babkę, babką) grandmother
bardzo very much
bawić się (bawię się, bawi się) to enjoy oneself; to play
bez (+ GEN.) without (somebody, something)
biblioteka (biblioteki, bibliotece) library
bilet (-u, -em, bilecie; -y, -ów) ticket
biuro (biura, w biurze; biura, biur) office
błąd (błędu, błędem, błędzie; błędy) error, mistake
bogactwo wealth; **bogactwa naturalne** natural resources
bohater (-a,-owi,-em, bohaterze) hero; **bohater narodowy** national hero
brat (-a,-u,-em, bracie; bracia, braci) brother
brzydki,-e, brzydka ugly, bad
budowa (budowy, budowę, budową, budowie) construction
budować (buduję, buduje; budują) to build, to construct
budowla (budowli; budowle, budowli) structure, building
budownictwo architecture; construction
budynek (budynku, budynkiem; budynki) building
burza (burzy, burzę, burzą) storm
być (jestem, jest; jesteśmy, są) to be

C

całkowicie completely, totally, entirely
całość F. entity; (a/the) whole
całować (całuję, całuje; całują) to kiss; to send (one's) love
cały,-e,-a ADJ. whole, entire, total
cena (ceny, cenie, cenę, ceną) price
chcieć (chcę, chce, chcą; PAST: **chciał-)** to want
chemia (chemii, chemię, chemią) chemistry
chłodny, -e, -a cool; **chłodno** it is cool
chmura (PL. **chmury, chmur)** cloud
chodnik (-a, -iem, -u; -i, -ów) sidewalk
choroba (choroby, chorobę, chorobie) sickness, illness, disease
chwila (chwili, chwilę, chwilą) moment, while; **za chwilę** in a moment
ciekawy,-e,-a curious, interesting
ciemny, -e, -a dark; **ciemno** it is dark
ciepły, -e, -a warm; **ciepło** it is warm
ciężar (-u, -em, ciężarze; -y, -ów) weight, burden, load
ciężki,-e, ciężka heavy
ciotka (ciotki, ciotce, ciotkę, ciotką) aunt
co (czego, czemu, czym) what; **co dzień** ADV. every day; **co**

miesiąc ADV. every month; **co rok** ADV. every year; **co tydzień** ADV. every week
coś (czegoś, czemuś, czymś) something
córka (córki, córce, córkę, córką) daughter
czas (-u, -em, -ie; -y, -ów) time
czasami; czasem at times, sometimes
czek (-u,-iem; -i,-ów) (bank) check
czerwiec (czerwca, w czerwcu) June
czerwony,-e,-a red
często often, frequently
czuć się (czuję się, czuje się) to feel
czterdzieści (czterdziestu, itd.) forty
czternaście (czternastu, itd.) fourteen
cztery (czterech, czterem, itd.) four; **czworo (dzieci** itd.) four (children, etc.)
czterysta (czterystu, itd.) four hundred
czwarta (czwartej, itd.) four o'clock
czwartek (czwartku; czwartki) Thursday
czwarty,-e,-a ADJ. fourth
czy (1) indicates a direct question; (2) whether
czyj,-e,-a (N. PL. **czyj, czyje**) whose
czyli that is (to say)
czytać (czytam, czyta; czytają) to read; to be reading

D

dać (dam, da; damy, dadzą) PF. to give (once); to have given
daleki,-e, daleka ADJ. remote faraway; **daleko** ADV. far (away); **dalej** ADV. farther, further
dawać (daję, daje; dają; PAST: **dawał-)** to give (habitually); to be giving
dawno, dawny,-e,-a long ago; **od dawna** since long ago; **dawny, -e, -a** ADJ. old time, ancient; **dawniej** ADV. formerly
deszcz (-u, -em; -e, -ów) rain
do (+ GEN.) to; until
dobry, -e, -a (N. PL. **dobry, dobre)** ADJ. good; **dobrze** ADV. well, fine; **dobrze płatny, -e, -a** ADJ. well-paying; well-paid
dojeżdżać (dojeżdżam, itd.) to commute; to be approaching (veh.)
dokładny,-e,-a exact, precise; **dokładnie** ADV. exactly
dolina (doliny, dolinę, doliną, dolinie) valley
dom (-u, -owi, -em; -y, -ów) house, home; **dom towarowy** department store
dorosły,-e,-a (N. PL. **dorośli, dorosłe)** ADJ. grown-up
doskonały,-e,-a excellent; **doskonale** ADV. excellent(ly)
dostać (dostanę, dostanie; dostaną) PF. to get, obtain, receive (once); to have obtained, received; **dostać się** PF. to get (somewhere)
dostęp (-u, -em, -ie) access
dostępny,-e,-a accessible
dosyć; dość enough, quite
dowiedzieć się (dowiem się, itd.) to find out
drobny,-e,-a small, tiny
droga (drogi, drodze, drogę, drogą) road, way
druga (drugiej, drugą) two o'clock
drugi,-e, druga ADJ. second
druk (-u, -iem; -i, -ów) print, printed matter; form, blank
drzwi (PL. only) door(s)

dumny,-e,-a (N. PL. **dumni, dumne**) **(z** + GEN.) proud (of)
duży,-e,-a big, large; **dużo** (+ GEN. SG. or PL.) much, many; **za dużo** (+ GEN. SG. or PL.) too much, too many
dwa,-a, dwie two; **dwoje (dzieci,** itd.) two (children, etc.); **dwu, dwóch** (M. PL. only) **(panów**, itd.) two (gentlemen, etc.)
dwadzieścia (dwudziestu, itd.) twenty
dwanaście (dwunastu, itd.) twelve
dwieście (dwustu, itd.) two hundred
dziadek (dziadka, dziadkowi, dziadku, itd.) grandfather
działalność F. activity
dzielnica (dzielnicy, dzielnicę, itd.) section, region; **dzielnica mieszkaniowa** residential section
dziennikarstwo journalism
dzień (dnia, dniu, dniem; dni) day; **co dzień** ADV. every day; **za dzień** in a day
dziesiąta (dziesiątej, itd.) ten o'clock
dziesiąty, -e, -a ADJ. tenth
dziesięć (dziesięciu, itd.) ten
dziewczyna (PL. **dziewczęta)** girl (age 14–21)
dziewiąta (dziewiątej, itd.) nine o'clock
dziewiąty, -e, -a ADJ. ninth
dziewięć (dziewięciu, itd.) nine
dziewięćdziesiąt (dziewięćdziesięciu, itd.) ninety
dziewięćset (dziewięciuset, itd.) nine hundred
dziewiętnaście (dziewiętnastu, itd.) nineteen
dziękuję (I) thank you, thanks
dzisiaj; dziś today
dzisiejszy,-e,-a present, today's
dziwny,-e,-a strange, surprising

E

elektronowy,-e,-a electronic
elektryczny,-e,-a electric

F

fabryka (fabryki, fabryce, fabrykę fabryką; fabryki, fabryk) factory
fizyczny,-e,-a ADJ. physical
fizyka (fizyki, fizykę, fizyką, fizyce) physics
fotografia (fotografii, fotografię, itd.) photograph, picture
fotografować (fotografuję, fotografuje) to photograph, to take pictures
francuski,-e, francuska ADJ. French; the French language; **po francusku** in French
Francuz (N. PL. **Francuzi)** Frenchman

G

gazeta (gazety, gazecie, gazetę, itd.) newspaper
gdy when
gdyby if, in the event that
gdyż since
gdzie where
gdzieś somewhere
geografia (geografii, geografię, itd.) geography
godzina (godziny, godzinę, godzinie, itd.) hour; **za godzinę** within an hour
golić się (golę się, goli się) to shave
gorący, -e, -a hot; **gorąco** (it is) hot
gospodarczy,-e,-a economic
gospodarka (gospodarki, gospodarkę,

gospodarką, gospodarce) economy
gospodarstwo housekeeping, household; **gospodarstwo domowe** home economics
gość (gościa, gościowi, gościem, gościu; goście, gości) guest
gotować (gotuję, gotuje; gotują) to cook (habitually); to be cooking
góra (góry, górę, górą, górze; góry, gór) mountain
górny,-e,-a ADJ. upper
grać to play; **grać w** (+ ACC.) to play (a game); **grać na** (+ LOC.) to play (an instrument)
grad (-u,-em, gradzie) hail
granica (granicy, granicę, granicą) border, boundary, limit; **za granicą** abroad (in a foreign country); **za granicę** abroad (to a foreign country)
grobowiec (N. PL. **grobowce)** tomb
gród (grodu, grodem, grodzie) (walled) city
grupa (grupy, grupę, grupą, grupie) group
grzyb (-a,-em,-ie;-y,-ów) mushroom

H

handel (G., I. SG. **handlu)** commerce, trade
historyczny,-e,-a historic, historical
historyk (N. PL. **historycy)** historian; **historyk sztuki** art historian
hiszpański,-e, hiszpańska ADJ. Spanish; the Spanish language; **po hiszpańsku** in Spanish
huragan (-u,-em,-ie) hurricane

I

i and; **i . . . i . . .** both . . . and . . .
ich their; theirs
ile (N. PL. **ilu, ile)** (+ GEN.) how much; how many
ilość F. quantity
imię (imienia, imieniem, imieniu) (first) name
informacja (informacji, informację; informacje, informacji) information
inny,-e,-a (N. PL. **inny, inne)** another, different
interesować się (interesuję się, itd.**)** (+ INSTR.) to be interested (in something or somebody)
istotnie actually; indeed
iść (idę, idzie; idą) to go; to be going/coming

J

ja I
jaki,-e, jaka what kind of; **jak** how
jazda (jazdy, jazdę, jazdą, jeździe) V.N. driving; traveling (by vehicle)
jechać (jadę, jedzie; jadą) to ride, to travel; to be riding, traveling
jeden, jedno, jedna one; (a) certain (one)
jedenasta (jedenastej, itd.**)** eleven o'clock
jedenasty,-e,-a eleventh
jedenaście (jedenastu, itd.**)** eleven
jedzenie (jedzenia, jedzeniu, itd.**)** food; eating
jego his
jej F. ADJ. her; hers
jeszcze ADV. still; **jeszcze nie** not yet

jeść (jem, je; jedzą; PAST: **jadł-)** to eat (habitually); to be eating
jeśli; jeżeli if
jezioro (PL. **jeziora, jezior)** lake
język (-a, -iem, -u; -i, -ów) language; tongue
jutro tomorrow
jutrzejszy,-e,-a tomorrow's
już already; **już nie** no longer

K

kamieniczka (N. PL. **kamieniczki)** stone mansion (in a city)
kartka pocztowa postal card, postcard
kierunek (kierunku, itd.; N. PL. **kierunki)** direction (of movement)
kilku,-a (+ GEN. PL.) several
kilkunastu, kilkanaście from ten to twenty
kochany, -e, -a (N.PL. **kochani, kochane)** dear; beloved
kolacja (kolacji, kolację, itd.) supper
kolega (PL. **koledzy, kolegów)** male colleague
koleżanka (PL. **koleżanki, koleżanek)** female colleague
komplet (-u,-em, komplecie) (a/the) set
koniecznie absolutely; necessarily
końcowy,-e,-a ADJ. final, terminal
kopalnia (kopalni, kopalnię, itd.) mine; **kopalnia soli** salt mine; **kopalnia węgla** coal mine
kosztować (kosztuje; kosztują) to cost
kościół (kościoła, w kościele; kościoły, kościołów) church
kotlet (-a, -em, kotlecie; -y, -ów) chop
kraj (-u, -em; -e, -ów) country
krajowy,-e,-a of the country; locally made
krok (-u, -iem; -i, -ów) step
król (-a, -owi, -em, -u; -owie, -ów) king
królewski,-e, królewska royal; king's
królowa (królowej, królowę, królowa) queen
krytyk (N. PL. **krytycy)** critic
krytyka (L. SG. **w krytyce)** criticism, critique; **krytyka literacka** literary criticism
książę (księcia, księciu, księciem; książęta, książąt) prince
książęcy,-e,-a princely; prince's
książka (książki, książce, książkę, książką; książki, książek) book
księgarnia bookstore
kto (kogo, komu, kim) who
ktoś (kogoś, komuś, kimś) someone, somebody
który,-e,-a (N. PL. **którzy, które)** REL. PRON. which, who
kurs (-u, -em, -ie; -y, -ów) course (of instruction)
kursować (kursuje; kursują) INTRANS. to run, to operate
kwadrans (-a,-em,-ie; -y,-ów) quarter (of an hour)

L

las (-u, -em, lesie; -y, -ów) forest
latać (latam, lata; latają) to fly (frequently, back and forth)
lecieć (lecę, leci; lecą) to fly; to be flying
lekki,-e, lekka ADJ. light (referring to weight); **lekka atletyka** track and field; **lekko** ADJ. lightly

leniwy,-e,-a (N. PL. **leniwi, leniwe**) lazy
lepszy, -e, -a ADJ. better; **lepiej** ADV. better
letni,-e,-a ADJ. summer
lewy, -e, -a ADJ. left; **po lewej** on the left
leżeć (leżę, leży; leżą) to lie, to be situated (located)
liczba (liczby, liczbę, liczbą, liczbie) number, figure
liczyć (liczę, liczy; liczą) to count; to amount to (a figure)
liczny,-e,-a numerous
lipiec (lipca, w lipcu) July
list (-u, -em, liście; -y, -ów) letter
lista (listy, listę, listą, liście) list
los (-u,-em,-ie) lot, fate
ludność F. population

Ł

ładny,-e,-a ADJ. pretty
ławka (ławki, ławkę, ławką, ławce) bench; (classroom) desk
łowić ryby to fish; to be fishing

M

malarstwo painting (as activity)
malarz (-a, -owi, -em, -u; -e, -y) painter (an artist)
malowniczy,-e,-a picturesque
marynarz (-a, -owi, -em, -u; -e, -y) sailor
maszyna (maszyny, maszynę, maszyną, maszynie; maszyny, maszyn) machine; (traveling) engine; **maszyna do pisania** typewriter; **maszyna do szycia** sewing machine
maszynista (PL. **maszyniści, maszynistów**) (locomotive) engineer
maszynistka (PL. **maszynistki, maszynistek**) (female) typist
matka (matki, matce, matkę, matką) mother
mąż (męża, mężowi, mężem, mężu) husband
mi (short form) (to) me
miasto (miasta, miastem, mieście) city; **za miastem** outside the city
miasteczko (L. SG. **w miasteczku**) town, small city
mieć (mam, ma; mają; PAST: **miał-)** to have; **mieć się (dobrze,** itd.) to be (well, etc.); **mieć słuszność** to be right
miejsce (miejsca, miejscem, miejscu) place; room (i.e., space)
miejscowość F. locality
miejscowy,-e,-a ADJ. local
miejscówka (miejscówki, miejscówkę, itd.) reserved seat ticket
miejski,-e, miejska ADJ. city, municipal
miesiąc (-a, -em, -u; -e, miesięcy) month; **co miesiąc** ADV. every month; **za miesiąc** in a month
mieszkać (mieszkam, mieszka; mieszkają) to live, to dwell
mieszkanie (L. SG. **w mieszkaniu)** apartment, lodging, place to live
mieszkaniec (PL. **mieszkańcy, mieszkańców**) inhabitant
mieścić się (mieści się; mieszczą się) (w) to be located (in)

międzynarodowy,-e,-a international
minuta (minuty, minutę, minucie, etc.; PL. **minuty, minut)** minute; **za minutę** in a minute
młody,-e,-a (N. PL. **młodzi, młode)** ADJ. young
mniej ADV. less; **mniej więcej** ADV. more or less
mokry, -e, -a wet; **mokro** (it is) wet
morze (morza, morzem, morzu) sea
może maybe, perhaps
mowa (mowy, mowę, mową, mowie) speech, discourse
móc (mogę, może; mogą; PAST: **mógł-, mogł-,** itd.) to be able (to)
mój, moje, moja (N. PL. **moi, moje)** my, mine
mówić (mówię, mówi; mówią) to speak; to be speaking
mur (-u, -em, murze; -y, -ów) (city) wall
musieć (muszę, musi; muszą; PAST: **musiał-)** to be obligated; must; to have to
muzyka (muzyki, muzykę, muzyką, muzyce) music; **muzyka klasyczna** classical music; **muzyka lekka** light music; **muzyka taneczna** dance music; **muzyka z płyt** recorded music
myśl (-i, -ą; -i) thought, idea
myśleć (myślę, myśli; myślą; PAST: **myślał-)** to think

N

na (+ ACC.) onto, upon; (+ LOC.) on, at, in; **na dworze** ADV. outside, outdoors; **na pewno** for sure, surely; **na wsi** in the country (side)
naczynia kuchenne (G. PL. **naczyń kuchennych)** kitchen utensils
najlepszy,-e,-a the best
najstarszy, -e, -a the oldest
napis (-u, -em, -ie; -y, -ów) inscription, sign
naprawdę really
narodowy,-e,-a national
naród (narodu, narodowi, narodem, narodzie) nation
następny,-e,-a ADJ. following, subsequent, next
następstwo consequence
nasz,-e,-a (N. PL. **nasi, nasze)** our, ours
nauka (nauki, naukę, nauką, nauce; nauki, nauk) science
nawet ADV. even
nazwa (nazwy, nazwę, nazwą, nazwie; nazwy, nazw) (place) name; **nazwa geograficzna** geographic name
nazwisko last name; surname
nazywać się to be called (used with a full name)
nic (niczego, niczemu, niczym) (often with **nie**) nothing
nie no, not; **nie bardzo** not very (much); **nie ma** there is no(t); **nie można** one may not/cannot, it is impossible; **nie tylko . . . ale i . . .** not only . . . but also . . .; **nie zawsze** not always; **nie zupełnie** not quite
niebo (L. SG. **na niebie)** sky
niedziela (niedzieli, niedzielę) Sunday
niegdyś once (upon a time)
niektóry,-e,-a (N. PL. **niektórzy, niektóre)** ADJ. some

niemały,-e,-a quite large; considerable
niemiecki,-e, niemiecka ADJ. German; the German language; **po niemiecku** in German
niepodległość F. independence
niewiele not much
niewielki,-e, niewielka small, not large
niewola (niewoli, niewolę, niewolą) captivity, bondage
niezbyt . . . not too . . .
niezliczony,-e,-a innumerable, countless
nigdy (usually with **nie**) never
nigdzie (usually with **nie**) nowhere
nikt (nikogo, nikomu, nikim) (often with **nie**) nobody, no one
nizina (nizinny, nizinę, niziną, nizinie; niziny, nizin) plain, lowland
niż; niżeli than
noc (-y, -ą; -e, -y) night
notes (-u,-em,-ie) memo book
nowina (nowiny, nowinę, nowiną, nowinie; nowiny, nowin) news item, news
nowoczesny,-e,-a modern; up-to-date
nowy,-e,-a new

O

oba,-a,-ie both; **obaj** (M. PERS. only) both (males); **oboje małżonków** itd. both (spouses, etc.)
obcy,-e,-a (N. PL. **obcy, obce)** ADJ. foreign; alien
obecny,-e,-a ADJ. present; **obecnie** ADV. at present
obiad (-u,-em, obiedzie; -y,-ów) lunch, dinner
obok (+ GEN.) ADV. beside, next to
obraz (-u, -em, -ie; -y, -ów) painting, picture; image
obszar (-u,-em, obszarze) area (of land, etc.)
obywatel (-a, -owi, -em, -u; -e, -i) (male) citizen
obywatelka (obywatelki, obywatelkę, obywatelką, obywatelce; obywatelki, obywatelek) (female) citizen
oczywiście of course
odjechać (odjadę, odjedzie; odjadą) PF. to leave (by vehicle)
odjeżdżać (odjeżdżam, odjeżdża; odjeżdżają) to leave (habit.); to be leaving by vehicle
odległość F. distance
odnowiony,-e,-a renovated, restored
odpoczywać (odpoczywam, odpoczywa; odpoczywają) to be resting
odpocząć (odpocznę, odpocznie; odpoczną) PF. to rest (up); to have rested
odpowiadać (czemuś + DAT.) to correspond (to something); **(komuś** + DAT.) to answer (someone); **odpowiadać na** (+ ACC.) to answer (a question, etc.)
odpowiedzieć (PAST: **odpowiedział-)** PF. to answer, to have answered
odpowiedź F. answer; response
odwiedzany, -e, -a (przez + ACC.) visited (by)
odwiedzić (odwiedzę, odwiedzi; odwiedzą) PF. to visit
odzyskanie (czegoś + GEN.) recovery (of something)

ojciec (ojca, ojcu, ojcem) father
okolica (okolicy, okolicę, itd.; **okolice, okolic)** vicinity, environs
on (go, mu, nim) he
ona (jej, ją, nią, niej) she
oni, -e, -e they
oprócz (+ GEN.) besides; in addition to
osiągnąć (PAST: **osiągnął-, osiągnęł-**) PF. to reach, attain (something)
osiem (ośmiu, itd.) eight
osiemdziesiąt (osiemdziesięciu, itd.) eighty
osiemnaście (osiemnastu, itd.) eighteen
osiemset (ośmiuset, itd.) eight hundred
osoba (osoby, osobie, osobę, itd.; **osoby, osób)** person; **osobiście** ADV. personally; in person
ostateczny,-e,-a ADJ. final, terminal
ośrodek (ośrodka, ośrodkiem, ośrodku) center (of activity, power, etc.); **ośrodek przemysłowy** industrial center
oświata (oświaty, oświatę, oświatą, oświacie) education (of people, etc.)
otaczać to surround
oto here is (when showing or pointing out)
otwarty,-e,-a ADJ. open
oznaczony,-e,-a marked, indicated

Ó

ósma (ósmej, itd.) eight o'clock
ósmy, -e, -a, ADJ. eighth

P

padać (pada; padają) to fall (used of precipitation)
Pan (-a, -u, -em; -owie, -ów) you (polite form to address a man)
Pana your (polite form to address a man)
Pański,-e,-a your, yours (polite form to address a man)
Państwo (Państwa, Państwu, Państwem) you (polite form to address a couple, a mixed group of people
państwo (państwa, państwu, państwem; państwa, państw) state (not in U.S.)
państwowość F. statehood (not in U.S.)
państwowy,-e,-a ADJ. state (not in U.S.)
Papież (-a,-owi,-em,-u) Pope
para (pary, parę, parą, parze) a pair; a couple
parę (+ GEN.) a few (things, persons)
paru (+ GEN.) a few (males)
patrzeć (patrzę, patrzy; patrzą) to look (habitually); to be looking
pełny, -e, -a ADJ. full; **pełno** (+ GEN.) (it is) full of
pewien, pewne, pewna ADJ. some, certain; sure
piąta (piątej, itd.) five o'clock
piątek (piątku; piątki) Friday
piąty, -e, -a ADJ. fifth
pieniądze (mostly PL.; G.: **pieniędzy**) money
pierwsza (pierwszej, itd.) one o'clock
pierwszy, -e, -a ADJ. first
pieszo (or: **piechotą**) on foot; by walking
pięć (pięciu, itd.) five
pięćdziesiąt (pięćdziesięciu, itd.) fifty

pięćset (pięciuset, itd.) five hundred
piękny,-e,-a beautiful
piętnaście (piętnastu, itd.) fifteen
piętro (piętra, na piętrze) floor, story (of a building)
pisać (piszę, pisze; piszą) to write (habitually); to be writing; **pisać na maszynie** to type; to be typing
pisarz (-a, -owi, -em, -u; -e, -y) writer (i.e., author)
plac (-u,-em) (public) square
plaża (plaży, plażę, plażą) beach
płacić (płacę, płaci; płacą) to pay (habitually); to be paying
pływać (pływam, pływa; pływają) to swim; to sail
pływanie V.N. swimming
po (+ LOC.) after; along; over (something); in (a language); **po lewej** on the left; **po prawej** on the right
pobliski, -e, pobliska ADJ. nearby
pochmurny, -e, -a cloudy; **pochmurno** (it is) cloudy
pociąg (-u, -iem; -i, -ów) train; **pociąg osobowy** passenger (and mail) train; **pociąg pospieszny** fast train
początek (początku; początki, początków) beginning, origin
poczta post, mail
podać (podam, poda; podadzą) PF. to serve, to hand (one)
podawać (podaję, podaje; podają) to serve, to hand (habitually); to be serving, handing
podczas (+ GEN.) during
podobać się (komuś + DAT.) to please (someone); to like
podobny,-e,-a (N. PL. **podobni, podobne)** similar
podwójny, -e, -a ADJ. double
podwórze (podwórza, podwórzem, podwórzu) (back) yard
pogoda (pogody, pogodę, pogodą, pogodzie) weather
pogratulować PF. **(komuś** + DAT.) to congratulate (someone)
poinformować PF. to inform
pojutrze (the) day after tomorrow
pokój (pokoju, pokojem; pokoje, pokoi) room
pokryty,-e,-a (+ INSTR.) covered (with)
pole (pola, polem, polu) field
polityka (polityki, politykę, polityką, polityce) politics; policy
polski, -e, -a ADJ. Polish; the Polish language; **po polsku** in Polish
polskość F. Polishness; Polish character
połowa (połowy, połowę, połową, połowie) half; middle
położenie (położenia, położeniem, położeniu) situation, location
położony,-e,-a situated, located
południe (południa, południem, południu) south; noon
południowo-wschodni,-e,-a southeast(ern)
południowo-zachodni,-e,-a southwest(ern)
południowy,-e,-a south(ern)
południowy wschód (G. **południowego wschodu)** southeast
południowy zachód (G. **południowego zachodu)** southwest
pomagać (pomagam, pomaga; pomagają) (+ DAT.) to be helping (someone)
pomóc (pomogę, pomoże; pomogą) PF. (+ DAT.) to help, to have helped (someone)

pomnik (czyj + GEN.) monument (to someone)
pomyśleć (pomyślę, itd.; PAST: **pomyślał-) (o)** PF. to think (about)
poniedziałek (poniedziałku; poniedziałki) Monday
porównanie (LOC. SG. **w porównaniu)** comparison
posada (N. PL. **posady)** job, position
postęp (-u, -owi, -em, -ie) itd. progress
postępować (postępuje, itd.) to progress; to be progressing
pośrodku (+ GEN.) in the middle of
potem afterwards; then
powiedzieć (powiem, itd.; PAST: **powiedział-)** PF. to say, tell
powodzenie (powodzenia, powodzeniem, itd.) success
powoli slowly
powstanie (powstania, powstaniem, powstaniu) insurrection, uprising
powyższy,-e,-a (the) above
poza (+ INSTR.) beyond
pozatem; poza tym besides (that)
pozdrowić (pozdrowię, pozdrowi; pozdrowią) PF. to greet (someone)
poznać (kogoś + ACC.) to meet, to get to know (someone)
pozostały,-e,-a (N. PL. **pozostali, pozostałe)** ADJ. remaining; which remained
pożar (-u, -owi, -em, pożarze; -y, -ów) fire, conflagration
pożyczać (od + GEN.) to borrow (from); **(komuś** + DAT.) to lend (to someone)
północ (L. SG. **na północy)** north
północno-wschodni,-e,-a northeast(ern)
północno-zachodni,-e,-a northwest(ern)
północny,-e,-a north(ern)
północny wschód (G. SG. **północnego wschodu)** northeast
północny zachód (G. SG. **północnego zachodu)** northwest
później ADV. later; **późno** it is late
praca (pracy, pracę, pracą; prace, prac) work, activity
pracować (pracuję, pracuje; pracują) to work; to be working
pracownik (-a,-owi,-u; pracownicy, pracowników) worker, (male) employee
prastary,-e,-a (very) ancient
prawda (prawdy, prawdę, prawdą, prawdzie) truth; it is true
prawdopodobnie probably, likely
prawie almost
prowadzić (prowadzę, prowadzi; prowadzą) to conduct, to drive
przechadzka (A. SG. **na przechadzkę)** walk, stroll
przecież indeed
przedmieście (PL. **przedmieścia, przedmieść)** suburb
przedmiot (-u,-owi,-em, przedmiocie; -y, -ów) subject
przedstawiciel (-a, -owi, -em, -u; -e, -i) representative
przemysł (-u, -em, przemyśle) industry; **przemysł chemiczny** chemical industry; **przemysł ciężki** heavy industry; **przemysł lekki** light industry; **przemysł spożywczy** food industry
przemysłowy,-e,-a industrial
przenieść (przeniosę się, przeniesie się; przeniosą się) PF. to move (to another city)
przepowiednia prediction, forecast; **przepowiednia pogody** weather forecast

przerwa (przerwy, przerwę, przerwą, przerwie) break, recess, interruption; **przerwa obiadowa** lunch period

przesiadać się to change (trains, buses, etc.)

przestać (przestanę, przestanie, itd.) PF. to stop (doing something)

przestrzeń F. space

przetłumaczyć PF. to be translating

przez (+ ACC.) over, through, across, by; **przez telefon** by telephone, over the phone

przybliżony,-e,-a ADJ. approximate

przychodzić (przychodzę, przychodzi, itd.) to arrive (habit.) on foot; to be arriving on foot

przydać się (komuś + DAT.) PF. to be of use (to someone)

przyjaciel (-a, -owi, -em, -u; -e, przyjaciół) (male) friend (of a man)

przyjaciółka (przyjaciółki, przyjaciółce, itd.) girlfriend (of a woman)

przyjemnie ADV. pleasant(ly); it is pleasant

przyjemność (I. SG. **z przyjemnością)** pleasure

przyjemny, -e, -a pleasant

przyjęcie (L. SG. **na przyjęciu)** reception (for guests)

przyjęcie (L. SG. **na przyjęciu)** annexation

przyjść (przyjdę, itd.; PAST: **przyszedł)** PF. to come, to arrive on foot; to have come, arrived on foot

przypuszczać (przypuszczam, przypuszcza) to suppose

przysłać (przyślę, przyśle; przyślą) PF. to send, to have sent (once)

przystanek (tramwajowy, autobusowy, itd.) (streetcar, bus, etc.) stop

przysyłać (przysyłam, przysyła; przysyłają) to send; to be sending

przyszły,-e,-a ADJ. coming, future; **przyszły tydzień** (L. SG. **w przyszłym tygodniu)** next week

R

rano ADV. in the morning

ratusz (-a,-owi,-em,-u) city hall

raz (-u,-em) once, one time; **razem** ADV. together, in total

reszta (reszty, resztę, resztą, reszcie) remainder; (money) change

robić (robię, robi; robią) to do, to make; to be doing, making

robotnik (N. PL. **robotnicy, robotników)** workman, laborer

rodzaj (-u, -owi, -em, -u; -e, -ów) kind, species; gender

rodzice (rodziców, rodzicom, rodzicami, itd.) parents

rodzina (rodziny, rodzinę, rodziną, rodzinie) family

rok (-u,-iem; lata, lat) year; **co rok** ADV. every year; **za rok** within a year

rosyjski, -e, rosyjska ADJ. Russian; the Russian language; **po rosyjsku** in Russian

rozbudowany,-e,-a expanded, developed

rozchorować się PF. to become ill

rozciągać się INTRANS. to extend, to stretch

rozległy,-e,-a vast

rozmawiać (z + INSTR.) to converse, to talk (with)

rozmowa conversation, talk
rozszerzyć PF. to expand, to widen, to extend (something)
rozwijać się INTRANS. to be developing
rozwój (rozwoju, rozwojem) development
różnica (różnicy, różnicę, różnicą) difference
różny,-e,-a (N. PL. **różni, różne)** different, various
rzadko rarely, seldom
rząd (-u, -owi, -em, rządzie; -y, -ów) government
rządzić (rządzę, rządzi, rządzą) to govern, to rule
Rzeczpospolita Polska Polish Republic
rzeka (rzeki, rzekę, rzeką, rzece; rzeki, rzek) river
rzeźba (rzeźby, rzeźbę, rzeźbą, rzeźbie) sculpture (as art)
rzeźbiarz (-a, -owi, -em, -u; -e, -y) sculptor
rynek (rynku, rynkiem) market square

S

sala (sali, salę, salą; sale, sal) large room, hall; **sala wykładowa** lecture hall
sam,-o,-a (N. PL. **sami, same)** (by) oneself, alone
samochód (samochodu, samochodem, itd.) automobile, car; **samochód osobowy** passenger automobile; **samochód ciężarowy** truck
sąsiedztwo (L. SG. **w sąsiedztwie)** neighborhood, vicinity
sekretarka (N. PL. **sekretarki; sekretarek)** (female) secretary
sędzia (sędziego, itd.; **sędziowie, sędziów)** judge
siadać (siadam, siada; siadają) to be sitting down
siatka (siatki, siatkę, siatką, siatce) net
siatkówka (A. SG. **w siatkówkę)** volleyball, net-ball
siąść (siądę, siądzie, itd.; PAST: **siadł-)** PF. to sit down; to have sat down
siedem (siedmiu, itd.) seven
siedemdziesiąt (siedemdziesięciu, itd.) seventy
siedemnaście (siedemnastu, itd.) seventeen
siedemset (siedmiuset, itd.) seven hundred
siedzieć (siedzę, siedzi; siedzą) to sit; to be sitting (or seated)
sierpień (sierpnia, w sierpniu) August
siostra (siostry, siostrze, siostrę, siostrą; siostry, sióstr) sister
skąd from where; where from
sklep (-u, -em, -ie; -y, -ów) store; **sklep spożywczy** food store
skupiać się INTRANS. to concentrate, to be concentrated
słoneczny,-e,-a sunny; **słonecznie** ADV. (it is) sunny
słońce (słońca, słońcem, słońcu) sun
słowniczek (słowniczka, w słowniczku) vocabulary, glossary
słownik (-a,-iem,-u;-i,-ów) dictionary
słowo (N. PL. **słowa,** G. PL. **słów)** word

słynny,-e,-a famed, famous
smaczny,-e,-a tasty
sobie (to, for) oneself
sobota (soboty, sobotę, itd.; **soboty,** itd.) Saturday
spać (śpię, śpi; śpią) to sleep; to be sleeping
spakować się PF. to pack (up)
spadać to be falling, to decline, to fall (from a height)
spaść (spadnę, spadnie; spadną; PAST; **spadł-,** itd.) PF. to fall, to have fallen (from a height)
spieszy się (spieszę się, spieszy się) to hurry; to be in a hurry
społeczeństwo society
społeczny,-e,-a ADJ. social
spotkać się (**z kimś** + INSTR.) PF. to meet (with someone, once)
spotykać się (**z kimś** + INSTR.) to meet (with someone, habitually)
sprawozdanie report
srebro (srebra, srebrem, srebrze) silver
stacja kolejowa (G., D., L. SG. **stacji kolejowej)** railroad station
stać (stoję, stoi; stoją) to stand; to be standing
stać sie (**czymś, kimś** + INSTR.) to become (something, somebody)
stal (G., D., L. SG. **stali)** steel
stały,-e,-a ADJ. steady; **stale** ADV. constantly, steadily
stamtąd ADV. from there; thence
stan (-u, -em, -ie; -y, -ów) state (in U.S.); condition, state
stanowisko (L. SG. **na stanowisku)** position, post
stary,-e,-a (N. PL. **starzy, stare)** old
stolica (stolicy, stolicę, stolicą) capital (city)
stopień (stopnia, stopniem, stopniu) degree; grade
stopniowo gradually
stosunkowo relatively, comparatively
stryj (-a,-owi,-em,-u) uncle (on father's side)
stwierdzić PF. to ascertain; to assert
stworzyć PF. to create
styl (-u,-em) style
swój, swoje, swoja (N. PL. **swoi, swoje)** one's own
syn (-a,-owi,-em,-u;-owie,-ów) son
szary,-e,-a gray; drab
szczególny,-e,-a ADJ. special, particular; **szczególnie** ADV. especially, particularly
szeroki, -e, szeroka broad, wide
szesnaście (szesnastu, itd.) sixteen
sześć (sześciu, itd.) six
sześćdziesiąt (sześćdziesięciu, itd.) sixty
sześćset (sześciuset, itd.) six hundred
szkoda (it is) a pity
szkoła (szkoły, szkołę, szkołą, szkole) school; **szkoła wieczorowa** evening school; **wyższa szkoła** college
sztuka (sztuki, sztukę, sztuką, sztuce; sztuki, sztuk) art; **sztuka stosowana** (L. SG. **sztuce stosowanej)** applied art; **sztuki piękne** (G. PL. **sztuk pięknych)** fine arts
szukać (**czegoś, kogoś** + GEN.) to look for (something, somebody)
szybki,-e, szybka rapid; **szybko** ADV. rapidly

Ś

ściana (ściany, ścianę, ścianą, ścianie) wall

ślub (-u,-em,-ie) marriage ceremony, wedding (ceremony)
śniadanie (śniadania, śniadaniem, śniadaniu) breakfast
śnieg (-u,-iem) snow
średniowieczny,-e,-a medieval
środa (środy, środę; środy, śród) Wednesday
środek (środka, środkiem, środku) middle, center
środkowy,-e,-a ADJ. middle, center
śródmieście (śródmieścia, śródmieściu) downtown section, center of city
świat (-a,-u,-em, świecie) world
światowy,-e,-a ADJ. world, worldwide
świecić (świeci; świecą) to shine (light, sun, stars)
święto (święta, świętem, święcie; święta, świąt) holiday
święty, -e, -a ADJ. saint; holy

T

tak yes; so; thus
taki, -e, taka such; such a; such one
także also
tam there; over there
tamten, tamto, tamta (N. PL. **tamci, tamte)** ADJ. that; that one
tani,-e,-a inexpensive, cheap; **tanio** it is inexpensive; cheaply
targ (-u, -iem; -i, -ów) market, fair
telefon (-u, -em, -ie; -y, -ów) telephone
telefoniczny,-e,-a ADJ. telephone
telefonować to telephone
ten, to, ta (N. PL. **ci, te)** ADJ. this; this one
ten sam, to samo, ta sama the same (one); the (very) same
teraz right now, now
teren (-u, -em, -ie; -y, -ów) terrain, ground(s)
też also, too
tłumaczenie translation
tłumaczyć to translate
tor kolejowy (N., A. PL. **tory kolejowe)** railroad track
towarzyski, -e, -a ADJ. society, social
towarzystwo association, society
trasa (trasy, trasę, trasą, trasie) route
troje (dzieci, itd.**)** three (children, etc.)
trudny, -e, -a difficult; **trudno** (it is) difficult
trwać (trwa; trwają) to last
trzeci,-e,-a ADJ. third
trzecia (trzeciej, etc.**)** three o'clock
trzy (trzech, trzem, itd.**)** three; **trzej (panowie,** itd.**)** three (gentlemen, etc.)
trzydzieści (trzydziestu, itd.**)** thirty
trzynaście (trzynastu, itd.**)** thirteen
trzysta (trzystu, itd.**)** three hundred
tu; tutaj here; over here
tworzyć (tworzę, tworzy) to form, to create; to be forming, creating
twój, twoje, twoja (N. PL. **twoi, twoje)** your, yours (familiar form)
tydzień (tygodnia, tygodniem, tygodniu; tygodnie, tygodni) week; **co tydzień** ADV. every week; **za tydzień** within a week
tyle (+ G. SG. or PL.) so much; so many
tylko CONJ. only; but

U

ubierać się to dress (oneself) (habitually); to be dressing
ubrać się, ubiorę się; ubierz się to get dressed
ubranie (man's) suit
uczony (uczonego, itd.; N. PL. **uczeni,** G. PL. **uczonych)** scientist
uczyć (kogoś + ACC.) to teach (someone)
uczyć się (uczę się, uczy się) to learn; to be learning, studying
uczyć się (czegoś + GEN.**)** to study, to be studying (a subject)
ujście (rzeki) mouth (of a river)
ulewa (rain) shower
ulewny,-e,-a torrential
ulubiony,-e,-a ADJ. favorite
umieć (umiem, umie; umieją) (po) to know how; to know (a language, etc.)
umożliwić (umożliwię, umożliwi) PF. to facilitate
uniwersytet (-u,-em, uniwersytecie) university
uporządkować (uporządkuję, itd.) PF. to put in order, to straighten out
urząd (urzędu, urzędem, urzędzie) (government) office; **urząd pocztowy** post office
urzędnik (-a,-owi,-iem,-u) official; clerk (in a gov't office)
uzyskać PF. to obtain; to be granted (something)

W

w, we in; **w końcu** finally; **w międzyczasie** in the meantime
wagon (-u, -em, -ie; -y, -ów) (railroad) car; **wagon restauracyjny** dining car; **wagon sypialny** sleeping car
wakacje (PL. only; G. **wakacji)** vacation(s)
walka (walki, walkę, walką, walce) struggle, fight (for something)
warto it is worthwhile
warunek (N. PL. **warunki, warunków)** condition, circumstance
ważny,-e,-a important
wczesny,-e,-a ADJ. early; **wcześnie** ADV. early
wczorajszy,-e,-a ADJ. yesterday's; **wczoraj** ADV. yesterday
wdzięczny, -e, -a (komuś + DAT.) thankful (to)
według (+ GEN.) according to
wesele (wesela, weselem, weselu) wedding (celebration)
wesoły,-e,-a (N. PL. **weseli, wesołe)** gay, cheerful
węgiel (węgla, węglem, węglu) coal
wiać (wieje; wieją) to blow; to be blowing (used of wind)
wiatr (-u,-em, wietrze) wind
widać (no other form used) one sees; it is seen; one can see
widok (-u,-iem) view, sight
widzieć (widzę, widzi; widzą) to see
wieczorny,-e,-a ADJ. evening
wieczór (wieczoru, wieczorem, wieczorze) evening; **wieczorem** in the evening
wiek (-u,-iem; -i,-ów) age; century
wiele (+ GEN.) much; many
Wielkanoc (Wielkiejnocy, itd.) Easter
wielki, -e, wielka great, large
wielkość F. size, greatness
wielu (panów, itd.) many (gentlemen, etc.)

wierzyć (wierzę, wierzy; wierzą) (+ DAT.) to believe, trust (someone)
wieś (wsi, wsią; N. PL. **wsie,** G. PL. **wsi)** village; country (as opposed to city)
wietrzny,-e,-a windy
więc (so) then; and so
większość F. majority, most (of)
większy,-e,-a larger, bigger, greater; **więcej** ADV. more
wina (winy, winę, winą, winie) fault, guilt
winien, winno, winna guilty; owing
wino (wina, winem, winie) wine
władza (władzy, władzę, władzą; władze, władz) authority; power
włoski, -e, -a ADJ. Italian; the Italian language; **po włosku** in Italian
wojenny,-e,-a ADJ. war; of war
wojna (wojny, wojnę, wojną, wojnie) war; **wojna światowa** world war
wojsko (wojska, wojsku, wojskiem; wojska, wojsk) army
wokół (+ GEN.) around (somebody, something)
woleć (wolę, woli, wolą; PAST: **wolał-)** to prefer
wolność F. freedom, liberty
wolny,-e,-a (N. PL. **wolni, wolne)** free; unoccupied
worek (worka, workiem, worku) sack
wpadać do to flow into; to fall into
wracać (wracam, wraca; wracają) to return (habit.); to be returning
wrócić (wrócę, wróci; wrócą) PF. to return (once); to have returned
wrzesień (września, we wrześniu) September
wschodni,-e,-a east(ern)
wschód (wschodu, wschodem, wschodzie) east
wsiadać (do + GEN.) to get on, to board (a vehicle)
wspaniały,-e,-a magnificent
wspomnieć (o + LOC.) to mention, to make mention (of)
współczesny, -e, -a ADJ. present-day, contemporary
wstać (wstanę, wstanie; wstaną) PF. to get up (once); to have risen
wstawać (wstaję, wstaje; wstają) to get up (habit.); to be rising
wtorek (wtorku; wtorki) Tuesday
wuj (-a, -owi, -em, -u) uncle (on mother's side)
wybuch (-u,-em) explosion; outbreak
wychodzić (wychodzę, wychodzi; wychodzą) to go out (habit.); to be going out
wychodzić za mąż (women only) **(za** + ACC.) to be marrying (a man)
wychowanie education
wydobycie output, production
wydobyć (PAST IMPERS. **wydobyto)** PF. to extract, to produce
wydobywać (PAST IMPERS. **wydobywano)** to extract (habit.); to be extracting
wyglądać (wyglądam, wygląda; wyglądają) to look like
wygodny,-e,-a comfortable; **wygodnie** ADV. comfortably
wyjazd (-u,-em, wyjeździe) departure (by vehicle)
wyjechać (wyjadę, wyjedzie; wyjadą) PF. to leave, have left (by vehicle)
wyjeżdżać (wyjeżdżam, itd.**)** to leave (habit.); to be leaving (by vehicle)

wyjść (wyjdę, wyjdzie; wyjdą) PF. to go out (once); to have gone out

wyjść za mąż (women only) **(za** + ACC.) to marry; to have married (a man)

wymowa (wymowy, wymowę, itd.) pronunciation

wynająć (wynajmę, wynajmie, itd.) PF. to rent (once); to have rented

wypić (wypiję, wypije; wypiją) PF. to drink (up); to have drunk

wypogadzać się to be clearing up (used of weather)

wypogodzić się PF. to clear up (used of weather)

wyrok (-u,-iem) (court) sentence, ruling

wysoki,-e,-a ADJ. high, tall

wysokość F. height, elevation, altitude

wyzwolenie (wyzwolenia, itd.) liberation

wyższy,-e,-a ADJ. higher; **wyższa szkoła** college; **wyższa uczelnia** higher institution of learning

wyżyna (wyżyny, wyżynę, itd.) highland, upland

wzgórze (wzgórza, wzgórzem, wzgórzu) hill

wziąć (wezmę, weźmie; wezmą) PF. to take (once); to have taken

Z

z, za (+ ACC.) within, after, for (the sake of); (+ INSTR.) behind, beyond (something, somebody); **za chwilę** in a moment; **za dużo** (+ GEN. SG. or PL.) too much, too many; **za dzień** in a day; **za godzinę** (with)in an hour; **z góra** over (a certain figure or number); **za granicą** abroad (in a foreign country); **za granicę** abroad (to a foreign country); **za mało** (+ G. SG. or PL.) too little, too few; **za miastem** outside the city, out of town; **za miesiąc** in a month; **za minutę** in a minute; **za rok** (within) a year; **za tydzień** (with)in a week

zabrać (zabiorę, zabierze, itd.) PF. to take (along); to have taken (along)

zabytek (zabytku, itd.**; zabytki,** itd.) remnant, relic; **zabytek historyczny** historic relic

zabytkowy,-e,-a (of) historic (value)

zachodni,-e,-a west(ern)

zachować się PF. to be preserved; to have been preserved

zachód (zachodu, zachodem, zachodzie) west

zadzwonić (zadzwonię, zadzwoni) PF. to call somebody (up)

zagraniczny,-e,-a foreign

zajęty,-e,-a occupied; busy

zajmować (zajmuję, zajmuje) to occupy

zajść (zajdę, zajdzie) (do + GEN.) PF. to drop in to; to walk in to

zakład przemysłowy industrial plant

zaledwie hardly, barely, scarcely

zależeć (zależy; zależą) (od) to depend (on)

zaliczany, -e, -a (do) ranked (among)

założony, -e, -a founded

zamek (zamku, zamkiem; zamki, itd.) castle; **zamek królewski** royal castle

zamiast (+ GEN.) instead (of)

zamknięty,-e,-a closed

zamówić (zamówię, zamówi) PF. to order (once); to have ordered
zapewne probably
zapisać (zapiszę, zapisze) PF. to write down
zapłacić (zapłacę, zapłaci) PF. to pay (in full)
zapominać (zapominam, zapomina) to keep forgetting; to forget (habit.)
zapomnieć (zapomnę, zapomni) PF. to forget (once); to have forgotten
zatelefonować PF. to be telephoning
zawód (zawodu, zawodem, zawodzie) profession, vocation; **z zawodu** by profession
zawodowy,-e,-a professional; vocational
zbierać to be collecting, gathering, picking
zbiór (zbioru, itd.**; zbiory, zbiorów)** collection
zdanie (zdania, zdaniem, zdaniu) sentence (gram.); opinion
zdawać się (zdaje się) (komuś + DAT.) to seem (to someone)
zdążyć (zdążę, itd.) **(na** + ACC.) PF. to be on time (for)
zdolny,-e,-a (N. PL. **zdolni, zdolne)** able, gifted
zebranie (zebrania, zebraniem, itd.) meeting
zegar (-a,-em, zegarze) (wall, tower) clock
zegarek (zegarka, zegarkiem, zegarku) (table) clock; watch
ziemia (ziemi, ziemię, ziemią) earth, globe
zjednoczenie unification, union
zjednoczony,-e,-a unified, united
zjednoczyć PF. to unify, to unite
złoto (złota, złotem, złocie) gold
złoty (złotego, itd.**; złote, złotych)** zloty (Pol. monetary unit)
złoty,-e,-a ADJ. gold, golden
zmienić (zmienię, zmieni) PF. to change (plans)
znaczek (pocztowy) (N. PL. **znaczki)** (postage) stamp
znaczenie (L. SG. **znaczeniu)** significance, importance; meaning
znaczyć (znaczy; znaczą) to mean, to signify; to be important
znajdować się (znajduje się, itd.) to be located, situated
znany,-e,-a (N. PL. **znani, znane)** (well-) known
zniszczenie (G. PL. **zniszczeń)** destruction, ravage(s)
zniszczony,-e,-a destroyed, ravaged
znowu; znów again, anew
zobaczyć (zobaczę, zobaczy) PF. to see, catch sight of
zobaczyć się (z kimś + INSTR.) to see each other
zrobić (zrobię, zrobi; zrobią) PF. to do, make; to perform (an action)
zwiedzać (+ ACC.) to be sightseeing (seeing the sights of)
zwiedzanie N. sightseeing
zwiedzić (zwiedzę, zwiedzi, itd.) PF. to visit, to sightsee
zwłaszcza particularly, especially
zwracać uwage (kogoś + GEN.) to attract the attention (of someone)
zwracać uwagę (na + ACC.) to take notice (of); to note
zwykły,-e,-a ADJ. usual, ordinary; **zwykle** ADV. usually, ordinarily

Ż

że CONJ. that
żeby in order to

żelazny,-e,-a ADJ. iron
żelazo iron
żona (żony, żonie, żonę, żoną) wife
żonaty (N. PL. **żonaci)** married (man)
życie (życia, życiem, życiu) life

Miscellaneous

1 / SPELLING RULES

(a) The letters **ć, dź, ń, ś, ź** are used in spelling only BEFORE A CONSONANT or at the END OF A WORD; when they appear BEFORE ANY VOWEL (**a, ą, e, ę, i, o, ó, u**) EXCEPT **y**, they are spelled **ci, dzi, ni, si, zi**. Examples follow:

BEFORE A CONSONANT OR AT THE END OF A WORD **ć***ma*, *ni***ć**; *wie***dź***ma*, *i***dź**; *ba***ń***ka* (bubble), *dzie***ń**; *ta***ś***ma* (tape), *o***ś**; *we***ź***mie* (he/it/she will take), *we***ź**! (take!).

BEFORE ANY VOWEL EXCEPT **y** **ci***ebie*, *dzie***ci***om*; **dzi***eń*, *wi***dzi**; **ni***ebo*, *ko***nie**; **si***ostra*, *Zo***się**; **zi***mno*, *wie***zię** (he/she is transporting).

NOTE When the sounds **ć, dź, ń, ś, ź** occur before the vowel **i**, only one **i** is used in spelling: *dzie***ci** (from *dzie***ć** plus **i**), etc. In such combinations, the **i** is both the mark of PALATALITY (soft pronunciation) and an independent vowel; therefore, it must be pronounced in words like **ci***cho*, *dzie***ci**; *wi***dzi***my*, *wi***dzi**; *ko***ni**; *wi***si**; *wo***zi** (he/she transports), etc.

(b) The sounds **c, cz, d, dz, h, ch, ł, r, rz, s, t, z, ż** can be followed by ANY VOWEL EXCEPT **i**. Examples: **c***ały* (whole); **cz***arny* (black); **d***am* (I'll give); *wi***dz***ę*; **h***ak*, **h***ydraulika* (hydraulics); *da***ch***y* (roofs); **ł***awka*, *ma***ł***y*; **r***yba*, *sta***r***y*; *wie***rz***y* (he/she believes); **s***yn*, *la***s***y*; *ko***t***y*; *zo***rz***a* (dawn), *wo***z***y* (carts); *mo***ż***e*, *świe***ż***y* (fresh).

NOTE In some words of foreign origin, **d, h, ch, r, t,** and **ż** are occasionally followed by the vowel **i**, as in *kome***d***ia*; **h***ierar***ch***ia*; *histo***r***ia*; *apa***t***ia*, **t***iul* (tulle); *a***ż***iotaż* (rare).

(c) The letters **g** and **k** can be followed by ANY VOWEL EXCEPT **y**. Examples: *dłu***g***a*, *dłu***g***i*, *dłu***g***o*, **g***imnastyka*, *biolo***g***ia*; *pols***k***a*, *pols***k***i*, *pols***k***ą*, **k***ino*, *ja***k***im*.

(d) The PALATALITY (soft pronunciation) of **b, f, g, h, k, m, p, w** is indicated by placing an **i** after them: **bi, fi, gi, hi, ki, mi, pi, wi**. This spelling is possible BEFORE ANY VOWEL EXCEPT **y**. Examples: **bi***ały* (white), **fi***ołkowy* (violet), *o***gi***eń* (fire), *hi***gi***ena* (hygiene), *o***ki***enko*, **mi***eć*, **pi***ąty*, *mó***wi**

NOTE See NOTE under **(a)** on the double function of the vowel **i** in such combinations.

(e) In characteristic groups consisting of a CONSONANT PLUS **rz**, the spelling is always **rz** regardless of the pronunciation (the **rz** is pronounced like **ż** after **b, d, g**; it is pronounced like **sz** after **k, p, t**). Examples: **brz***eg* (bank, shore), *do***brz***e*, **brz***ydki*; **drz***eć* (to tear), *na O***drz***e* (on the Odra); **grz***ać* (to heat), **grz***ebień* (comb), **grz***yb* (mushroom); **krz***ak* (bush), **krz***esło* (chair), **krz***yż* (cross); **prz***edmiot*, **prz***yjemnie* (it's pleasant); **trz***eba* (it's necessary), *pa***trz**! (look!).

NOTE There is a common word spelled with **psz** (instead of **prz**): **psz***enica* (wheat).

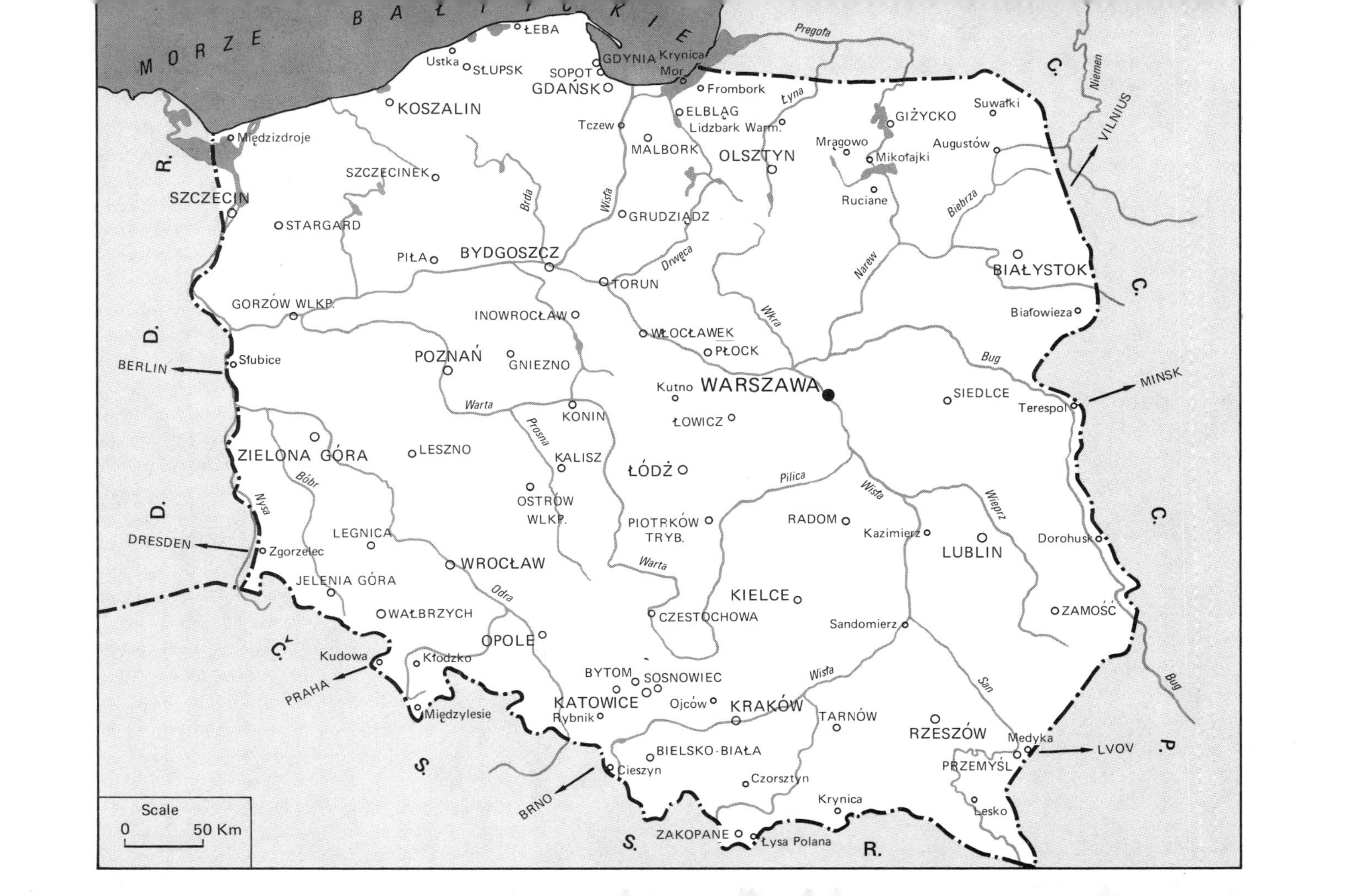
MORZE BAŁTYCKIE
ŁEBA
Ustka
SŁUPSK
SOPOT
GDYNIA
Krynica Mor.
GDAŃSK
Frombork
KOSZALIN
ELBLĄG
Lidzbark Warm.
Tczew
MALBORK
OLSZTYN
Międzizdroje
SZCZECINEK
SZCZECIN
STARGARD
GRUDZIĄDZ
PIŁA
BYDGOSZCZ
TORUN
GORZÓW WLKP.
INOWROCŁAW
WŁOCŁAWEK
PŁOCK
Słubice
POZNAŃ
GNIEZNO
Kutno
WARSZAWA
KONIN
ŁOWICZ
ZIELONA GÓRA
LESZNO
KALISZ
ŁÓDŹ
OSTRÓW WLKP.
PIOTRKÓW TRYB.
LEGNICA
Zgorzelec
WROCŁAW
JELENIA GÓRA
WAŁBRZYCH
OPOLE
CZESTOCHOWA
KIELCE
RADOM
Kudowa
Kłodzko
Międzylesie
BYTOM
SOSNOWIEC
KATOWICE
Ojców
KRAKÓW
Rybnik
TARNÓW
BIELSKO-BIAŁA
Cieszyn
Czorsztyn
Krynica
ZAKOPANE
Łysa Polana
GIŻYCKO
Suwałki
Mrągowo
Mikołajki
Augustów
Ruciane
BIAŁYSTOK
Białowieza
SIEDLCE
Terespol
Kazimierz
LUBLIN
Dorohusk
ZAMOŚĆ
Sandomierz
RZESZÓW
Medyka
PRZEMYŚL
Lesko
Pregoła
Łyna
Niemen
Biebrza
Narew
Wkra
Drwęca
Wisła
Brda
Bug
Warta
Prosna
Pilica
Wieprz
San
Bóbr
Nysa
Odra
VILNIUS
MINSK
LVOV
BERLIN
DRESDEN
PRAHA
BRNO
R.
D.
D.
Č.
S.
S.
R.
P.
C.
C.
C.
C.
Scale
0
50 Km